PRISMA PHYSIK 3

Niedersachsen

Marion Barmeier
Joachim Boldt
Heinz Joachim Ciprina
Gitta Heide
Klaus Hell
Michael Maiworm
Anke Méndez
Silva Wallaschek

W0000677

Ernst Klett Verlag
Stuttgart · Leipzig

1. Auflage

1   8   7   6   5 | 15   14   13

Alle Drucke dieser Auflage sind unverändert und können im Unterricht nebeneinander verwendet werden. Die letzte Zahl bezeichnet das Jahr des Druckes.

Das Werk und seine Teile sind urheberrechtlich geschützt. Jede Nutzung in anderen als den gesetzlich zugelassenen Fällen bedarf der vorherigen schriftlichen Einwilligung des Verlages. Hinweis § 52 a UrhG: Weder das Werk noch seine Teile dürfen ohne eine solche Einwilligung eingescannt und in ein Netzwerk eingestellt werden. Dies gilt auch für Intranets von Schulen und sonstigen Bildungseinrichtungen. Fotomechanische oder andere Wiedergabeverfahren nur mit Genehmigung des Verlages.

Auf verschiedenen Seiten dieses Buches befinden sich Verweise (Links) auf Internet-Adressen. Haftungshinweis: Trotz sorgfältiger inhaltlicher Kontrolle wird die Haftung für die Inhalte der externen Seiten ausgeschlossen. Für den Inhalt dieser externen Seiten sind ausschließlich die Betreiber verantwortlich. Sollten Sie daher auf kostenpflichtige, illegale oder anstößige Inhalte treffen, so bedauern wir dies ausdrücklich und bitten Sie, uns umgehend per E-Mail davon in Kenntnis zu setzen, damit beim Nachdruck der Verweis gelöscht wird.

© Ernst Klett Verlag GmbH, Stuttgart 2009. Alle Rechte vorbehalten. www.klett.de

Autorinnen und Autoren: Marion Barmeier, Joachim Boldt, Heinz Joachim Ciprina, Gitta Heide, Klaus Hell, Michael Maiworm, Anke Méndez, Silva Wallaschek
Unter Mitarbeit von: Matthias Bömeke

Redaktion: Ute Kühner
Herstellung: Corinna Härtel

Layoutkonzeption und Gestaltung: Matthias Balonier, Infografik, Lützelbach
Unter Mitarbeit von: Karin Mall, Berlin
Umschlaggestaltung: KOMA AMOK®, Kunstbüro für Gestaltung, Stuttgart
Illustrationen: Uwe Alfer, Waldbreitenbach; Matthias Balonier, Lützelbach; Joachim Hormann, Stuttgart; Jeanne Kloepfer, Lindenfels; Angelika Kramer, Stuttgart; Jörg Mair, München; Karin Mall, Berlin; Alfred Marzell, Schwäbisch Gmünd; Tom Menzel, Rohlsdorf; normaldesign, Schwäbisch Gmünd; Otto Nehren, Achern; Gerhart Römer, Ihringen
Reproduktion: Meyle + Müller, Medien-Management, Pforzheim
Druck: Himmer AG, Augsburg

Printed in Germany
ISBN: 978-3-12-068775-7

Inhaltsverzeichnis

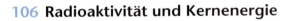

80 Wärme – eine Energieform

106 Radioaktivität und Kernenergie

146 Elektrische Leitungsvorgänge

170 Basiskonzepte

180 Anhang

Bewegte Körper
und ihre Energie

Die ersten „Motorkutschen" fuhren mit einer Geschwindigkeit von etwa 20 km/h. Für die Menschen zu Beginn des 20. Jahrhunderts war das bereits sehr schnell.

Heute sind für uns Geschwindigkeiten von 130 km/h selbstverständlich. Doch solche Geschwindigkeiten sind auch mit Gefahren verbunden. Denn beim Beschleunigen und Bremsen eines Fahrzeugs wirken große Kräfte auf die Insassen. Für besonders kritische Situationen sind deshalb Sicherheitssysteme vorhanden, wie z. B. der Airbag.

Was sonst noch alles bei der Bewegung von Körpern berücksichtigt werden muss, erfährst du in diesem Kapitel.

Ein Auto benötigt Energie zum Fahren. Woher diese Energie stammt, wie sie umgewandelt und übertragen wird, ist ebenfalls Thema dieses Kapitels.

Die Geschwindigkeit

Die Geschwindigkeit gibt an, welchen Weg ein Körper in einer bestimmten Zeit zurücklegt. Die Geschwindigkeit wird berechnet als Quotient aus Weg und Zeit:

$$\text{Geschwindigkeit} = \frac{\text{Weg}}{\text{Zeit}}$$

$$v = \frac{s}{t}$$

v ist das Formelzeichen der Geschwindigkeit.

Die Einheiten der Geschwindigkeit sind:

$$1\,\frac{m}{s} \ , \ 1\,\frac{km}{h}$$

1 Umrechnung

Bewegungen

Betrachtet man die Geschwindigkeit während einer Bewegung, so kann man drei Bewegungsarten unterscheiden:

1. Die **gleichförmige** Bewegung: Die Geschwindigkeit bleibt gleich.

2. Die **beschleunigte** Bewegung: Die Geschwindigkeit wird größer.

3. Die **verzögerte** Bewegung: Die Geschwindigkeit wird kleiner.

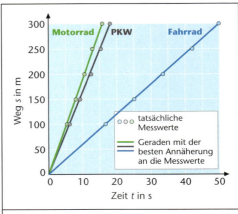

2 Zeit-Weg-Diagramm für gleichförmige Bewegung

Das Zeit-Weg-Diagramm

Die Bewegung eines Körpers lässt sich auch zeichnerisch darstellen. Dazu legt man ein Zeit-Weg-Diagramm an. Auf der waagrechten Achse wird die Zeit und auf der senkrechten Achse der Weg abgetragen. Zeichnest du das Zeit-Weg-Diagramm einer gleichförmigen Bewegung, so erhältst du eine ansteigende Gerade (▷ B 2).

Das Motorrad hat eine größere Geschwindigkeit als der PKW. Die Gerade im Diagramm verläuft deshalb steiler. Mithilfe des Diagramms kannst du auch Geschwindigkeiten bestimmen, z.B. die des Motorrads. Aus dem Diagramm suchst du dir dazu einen Zeitpunkt heraus und liest den zurückgelegten Weg ab. Zur Zeit $t = 5{,}3$ Sekunden hat das Motorrad ca. 100 Meter zurückgelegt. Wie du die Geschwindigkeit berechnest zeigt dir Bild 3.

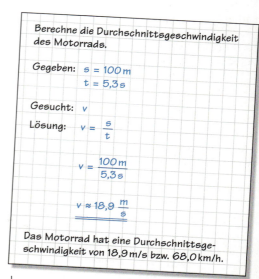

Berechne die Durchschnittsgeschwindigkeit des Motorrads.

Gegeben: $s = 100\,m$
$t = 5{,}3\,s$

Gesucht: v

Lösung: $v = \dfrac{s}{t}$

$v = \dfrac{100\,m}{5{,}3\,s}$

$v \approx 18{,}9\,\dfrac{m}{s}$

Das Motorrad hat eine Durchschnittsgeschwindigkeit von 18,9 m/s bzw. 68,0 km/h.

3 Berechnung der Geschwindigkeit

Das Zeit-Geschwindigkeit-Diagramm

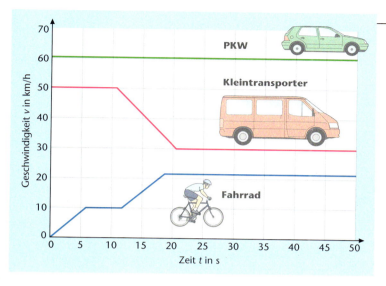

1 Zeit-Geschwindigkeit-Diagramm

2 Bremsender Kleintransporter

Zeit und Geschwindigkeit im Diagramm

So wie man den Zusammenhang von Weg und Zeit in einem Diagramm darstellen kann, ist es auch möglich, den Zusammenhang von Geschwindigkeit und Zeit darzustellen. Dann spricht man von einem Zeit-Geschwindigkeit-Diagramm (t-v-Diagramm). Auf der senkrechten Achse wird die Geschwindigkeit abgetragen (▷ B 1). Bei der gleichförmigen Bewegung ist die Geschwindigkeit immer gleich. Es entsteht im Diagramm also eine Gerade, die waagerecht verläuft.

Wenn sich die Geschwindigkeit ändert, spricht man von einer ungleichförmigen Bewegung. Das ist im Diagramm am Beispiel eines Kleintransporters und eines Fahrrads dargestellt (▷ B 1). Am Anfang hat der Kleintransporter eine konstante Geschwindigkeit. Nach 10 Sekunden beginnt der Bremsvorgang (▷ B 1). 5 Sekunden danach hat er nur noch eine Geschwindigkeit von 40 km/h. Nach weiteren 5 Sekunden hat das Fahrzeug eine Geschwindigkeit von 30 km/h. Nun endet der Bremsvorgang und das Fahrzeug fährt gleichförmig mit 30 km/h weiter.

Ein Fahrradfahrer fährt an und beschleunigt in 5 Sekunden auf eine Geschwindigkeit von 10 km/h. Nach weiteren ca. 7 Sekunden beschleunigt er wieder, bis er nach insgesamt 18 Sekunden eine Geschwindigkeit von ca. 22 km/h erreicht hat. Dieses Tempo fährt er dann konstant weiter.

▷ Das Zeit-Geschwindigkeit-Diagramm stellt den Zusammenhang zwischen den Größen Zeit und Geschwindigkeit dar.

Aufgaben

1 Der schnellste Orca-Wal wurde 1958 im östlichen Pazifik beobachtet. Er legte eine Strecke von 350 Metern in 22,7 s zurück. Berechne seine Geschwindigkeit und gib sie in zwei verschiedenen Einheiten an.

2 Der Geschwindigkeitsrekord bei Pferderennen liegt bei 69,62 km/h und wurde 1945 von dem Pferd „Big Racket" in Mexico City gelaufen.
a) Welche Strecke legte dieses Pferd in den gemessenen 20,8 s zurück?
b) Wie könnte das Zeit-Geschwindigkeit-Diagramm für ein Pferd bei einem Rennen aussehen?

3 Bei einem Langstreckenläufer wurden Zeit und Weg gemessen. Zeichne zu den Messwerten (▷ B 3) das Zeit-Weg-Diagramm.

t in s	s in m
30	135
60	270
90	400
120	540
150	670

3 Zu Aufgabe 3

Straßenverkehr: Geschwindigkeitsmessung

1 Tachometer mit km/h-Anzeige

2 Tachometer mit mph-Anzeige

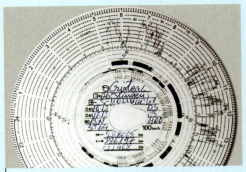

4 Scheibe eines Fahrtenschreibers

Geschwindigkeitsmessung

Der Tachometer (tachos, griech.: Schnelligkeit), der auch Geschwindigkeitsmesser genannt wird, zeigt die Geschwindigkeit eines Fahrzeuges zu jedem Zeitpunkt an (▷ B 1; B 2). Früher wurden die Umdrehungen eines Vorderrades mithilfe einer biegsamen Welle zum Tachometer übertragen. Durch die Drehbewegung der Tachowelle wurde im Instrument die Tachonadel ausgelenkt. Bei heutigen Fahrzeugen stellt ein besonderer Elektromotor entsprechend der Drehzahl eines Vorderrades die Tachonadel auf den Skalenwert ein.

In den meisten europäischen Ländern zeigt der Tachometer die Momentangeschwindigkeit in Kilometer pro Stunde an. Dies erkennt man auch an dem aufgedruckten „km/h" auf dem Ziffernblatt. In angelsächsischen Ländern steht „mph" oder auch „m/h" auf den Tachometern. Das heißt miles per hour.

Wenn ein „mph"-Tachometer „50" anzeigt, dann hat der Wagen eine Geschwindigkeit von ca. 80 km/h (1 Meile = 1,609 km/h).

Tachoabweichung

Der Tachometer darf niemals weniger anzeigen als tatsächlich gefahren wird. Die maximale Abweichung nach oben darf 10% plus 4 km/h betragen. Fährt der Wagen mit 100 km/h dann darf die Tachonadel also höchstens einen Wert von 114 km/h anzeigen.

Fahrtenschreiber

LKW und Omnibusse müssen mit einem Fahrtenschreiber ausgerüstet sein.

3 Schwerlastverkehr

Er zeichnet die Momentangeschwindigkeit während der gesamten Fahrt auf einer Scheibe auf. Die Scheibe wird von einem Uhrwerk gedreht. Damit wird für jede Uhrzeit die gefahrene Geschwindigkeit erfasst (▷ B 4).
Vor Antritt der Fahrt muss eine neue Scheibe in den Fahrtenschreiber einlegt werden. Die Polizei kann anhand der Scheibe überprüfen, ob z. B. die vorgeschriebenen Ruhezeiten und die Höchstgeschwindigkeit eingehalten wurden.

Geschwindigkeitsüberwachung

An Unfallschwerpunkten, Baustellenbereichen oder Ortseingängen werden Geschwindigkeitsüberwachungen durchgeführt. Damit sollen Unfallzahlen gesenkt und Menschenleben gerettet werden.

Stationäre Geschwindigkeitsmessanlage

In Bild 7 ist der Aufbau einer Tempoüberwachungsanlage dargestellt. Sie wird stationär eingesetzt. Sie besteht aus einer Kamera, einem Blitzlicht, einer Auswertungselektronik und einem Netzteil mit Batterie. Das Fahrzeug überfährt einen in der Fahrbahn befindlichen Sensor. Der dadurch ausgelöste Impuls startet eine Uhr, die beim Überfahren des zweiten Sensors angehalten wird. Ein Computer ermittelt aus dem Weg und der Zeit die Geschwindigkeit des Fahrzeugs. Wird ein vorher eingestellter Wert überschritten, wird die Kamera ausgelöst. Der Temposünder ist jetzt erfasst (▷ B 5). Datum, Uhrzeit und natürlich die gemessene Geschwindigkeit werden mit auf dem Foto vermerkt.

In der Fahrbahndecke werden 3 Sensoren im Abstand von jeweils 1 Meter verlegt. Beim Überfahren der Messstrecke erfolgen 3 separate Messungen. Damit sollen mögliche Messfehler ausgeschaltet werden.

5 Foto bei Geschwindigkeitsüberschreitung

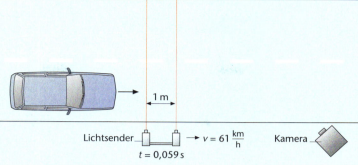

7 Aufbau einer Tempoüberwachungsanlage

Eine Schranke reicht nicht

Andere Messanlagen (▷ B 6) können von der Polizei an wechselnden Stellen eingesetzt werden. Eine Lichtquelle sendet Infrarotlicht oder Laserlicht über die Fahrbahn zu einem Lichtempfänger. In Bild 6 kannst du einen Lichtsender erkennen, der zueinander parallele Lichtstrahlen aussendet.

Unterbricht ein Fahrzeug den ersten Lichtstrahl, wird die Zeitmessung gestartet. Wird der zweite Lichtstrahl vom Fahrzeug unterbrochen, wird die Zeitmessung gestoppt. Ein Computer berechnet aus dem Abstand der beiden Lichtstrahlen und der zum Durchfahren benötigten Zeit die Geschwindigkeit. Zur besseren Absicherung der Ergebnisse werden heute Dreifach- oder Vierfachlichtschranken verwendet. Dabei hat der erste Lichtstrahl einen Abstand von 0,25 m zum zweiten Lichtstrahl.

Diese Laserlichtschranken haben eine garantierte Genauigkeit von 1 km/h. Mit dieser Anlage können sogar beide Fahrtrichtungen gleichzeitig überwacht werden.

Mit Licht schießen

Laser-Geschwindigkeitsmessgeräte (▷ B 8) werden ebenfalls für den mobilen Einsatz verwendet. Sie sind einfach in der Handhabung und haben keine störenden Verbindungskabel. Der Polizeibeamte visiert mit der „Laserpistole" das Fahrzeug an und auf einem Display wird die Geschwindigkeit angezeigt. Bei überhöhtem Tempo wird der Fahrer meist gleich angehalten. Von der Laserpistole werden Lichtimpulse auf das zu messende Fahrzeug gesendet und von diesem reflektiert. Die Zeit zwischen dem Sendesignal und dem Empfangssignal wird gemessen. Da die Lichtgeschwindigkeit bekannt ist, kann die Entfernung zum Auto bestimmt werden. Über mehrere Messungen innerhalb 1 Sekunde wird die unterschiedliche Entfernung zum Auto ermittelt. Aus der Änderung der Entfernung und der dafür benötigten Zeit wird die Geschwindigkeit des Fahrzeuges berechnet.

8 Verkehrsüberwachung mit Laser

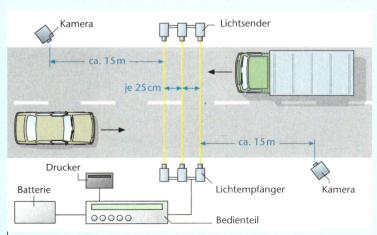

6 Mobile Messanlage zur Geschwindigkeitsüberwachung

9 Geschwindigkeitsüberwachung

Die beschleunigte Bewegung

Beschleunigung bei Fahrzeugen

In Autotests und Autoprospekten findest du die Angabe: „Von null auf einhundert in 10 Sekunden". Das heißt, der Wagen beschleunigt aus dem Stand in 10 Sekunden auf eine Geschwindigkeit von 100 km/h. Das Fahrzeug soll in diesem „Gedanken-Versuch" ganz gleichmäßig beschleunigen. Somit ist auch die Zunahme der Geschwindigkeit gleichmäßig. In jeder Sekunde nimmt die Geschwindigkeit um 10 km/h zu. Der Wagen hat also nach 1 Sekunde eine Geschwindigkeit von 10 km/h erreicht, nach 2 Sekunden eine Geschwindigkeit von 20 km/h usw.

▶ Bei einer beschleunigten Bewegung ändert sich die Momentangeschwindigeit.

Für die gleichmäßig beschleunigte Bewegung aus dem Stand gilt:

▶ Beschleunigung

$$= \frac{\text{Momentangeschwindigkeit}}{\text{Beschleunigungszeit}}$$

$$a = \frac{v}{t}$$

Die Einheit der Beschleunigung ist m/s² (lies: Meter pro Sekunde im Quadrat). Anhand des Beispiels in Bild 2 kannst du dir die Zusammenhänge nochmals verdeutlichen.

1 Beschleunigung

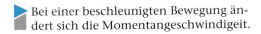

Nach 2 Sekunden beträgt die Geschwindigkeit 4 $\frac{m}{s}$. Wie groß ist die Beschleunigung?

Gegeben: $v = 4 \frac{m}{s}$ Gesucht: a

$t = 2s$

Lösung: $a = \frac{v}{t}$

$a = \frac{4\frac{m}{s}}{2s}$

$a = 2 \frac{m}{s^2}$

Die Beschleunigung beträgt 2 m/s².

2 Berechnung der Beschleunigung

Bei einer Beschleunigung von $a = 2\,m/s^2$ aus dem Stillstand ergibt sich nach 5 Sekunden eine Endgeschwindigkeit von:

$$v = 2\tfrac{m}{s^2} \cdot 5\,s$$

$$v = 10\tfrac{m}{s}$$

Das Zeit-Geschwindigkeit-Diagramm

Die Momentangeschwindigkeit kannst du mit der Formel $v = a \cdot t$ berechnen.

In der Tabelle (▷ B 3) sind für die Beschleunigung aus $a = 2\,m/s^2$ einige berechnete Momentangeschwindigkeiten dargestellt. Diese Werte werden in ein Zeit-Geschwindigkeit-Diagramm übertragen (▷ B 4). Du erhältst eine ansteigende Gerade.

t in s	v in m/s
0	0
1	2
2	4
3	6
4	8

3 Momentangeschwindigkeiten

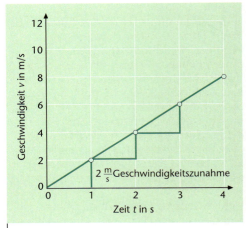

4 t-v-Diagramm

Das Zeit-Geschwindigkeit-Gesetz der gleichmäßig beschleunigten Bewegung lautet:

▶ Bei der gleichmäßig beschleunigten Bewegung ist die Geschwindigkeit das Produkt aus Beschleunigung und Zeit.

$$v = a \cdot t$$

Das Zeit-Weg-Diagramm

In Bild 7 lassen wir einen Luftkissenschlitten mehrmals aus dem Stand beschleunigen. Die Strecke, die der Schlitten durchfährt, vergrößern wir nacheinander jeweils um 0,1 m. Die benötigte Zeit für die einzelnen Strecken wird mit einer

s in m	t in s
0	0
0,1	0,82
0,2	1,15
0,3	1,41
0,4	1,63
0,5	1,83

5 Messwerte

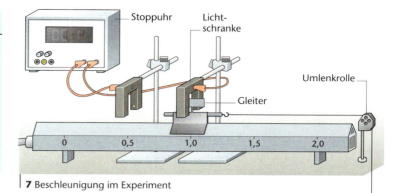

7 Beschleunigung im Experiment

Stoppuhr gemessen und in einer Tabelle notiert (▷ B 5).
Die Werte aus der Tabelle übertragen wir in ein Diagramm. Die Verbindung der einzelnen Punkte ergibt eine Halbparabel (▷ B 6).

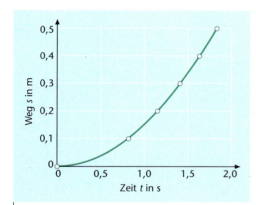

6 t-s-Diagramm

Einfacher noch als anhand der Messwerte kann man aus der Parabelform folgenden Zusammenhang ablesen: Bei einer gleichmäßig beschleunigten Bewegung ist nach der doppelten Zeit der zurückgelegte Weg

Aufgaben

1 Ein Auto wird mit
$a = 3,5\,m/s^2$ beschleunigt.
a) Erstelle eine Zeit-Geschwindigkeit-Tabelle.
b) Zeichne anhand der Tabellenwerte von Aufgabenteil a) ein Zeit-Geschwindigkeit-Diagramm.

2 Ein Fahrzeug hat eine Beschleunigung von $a = 2,75\,m/s^2$.
Berechne den jeweils aus dem Stillstand zurückgelegten Weg nach 2, 4 und 8 Sekunden.

viermal so groß, nach der dreifachen Zeit neunmal so groß usw.

Berechnung des zurückgelegten Wegs
Bei einer gleichmäßig beschleunigten Bewegung ist der zurückgelegte Weg s proportional zum Quadrat der Zeit t.
Dies zeigt dir auch die Form der Kurve in Bild 6. Es ist eine Halbparabel.

▶ Das Zeit-Weg-Gesetz der gleichmäßig beschleunigten Bewegung lautet:

$$s = \frac{1}{2} \cdot a \cdot t^2$$

Beispiel:
Wir wollen mit dem Zeit-Weg-Gesetz der gleichmäßig beschleunigten Bewegung einen Messwert aus der Tabelle 5 überprüfen. Dazu benötigen wir allerdings die Beschleunigung a des Luftkissenschlittens im Versuch. Die Beschleunigung a berechnen wir über die Formel $a = v/t$.

Tachogenerator, der am Ablesegerät angeschlossen wird, ersetzt die Umlenkrolle

Ablesegerät

Die benötigte Geschwindigkeit lesen wir an einem Tachogenerator ab. Die Umlenkrolle in Bild 7 wird dazu durch einen kleinen Generator mit Umlenkrolle ersetzt. Nach einer Strecke von z. B. 0,4 m liest man auf dem Instrument eine Geschwindigkeit von ungefähr 0,5 m/s ab. Werden diese Werte in die Formel $a = v/t$ eingesetzt, erhält man für a gerundet 0,31 m/s² . Setzen wir für die Beschleunigung den berechneten Wert 0,31 m/s² und für die Zeit den gestoppten Wert von 1,63 s in die Formel $s = 1/2 \cdot a \cdot t^2$ ein, erhält man für die zurückgelegte Strecke den Wert 0,41 m.
Die kleine Abweichung ist auf Messungenauigkeiten zurückzuführen.

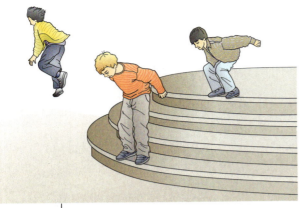

1 Freier Fall beim Springen

Immer schneller!

Wenn du von der dritten Stufe einer Treppe nach unten springst, dann kannst du den Aufprall noch gut abfedern. Mit zunehmender Höhe wird dir das aber immer schwerer gelingen (▷ B 1). Die Aufprallgeschwindigkeit wird immer größer.
Das kannst du auch an den unterschiedlichen Verformungen einer Knetkugel sehen, die aus unterschiedlichen Höhen nach unten fällt (▷ V 1).

Die Fallbewegung eines Körpers aufgrund der Erdanziehung ist eine beschleunigte Bewegung und wird als **freier Fall** bezeichnet.

▶ Wenn für die Fallbewegung eines Körpers nur seine Gewichtskraft verantwortlich ist, dann wird dies als freier Fall bezeichnet.

Freier Fall

Lässt du eine Eisenkugel los, so fällt sie aufgrund ihrer Gewichtskraft beschleunigt. Die Geschwindigkeit der Kugel wird immer größer.
Misst du in einem Fallversuch die Fallstrecke der Kugel und die dafür benötigte Zeit, dann erkennst du: Bei zweifacher Fallzeit ist der Fallweg viermal so groß, bei dreifacher Fallzeit ist der Fallweg neunmal so groß usw. (▷ V 2a).
Auch für den freien Fall gilt das Zeit-Weg-Gesetz der beschleunigten Bewegung:

$$s = \frac{1}{2} \cdot a \cdot t^2$$

Löst du die Gleichung nach a auf, dann erhältst du:

$$a = \frac{2 \cdot s}{t^2}$$

Wenn du die Wertepaare aus Bild 4 für die gemessenen Fallstrecken und die Fallzeiten in die Gleichung für a einsetzt, dann ergibt sich ein Wert von ungefähr $10\,\text{m/s}^2$. Dieser Wert wird Erdbeschleunigung genannt und mit dem Buchstaben g abgekürzt. Genauere Untersuchungen zeigen, dass dieser Wert ortsabhängig ist.

▶ Die Erdbeschleunigung beträgt etwa $10\,\text{m/s}^2$ und wird mit dem Buchstaben g abgekürzt.

Kaum zu glauben!

Von der gleichmäßig beschleunigten Bewegung kennst du das Geschwindigkeit-Zeit-Gesetz $v = a \cdot t$.
Wenn die Beschleunigung a durch die Erdbeschleunigung g ersetzt wird, erhältst du die Gleichung $v = g \cdot t$.
Das würde aber bedeuten, dass die Fallgeschwindigkeit eines Körpers nur von der Zeit abhängt und nicht, wie du vielleicht geglaubt hast, von seiner Masse.

Feder und Kugel auf gleicher Höhe

In einer Glasröhre (▷ B 2) befindet sich eine Eisenkugel und eine Feder. Hältst du die Röhre senkrecht, dann fallen die Gegenstände nach unten. Die Kugel fällt voran und die Feder gleitet langsam hinterher. Die Beobachtung entspricht deiner Alltagserfahrung. Nach $v = g \cdot t$ müssten die Kugel und die Feder aber gleichzeitig am Boden der Röhre ankommen.
Die unterschiedlichen Fallzeiten haben ihre Ursache im Luftwiderstand. Die Feder wird von der Luft stärker abgebremst als die Kugel. Wird die Luft aus der Glasröhre abgepumpt und der Versuch wiederholt, fallen beide Gegenstände gleich schnell.

▶ Im luftleeren Raum fallen alle Körper gleich schnell.

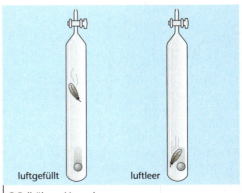

luftgefüllt   luftleer

2 Fallröhren-Versuch

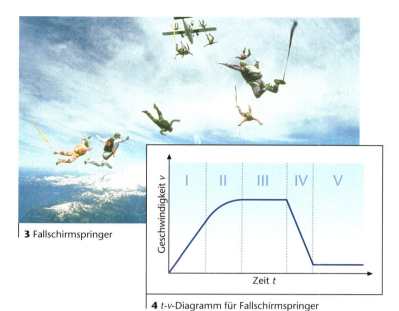

3 Fallschirmspringer

I II III IV V

Zeit t

4 t-v-Diagramm für Fallschirmspringer

Runter kommen sie alle

Fallschirmspringer lassen sich im Flugzeug auf einige tausend Meter Höhe bringen und springen dann ab.

In den ersten Sekunden nimmt die Geschwindigkeit des Fallschirmspringers zu. Er wird beschleunigt (▷B 4, Abschnitt I). Mit zunehmender Geschwindigkeit wird die Reibungskraft der Luft aber immer größer (▷B 4, Abschnitt II). Nach einigen Sekunden ist diese Reibungskraft genauso groß wie die Gewichtskraft des Springers. Er gleitet dann mit einer konstanten Geschwindigkeit von ungefähr 55 m/s, das sind rund 200 km/h, nach unten (▷B 4, Abschnitt III). Beim Öffnen des Fallschirms wird der Springer plötzlich abgebremst (▷B 4, Abschnitt IV). Anschließend fällt er mit etwa 4 m/s zur Erde (▷B 4, Abschnitt V).

Aufgaben

1 Warum erhöht sich die Geschwindigkeit des Fallschirmspringers mit geschlossenem Fallschirm nicht auf 450 km/h?

2 Eine Eisenkugel wird auf der Erde und auf dem Mond aus 10 m Höhe fallen gelassen. Welche Kugel kommt mit einer größeren Geschwindigkeit auf dem Boden an? Begründe deine Antwort? Berücksichtige bei deiner Begründung die unterschiedlichen Bedingungen auf dem Mond und der Erde!

Versuche

1 ▷ Lasse eine Knetkugel aus unterschiedlichen Höhen zu Boden fallen. Beobachte die Verformung der Knetkugel.

2 ▷ Untersuche den Zusammenhang zwischen Fallstrecke und Fallzeit einer Eisenkugel.
Baue den Versuch nach Bild 6 auf.
a) Die Eisenkugel wird von dem Elektromagneten gehalten. Wird der Schalter betätigt, dann fällt die Kugel nach unten und die Stoppuhr wird gestartet. Trifft die Kugel unten auf, wird die Uhr gestoppt.
Lies die Fallzeit an der Stoppuhr ab und miss die Fallstrecke. Trage die Werte in eine Tabelle ein.
Führe den Versuch für verschiedene Fallstrecken durch.
b) Zeichne ein Zeit-Weg-Diagramm für die gemessenen Werte.
Berechne nach der Formel $a = 2 \cdot s/t^2$ für die entsprechenden Fallstrecken und Fallzeiten den Wert für a.
c) Welches Ergebnis kannst du formulieren?

Versuchsergebnisse für die Fallzeit

s in m	t in s	g in m/s²
0,20	0,20	10
0,40	0,29	9,51
0,60	0,35	9,80
0,80	0,40	10
1,00	0,45	9,88

5 Zu Versuch 2

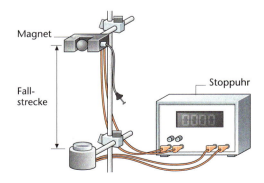

6 Zu Versuch 2

Werkstatt

Die Kugel rollt

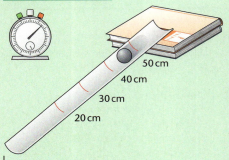

1 Versuchsaufbau

Eine gleichmäßig beschleunigte Bewegung erhältst du, wenn eine Kugel eine schiefe Ebene hinab rollt.

Material
1 Stahlkugel (Ø 1–2 cm), 1 Ablaufrinne ca. 30 bis 60 cm lang, 1 Stoppuhr, 1 Lineal, mehrere Unterlegmaterialien (z. B. Bücher)

Versuchsaufbau
Trage mit einem Stift von einem Ende der Rinne Markierungen im Abstand von 20 cm, 30 cm, 40 cm, 50 cm und 60 cm ab. Unterlege das andere Ende der Rinne mit den Büchern, sodass eine Höhe von ca. 3 cm erreicht wird.

Versuchsanleitung
Setze die Kugel bei den verschiedenen Markierungen in die Rinne. Beginne mit 20 cm. Eine Mitschülerin oder ein Mitschüler stoppt die Zeit bis zum Auftreffen der Kugel auf die Tischoberfläche.

Führe jeweils 10 Versuche durch und berechne die Durchschnittszeit. Wiederhole den Versuch dann mit den anderen Strecken.

Versuchsauswertung
Trage die Messwerte in ein Zeit-Weg-Diagramm ein.

Aufgaben
1. Variiere bei dem Versuch verschiedene Größen und miss die jeweiligen Zeiten. Was stellst du fest?

2. Wie verhalten sich Strecke und Zeit mathematisch zueinander?

Schnittpunkt

Geschichte: Der beschleunigte Mensch

Kennst du die Lügengeschichten des „Baron von Münchhausen" (1720–1797)? Der Baron war Rittmeister in einem russischen Regiment und nahm an mehreren Feldzügen teil. Noch zu Lebzeiten erzählte er Lügengeschichten über seine erlebten Abenteuer. Eine davon handelte von seinem Ritt auf einer fliegenden Kanonenkugel (▷ B 1).

1 Der Ritt auf der Kanonenkugel

2 Die menschliche Kanonenkugel

Was damals phantasievolle Prahlerei war, wurde Jahre später in abgeänderter Form Wirklichkeit.
Dem Zirkusartisten EMANUEL ZACCHINI gelang im Jahr 1940 ein Flug aus einer Kanone (▷ B 2) über drei Riesenräder hinweg. Er legte dabei eine horizontale Strecke von 69 m zurück und landete dann in einem aufgespannten Netz.

Wo aber liegen die Grenzen der menschlichen Belastbarkeit für Beschleunigungen? Damit der Mensch den Weltraum erobern kann, sind Flüge ins Weltall notwendig. Die bemannte internationale Raumstation ISS umkreist die Erde in einer Höhe von ungefähr 400 Kilometer mit einer Ge-

schwindigkeit von ca. 28 000 km/h. Die Astronauten müssen auf diese Geschwindigkeit beschleunigt werden. Aus Beschleunigungstests mit Tieren weiß man, dass lebende Organismen große Beschleunigungen unbeschadet überstehen können, wenn diese von kurzer Dauer sind. Astronauten (▷ B 3) werden beim Start einer maximalen Beschleunigung ausgesetzt, die die Insassen eines PKW erfahren würden, wenn ihr Wagen in einer Sekunde aus dem Stillstand auf 106 km/h beschleunigt würde. Die Astronauten erfahren während dieser Beschleunigung die dreifache Gewichtskraft.
Piloten von Kampfflugzeugen müssen die achtfache Gewichtskraft aushalten.

3 Astronaut

Strategie

Von der Beobachtung zum Gesetz

GALILEO GALILEI (1564–1642) war einer der ersten Naturwissenschaftler, der bei der Untersuchung von Naturphäno-
menen methodisch vorging. Fiel ihm eine interessante
Erscheinung auf, so untersuchte er sie in einem Experiment.
Auf diese Weise gelang es ihm immer wieder, wichtige
physikalische Gesetze zu finden.

1 GALILEI war ein auf-
merksamer Beobachter.

A. Beim Besuch einer Messe im Dom von Pisa beobachtete
GALILEI z. B. die Bewegung eines Leuchters, der leicht hin-
und herpendelte (▷ B 1). Die Bewegung schien regelmäßig
zu sein. War sie es wirklich?

B. GALILEI vermutete, dass der Leuchter immer die gleiche
Zeit für eine Schwingung benötigte.

C. Er plante daraufhin ein Experiment zur Frage, wie viel
Zeit ein Pendel für eine Schwingung braucht und ob die
Länge des Pendels Einfluss auf die Schwingungsdauer hat.

D. GALILEI baute aus einem Stativ, einer Schnur und einem
Bleigewicht ein Pendel. Die Zeit soll er damals mithilfe seines
Pulsschlages gemessen haben. Um herauszufinden, ob die
Schwingungsdauer von der Pendellänge abhängig ist, ver-
änderte er die Länge der Schnur.

E. Seine Messergebnisse hielt GALILEI in Protokollen fest. Um
Fehler ausschließen zu können, führte er jedes Experiment
mehrmals durch.
Nachdem er seine Experimente abgeschlossen hatte, wer-
tete er die Messungen aus. Er verglich die Messergebnisse
mit seiner Vermutung und formulierte anschließend das
Ergebnis.

F. GALILEI stellte fest, dass bei konstanter Pendellänge die
Schwingungsdauer immer gleich ist. Je größer die Faden-
länge des Pendels ist, desto länger braucht das Pendel für
eine volle Schwingung.
Galilei war einer der ersten Wissenschaftler, der Ergebnisse
auch mathematisch formulierte.

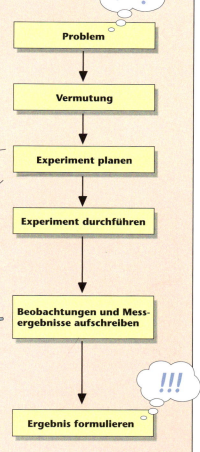

Problem

Vermutung

Experiment planen

Experiment durchführen

Beobachtungen und Mess-
ergebnisse aufschreiben

Ergebnis formulieren

Aufgabe

1 GALILEI vermutete, dass die Schwingungsdauer auch von der Masse des Pendel-
körpers abhängig sei.
Überprüfe mithilfe eines Experimentes
diese Vermutung. Protokolliere deine
Messergebnisse, vergleiche mit der Vermutung und formuliere ein Ergebnis.

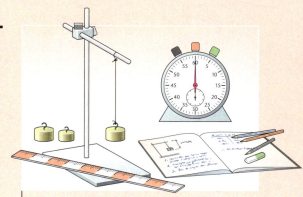

2 So könnte das Experiment heute aussehen.

1 Bremsende PKW

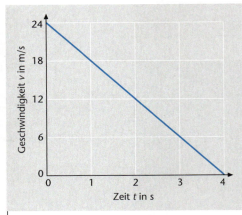

2 t-v-Diagramm einer gleichmäßig verzögerten Bewegung

Auf die Bremse treten

In der Stadt wird der Verkehr an vielen Kreuzungen durch Ampeln geregelt. Schaltet eine Ampel auf Rot, tritt der Fahrer auf die Bremse. Der Wagen wird langsamer (▷ B 1). In der Physik spricht man von einer **verzögerten Bewegung**.

Ist die Verzögerung gleichmäßig, dann nimmt die Geschwindigkeit in jeder Sekunde um den gleichen Betrag ab.

> t = Zeit
> s_B = Bremsweg
> v_A = Anfangsgeschwindigkeit
> a_B = Bremsverzögerung

Im Bild 2 ist das t-v-Diagramm einer gleichmäßig verzögerten Bewegung dargestellt. Das Fahrzeug hat eine Anfangsgeschwindigkeit von 24 m/s und kommt nach 4 Sekunden zum Stillstand. In jeder Sekunde nimmt die Geschwindigkeit also um 6 m/s ab.

Verzögerte Bewegung – rückwärts gesehen

Nimmst du einen Bremsvorgang mit einer Kamera auf und spielst die Aufnahme rückwärts ab, siehst du eine beschleunigte Bewegung. Liest du das Diagramm von rechts nach links, wird aus der gleichmäßig verzögerten Bewegung eine gleichmäßig beschleunigte Bewegung.

> Die gleichmäßig verzögerte Bewegung ist die Umkehrung der gleichmäßig beschleunigten Bewegung.

Die Verzögerung a_B gibt an, wie stark ein Fahrzeug abgebremst wird. Für die gleichmäßig verzögerte Bewegung gelten die gleichen Formeln wie für die gleichmäßig beschleunigte Bewegung.

Wie lang ist der Bremsweg?

Für den Bremsweg spielt auch die Dauer des Bremsvorganges eine Rolle.
Es gilt die Formel:

$$t = \frac{v_A}{a_B}$$

v_A ist die Geschwindigkeit, die das Fahrzeug vor dem Bremsvorgang hat und a_B ist die Verzögerung.

Setzt man in die Formel $s = \frac{1}{2} \cdot a \cdot t^2$ für

t den Ausdruck $\frac{v_A}{a_B}$ ein, so erhält man

$$s_B = \frac{1}{2} \cdot a_B \cdot \left(\frac{v_A}{a_B}\right)^2$$

$$s_B = \frac{1}{2} \cdot a_B \cdot \frac{v_A^2}{a_B^2}$$

$$s_B = \frac{v_A^2}{2 \cdot a_B}$$

Betrachtest du die Formel zur Berechnung des Bremswegs, dann erkennst du, dass die Länge des Bremswegs von der Anfangsgeschwindigkeit und der Verzögerung abhängt.

> Der Bremsweg einer gleichmäßig verzögerten Bewegung lässt sich mit folgender Formel berechnen:
>
> $$s_B = \frac{v_A^2}{2 \cdot a_B}$$

Verschiedene Bremswege

In der Tabelle (▷ B 5) sind für einige Geschwindigkeiten die Bremswege auf trockenem Asphalt angegeben.
Die Werte aus der Tabelle können in einem Geschwindigkeit-Weg-Diagramm dargestellt (▷ B 4) werden.

Straßenverkehr: Sicherheitsabstand

Ein Auto fährt mit einer Geschwindigkeit von 10 m/s. Wie lang ist der Bremsweg, wenn die Verzögerung 7 m/s² beträgt?

Gegeben: $v_A = 10 \frac{m}{s}$

$a_B = 7 \frac{m}{s^2}$

Gesucht: s_B

Lösung: $s_B = \frac{v_A^2}{2 \cdot a_B}$

$s_B = \frac{(10 \frac{m}{s})^2}{2 \cdot 7 \frac{m}{s^2}}$

$s_B = 7{,}14 \, m$

Der Bremsweg beträgt 7,14 m.

3 Berechnungsbeispiel zur verzögerten Bewegung

Die doppelte Ausgangsgeschwindigkeit ergibt bei konstanter Verzögerung den vierfachen Bremsweg, die dreifache Anfangsgeschwindigkeit den neunfachen Bremsweg usw.

▶ Der Bremsweg ist proportional zum Quadrat der Geschwindigkeit.

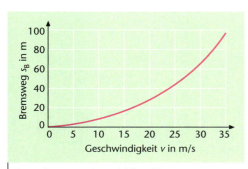

4 v-s-Diagramm einer gleichmäßig verzögerten Bewegung

v_A in m/s	s_B in m
10	7,14
15	16,07
20	28,57
25	44,64
30	64,29
35	87,5

5 Bremswege auf trockenem Asphalt

Punkte für zu kleinen Abstand

Viele Unfälle ließen sich vermeiden, wenn Autofahrer den Bremsweg ihres Fahrzeugs besser einschätzen könnten. Daher ist der Sicherheitsabstand zum vorausfahrenden Fahrzeug sehr wichtig. Er muss so groß sein, dass das Fahrzeug auch dann noch rechtzeitig zum Stillstand kommt, wenn der Vordermann plötzlich stark abbremst. Wer den Sicherheitsabstand nicht einhält, der riskiert ein Bußgeld und Punkte in der „Flensburger Kartei".
Die physikalische Formel für den Bremsweg ist viel zu schwierig, als dass sie im Straßenverkehr angewendet werden könnte. Deshalb kommen so genannte „Faustregeln" zur Anwendung.

1 Auffahrunfall

Faustregel für den Bremsweg

Die Faustregel für den Bremsweg lautet:

$$s_B = \frac{v^2}{100}$$

Ein Rechenbeispiel verdeutlicht diese Faustregel. Hat ein Fahrzeug eine Geschwindigkeit von 60 km/h, beträgt sein Bremsweg in Meter nach der Faustformel ungefähr:

$$s_B = \frac{60^2}{100} = 36$$

Wie kann der Fahrer einen Abstand von 36 m abschätzen? Eine gute Orientierungshilfe bieten die Leitpfosten am Fahrbahnrand. Sie sind in der Regel in Abständen von 50 m angebracht.

Faustregel für den Sicherheitsabstand

„Halber Tacho" ist eine weitere leicht anwendbare Faustregel. Wer mit Tempo 120 km/h fährt, muss einen Abstand von 60 Meter einhalten.
Beide Faustregeln sind nur grobe Abschätzungen, die weder Witterungs- noch Straßenverhältnisse berücksichtigen.

Aufgabe

1 Recherchiere, was mit der „2-Sekunden-Regel" für den Sicherheitsabstand gemeint ist.

Hörgenuss mit schlimmen Folgen

„Auffahrunfall auf der A3 zwischen Frankfurt und Würzburg. Am letzten Wochenende ereignete sich auf der A3 zwischen den Anschlussstellen Hanau und Seligenstadt ein Auffahrunfall. An den beteiligten Fahrzeugen entstand erheblicher Sachschaden. Verursacht wurde der Unfall von einem Autofahrer, der nach Angaben der Polizei nur eine CD aus dem Handschuhfach holen wollte. Sein Abstand zum Vordermann habe ungefähr 50 bis 60 Meter betragen." So begann kürzlich ein Zeitungsbericht. Warum hat der Abstand zum Vordermann nicht ausgereicht als dieser plötzlich abbremste?

War der Fahrer bei einer Geschwindigkeit von 130 km/h nur 2 Sekunden lang abgelenkt, dann hat das Fahrzeug in dieser Zeit 72 m zurückgelegt, ohne dass der Fahrer auf die Gefahrensituation reagieren und bremsen konnte.

Anhalteweg ist nicht gleich Bremsweg

Der Anhalteweg gliedert sich in drei Teilwege auf: den Reaktionsweg, den Ansprechweg und den Bremsweg (▷ B 2). Nach dem Erkennen der Gefahrensituation vergeht die so genannte „Schrecksekunde". Diese Zeit beträgt in der Regel 0,7 Sekunden. Medikamente, Alkohol und andere Drogen, Stress, aber auch ein allzu fröhlicher Gemütszustand beim Fahren können die Reaktionszeit wesentlich erhöhen. Laute Musik z. B. kann die Reaktionszeit um 0,2 Sekunden verlängern. Wer unter dem Einfluss von Drogen am Steuer angetroffen wird, verliert seinen Führerschein.

Während der Reaktionszeit fährt das Auto mit gleich bleibender Geschwindigkeit weiter. Dann tritt der Fahrer auf die Bremse. Bevor jedoch die Bremswirkung eintritt, muss sich der Druck in den Bremsleitungen aufbauen. Diese Ansprechzeit beträgt ca. 0,3 Sekunden. Erst jetzt setzt

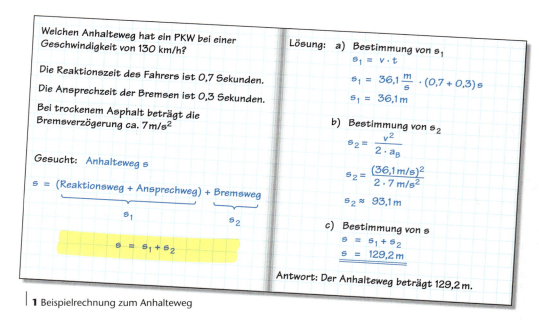

Welchen Anhalteweg hat ein PKW bei einer Geschwindigkeit von 130 km/h?

Die Reaktionszeit des Fahrers ist 0,7 Sekunden.
Die Ansprechzeit der Bremsen ist 0,3 Sekunden.
Bei trockenem Asphalt beträgt die Bremsverzögerung ca. 7 m/s².

Gesucht: Anhalteweg s

$$s = (\text{Reaktionsweg} + \text{Ansprechweg}) + \text{Bremsweg}$$

$\underbrace{\qquad\qquad\qquad\qquad\qquad}_{s_1}$ $\underbrace{\qquad}_{s_2}$

$$s = s_1 + s_2$$

Lösung: a) Bestimmung von s_1
$$s_1 = v \cdot t$$
$$s_1 = 36{,}1 \frac{m}{s} \cdot (0{,}7 + 0{,}3)\,s$$
$$s_1 = 36{,}1\,m$$

b) Bestimmung von s_2
$$s_2 = \frac{v^2}{2 \cdot a_B}$$
$$s_2 = \frac{(36{,}1\,m/s)^2}{2 \cdot 7\,m/s^2}$$
$$s_2 \approx 93{,}1\,m$$

c) Bestimmung von s
$$s = s_1 + s_2$$
$$s = 129{,}2\,m$$

Antwort: Der Anhalteweg beträgt 129,2 m.

1 Beispielrechnung zum Anhalteweg

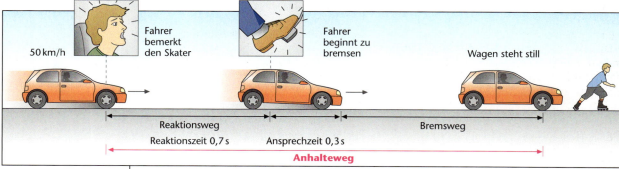

50 km/h | Fahrer bemerkt den Skater | Fahrer beginnt zu bremsen | Wagen steht still

Reaktionsweg — Reaktionszeit 0,7 s | Ansprechzeit 0,3 s | Bremsweg

Anhalteweg

2 Anhalteweg

die Bremswirkung ein und der Wagen wird gleichmäßig verzögert. Bis zum Stillstand des Wagens legt er den Bremsweg zurück.

 Anhalteweg =
Reaktionsweg + Ansprechweg + Bremsweg

Ein Beispiel zur Berechnung des Anhaltewegs siehst du in Bild 1.

Doppelt und mehr als doppelt
Viele Autofahrer täuschen sich bei der Länge des Anhaltewegs mit doppelter Ausgangsgeschwindigkeit.
Betrachtest du die Formeln zur Berechnung des Reaktionswegs und Ansprechwegs und die Formel zur Berechnung des Bremswegs (▷ B 1) so erkennst du:

- Bei doppelter Geschwindigkeit verdoppelt sich auch der Reaktionsweg und der Ansprechweg.

- Bei doppelter Geschwindigkeit vervierfacht sich der Bremsweg.

Im Bild 3 ist ein Beispiel für Anhaltewege mit doppelter Geschwindigkeit dargestellt.

Möglichst schnell langsam werden
Moderne Fahrzeuge besitzen **Scheibenbremsen** (▷ B 5). Bei der Scheibenbremse werden zwei Bremsbacken gegen die Seiten der Bremsscheibe gedrückt. Dadurch wird das Rad abgebremst. Die Reifen müssen diese Bremskraft auf die Straße übertragen. Wie gut ein Reifen auf der Straße haftet, hängt von verschiedenen Faktoren ab. Zum einen sind das Gummimischung, Profil und Luftdruck des Reifens. Aber auch die Fahrbahnbeschaffenheit hat einen entscheidenden Einfluss auf die Länge des Bremswegs. Je glatter die Fahrbahn ist, desto geringer ist die erreichbare Verzögerung. Auf Granit- und Kopfsteinpflaster werden geringere Verzögerungswerte als auf Asphalt erreicht. Insbesondere eine nasse Fahrbahnoberfläche setzt die Verzögerung herab (▷ B 6). Der Bremsweg verlängert sich dann erheblich. Auch auf Straßen in denen Schienen verlegt sind oder die mit frischem Laub bedeckt sind, verringern sich die Verzögerungswerte. Die Verzögerung hängt aber auch von der Bremsanlage eines Fahrzeuges ab. Ein Wagen mit technisch aufwändiger Bremsanlage kann auf trockenem Asphalt einen Verzögerungswert von ca. 11 m/s² erreichen.

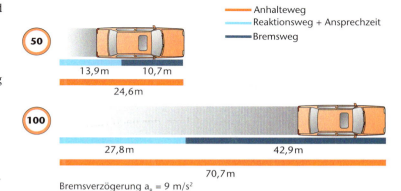

Anhalteweg
Reaktionsweg + Ansprechzeit
Bremsweg

50   13,9m   10,7m   24,6m

100   27,8m   42,9m   70,7m

Bremsverzögerung a_B = 9 m/s²

3 Anhalteweg bei Verdopplung der Geschwindigkeit

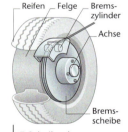

80   Winterreifen   70 m

80   Sommerreifen   112 m

4 Unterschiedliche Bremswege von Sommer und Winterreifen im Winter.

Unter 7 °C sind Winterreifen ein Muss
Sommerreifen können bereits ab einer Temperatur von unter 7 °C an Haftung verlieren. Deshalb ist es besonders in der kalten Jahreszeit wichtig, das Auto mit Winterreifen auszurüsten. Der Bremsweg auf verschneiten Fahrbahnen verkürzt sich dadurch deutlich (▷ B 4).

Züge
Züge mit ihrer großen Masse erreichen mit den Stahlrädern auf Schienen nur einen Verzögerungswert von ca. 0,5 bis 1,2 m/s².

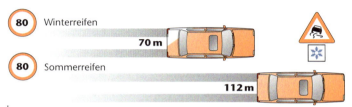

Reifen   Felge   Bremszylinder
Achse
Bremsscheibe

5 Scheibenbremse

Aufgaben

1 Nach der StVO darf man bei Nebel mit einer Sichtweite von weniger als 50 Meter nicht schneller als 50 km/h fahren. Erkläre diese Vorgabe.

2 Bei einem Unfall wurde eine Radfahrerin von einem Auto angefahren. Der Sachverständige wies darauf hin, dass die Bremsspur erst 31 m hinter der Unfallstelle begann.
Mithilfe der Geschwindigkeit, die der Autofahrer im Augenblick der Kollision hatte (85 km/h), lässt sich die Reaktionszeit des Fahrers berechnen.
Welche Reaktionszeit hatte der Fahrer?

Verzögerungswerte auf Asphalt in m/s²	
trocken	ca. 8
nass	ca. 5
Schnee	ca. 2
Eis	ca. 1

6 Witterungseinfluss

Umwelt: Ökonomische Fahrweise

Motor regelmäßig warten

Dachbox abmontieren

Leichtlaufreifen verwenden

Unnötigen Ballast ausladen

Klimaanlage ausschalten

1 Es gibt mehrere Möglichkeiten Kraftstoff einzusparen.

Drei-Liter-Club

Viele Automobilhersteller haben besonders verbrauchsgünstige Autos in ihrer Typenliste. Einige bieten sogar Drei-Liter-Autos an. Das sind Autos, die auf 100 km nur 3 Liter Treibstoff verbrauchen.
Um diese Verbrauchswerte zu erreichen muss auch an Masse gespart werden. Motorhaube, Türen und Fahrwerk sind aus Aluminium gefertigt. Als Faustregel gilt: Pro 100 kg Ersparnis werden 0,5 Liter weniger Kraftstoff verbrannt.
Eine Start-Stop-Automatik schaltet den Motor z. B. beim Stehen vor einer roten Ampel aus.
Damit das Auto möglichst reibungsarm über die Straßen rollt, werden Leichtlaufreifen (▷ B 1) auf die Felgen aufgezogen.

Was kann man selbst unternehmen, wenn das Auto zu viel Treibstoff verbraucht?

Sparfüchse am Steuer

Mit folgenden Maßnahmen kann man Kraftstoff sparen. Aus dem Kofferraum müssen schwere und unnötige Gegenstände ausgeladen werden. Dazu können überflüssiges Werkzeug (▷ B 1), unnötiger Ballast und das Reserverad gehören.

Manche Autohersteller rüsten deshalb ihre Fahrzeuge mit Flickspray anstelle eines Reserverads aus (▷ B 2). Die Kraftstoffersparnis beträgt ungefähr 0,2 Liter auf 100 km. Dachboxen (▷ B 1) und Fahrradträger machen den Wagen schwerer und erhöhen den Luftwiderstand. Ohne Dachbox beträgt die Kraftstoffersparnis bis zu 1 Liter auf 100 km.
Sitzheizungen, Klimaanlagen (▷ B 1), Heckscheibenheizungen und Ventilatoren beziehen ihre elektrische Energie von der Lichtmaschine. Der Kraftstoffverbrauch steigt. Eine eingeschaltete Klimaanlage erhöht den Kraftstoffverbrauch um bis zu 1 Liter auf 100 km.
Gut gewartete Motoren mit neuen Luftfiltern, Zündkerzen und Leichtlauföl senken ebenfalls den Treibstoffverbrauch.

Fahren mit „Köpfchen" ist noch die beste Methode um Kraftstoff zu sparen.
– Bei 1500 bis 2000 Umdrehungen pro Minute sofort einen Gang höher schalten.
– Immer den höchst möglichen Gang wählen.
– Bei längeren Stopps z. B. vor roten Ampeln oder geschlossenen Bahnschranken Motor abstellen (▷ B 3).

2 Flickzeug

3 Motor abstellen bei langen Wartezeiten

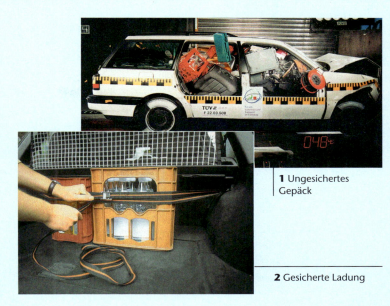

1 Ungesichertes Gepäck

2 Gesicherte Ladung

Straßenverkehr: Trägheit

Im PKW

Wenn du dich in einem Fahrzeug befindest, das zügig anfährt, hast du das Gefühl, nach hinten an die Lehne des Sitzes gedrückt zu werden.

Dein Körper befindet sich im Ruhezustand und soll sich nun mit dem Auto vorwärts bewegen. Aufgrund der Trägheit „möchte" dein Körper im Ruhezustand bleiben. Aber durch die wirkende Kraft wird er zur Bewegung gezwungen.

Wenn der Fahrer scharf bremsen muss, bewegen sich alle Körper im Auto aufgrund ihrer Trägheit in gleichförmiger und geradliniger Bewegung weiter. Das ist bereits bei 30 km/h für die Insassen eines PKW lebensgefährlich. Um Schäden bei einem Unfall so gering wie möglich zu halten, gibt es im Auto zahlreiche Sicherheitsvorkehrungen.

Die Sicherheitsgurte sollen verhindern, dass die Personen weiter nach vorn bewegt werden. Airbags verhindern weitere Verletzungen. Das ist vor allem für den Fahrer wichtig, da er das Lenkrad unmittelbar vor seinem Körper hat.

Um Kopf und Nacken beim Rückprall zu schützen, sind Nackenstützen an den Sitzlehnen angebracht.

Gepäck sichern!

Lebensgefährlich können auch unbefestigte Gepäckstücke sein (▷ B 1). So wie Personen beim Bremsen nach vorn geschleudert werden, geschieht es auch mit freiliegenden Gepäckstücken. Deswegen haben viele Kombis eine Abdeckung über dem Laderaum oder ein Netz zwischen Laderaum und Sitzbänken (▷ B 2).

Transportiert man Gepäck auf dem Dach, dann muss es gut am Dachgepäckträger befestigt sein, sonst „fliegt" es beim Bremsen auch mit nach vorn.

Im Bus

Wenn du im Bus stehst, musst du dich gut festhalten. Bremst der Bus in einer Gefahrensituation plötzlich ab, dann bewegen sich alle Körper aufgrund ihrer Trägheit nach vorn. Das kann zu schmerzhaften Verletzungen führen, auch wenn der Bus nur langsam im Stadtverkehr fährt. Ein unbefestigter Kinderwagen ist nicht nur eine Gefahr für das Kind, sondern auch für die anderen Fahrgäste.

Mit dem Motorrad

Motorradfahrer haben keine Sicherheitsgurte. Das heißt, bei einem Aufprall auf ein Hindernis bewegen sie sich geradeaus weiter. Deshalb ist es gerade für Motorradfahrer wichtig, einen Helm zu tragen, nicht zu schnell zu fahren und immer einen ausreichenden Sicherheitsabstand einzuhalten.

3 Eine Zukünftige Entwicklung – der Airbag für das Motorrad

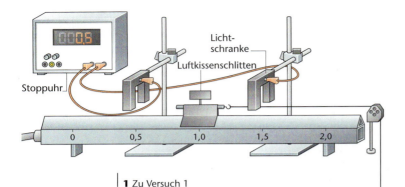

Licht-schranke
Luftkissenschlitten
Stoppuhr

| 0 | 0,5 | 1,0 | 1,5 | 2,0 |

1 Zu Versuch 1

Versuch

 Entsprechend Bild 1 wird eine Luft-kissenbahn aufgebaut.
a) Es wird ein Weg von einem Meter abgemessen. Am Faden wird die wir-kende Kraft um jeweils 0,05 N erhöht und die Zeit wird gemessen. Die Be-schleunigung berechnet man mit der Formel $a = 2s/t^2$.
b) Die wirkende Kraft wird konstant gehalten und die Masse des Gleiters wird erhöht.
c) Protokolliere beide Messungen und formuliere zu jedem Experiment das Ergebnis.

Beschleunigung und Kraft

Ein Körper ändert seinen Bewegungszu-stand, wenn eine Kraft auf ihn einwirkt.

Welche Größen bestimmen, wie groß die Kraft sein muss?
Ein Auto, das sehr schnell hohe Geschwin-digkeiten erreicht, also eine große Be-schleunigung hat, braucht einen starken Motor. Also könnte man vermuten, dass die Beschleunigung um so größer ist, je größer die wirkende Kraft ist.

In Versuch 1a bleibt die Masse des Körpers immer gleich, aber die wirkende Kraft wird verändert. Um den Einfluss der Reibung so gering wie möglich zu halten, wird

das Experiment mit einer Luftkissenbahn durchgeführt.
Der Schlitten auf dem Luftkissen hat eine Masse von 200 g. An diesem Luftkissen-schlitten wird ein Faden befestigt, der über eine Rolle geführt wird und an dessen Ende man Massestücke befestigen kann. Legt man eine Strecke von z. B. einem Me-ter fest, kann die Zeit gemessen werden, die der Körper für diese Strecke braucht. Die Messergebnisse des Experimentes und die berechnete Beschleunigung siehst du im Bild 2.

Diese Messwerte werden zur Auswertung in einem Kraft-Beschleunigung-Diagramm dargestellt. Du kannst erkennen, dass bei zunehmender Kraft auch die Beschleuni-gung zunimmt. Die ansteigende Gerade im F-a-Diagramm zeigt, dass beide Größen zueinander proportional sind.

▶ Je größer die Kraft ist, desto größer ist auch die Beschleunigung des Körpers. Es gilt: $a \sim F$

Masse und Beschleunigung

Beobachtet man das Anfahren eines Autos mit und ohne Anhänger, dann kann man vermuten, dass bei größerer Masse des Au-tos die Beschleunigung kleiner ist.
Im Versuch 1b wird das untersucht, in-dem die Masse des Luftkissenschlittens vergrößert wird. Die Kraft, die den Körper beschleunigt, wird konstant gehalten ($F = 0,2$ N).
Im Bild 4 siehst du die aufgenommenen Messwerte. In einem Masse-Beschleuni-gung-Diagramm können die Messwerte dargestellt werden (▷ B 5).

F	s	t	$a = 2s/t^2$
0,05 N	1 m	4,1 s	0,12 m/s²
0,10 N	1 m	2,8 s	0,26 m/s²
0,15 N	1 m	2,3 s	0,38 m/s²

2 Messergebnisse zu Versuch 1a

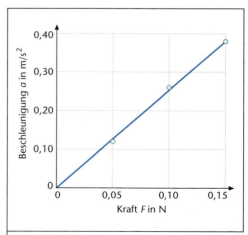

3 Kraft-Beschleunigung-Diagramm

Anhand der Messwerte erkennst du, dass bei doppelter Masse die Beschleunigung halbiert wird. Das bedeutet, dass zwischen Masse und Beschleunigung eine umgekehrte Proportionalität vorliegt.
Im Diagramm entsteht keine Gerade, sondern eine abfallende Kurve.

▶ Je größer die Masse des Körpers ist, desto kleiner ist die Beschleunigung. Es gilt: $a \sim 1/m$

Aufgrund der Zusammenhänge zwischen Beschleunigung, Kraft und Masse kann die Beschleunigung berechnet werden, indem man die Kraft durch die Masse dividiert.

▶ Die Beschleunigung ist der Quotient aus Kraft und Masse.

$$a = \frac{F}{m}$$

Newton'sches Grundgesetz

Newton formulierte diese Zusammenhänge zwischen Kraft, Masse und Beschleunigung in seinem dritten Gesetz, dem Newton'schen Grundgesetz:

▶ Wirkt auf einen Körper eine Kraft, so wird er beschleunigt. Die Kraft ist das Produkt aus Masse und Beschleunigung: $F = m \cdot a$

m	s	t	$a = 2s/t^2$
100 g	1 m	1,4 s	1,02 m/s²
200 g	1 m	2,0 s	0,50 m/s²
400 g	1 m	2,8 s	0,26 m/s²

4 Messwerte zu Versuch 1b

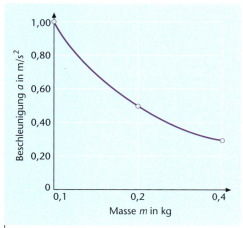

5 Masse-Beschleunigung-Diagramm

Die Einheit der Kraft

Die Einheit der Kraft ist das Newton. Eine Kraft von 1 Newton braucht man, um einen Körper mit der Masse 1 kg mit 1 m/s² zu beschleunigen. Die Einheit Newton setzt sich aus den Einheiten von Masse und Beschleunigung zusammen.

$$1\,N = \frac{1\,kg \cdot 1\,m}{1\,s^2}$$

Kleine Fahrschule

Gerade beim Überholen (▷ B 6) ist eine ausreichende Beschleunigung nötig. Je größer die Masse des Fahrzeugs ist, desto geringer ist seine Beschleunigung. Es ist also schon ein Unterschied, ob in einem PKW nur der Fahrer oder die ganze Familie sitzt. Im zweiten Fall kann das Auto weniger stark beschleunigen und braucht eine längere Überholstrecke.

6 Überholvorgang

Aufgaben

1 a) Ein PKW hat eine Masse von 1237 kg (einschl. 75 kg Fahrergewicht) und eine Beschleunigung von 2,2 m/s². Mit welcher Kraft wird das Auto beschleunigt?
b) In dem Fahrzeug können noch 4 weitere Personen mitfahren. Berechne die Kraft, die der Motor für die gleiche Beschleunigung aufbringen muss, wenn das Auto voll besetzt ist. Alle Insassen sollen eine Masse von je 75 kg haben.

2 „Der Lack muss ab!", meinte der Motorsportchef. Beim Eifel-Grand-Prix 1934 wog der neue Mercedes Rennwagen exakt 1 kg zu viel! Der Lack wurde abgekratzt bis die Aluminiumschicht darunter sichtbar wurde. Jetzt stimmte die Masse und seitdem nennt man die Rennwagen „Silberpfeile". Warum gibt es auch heute noch Vorschriften für die Masse eines Rennwagens?

7 Silberpfeil

chemische Energie · *Beschleunigungsarbeit* · Bewegungsenergie · *Reibungsarbeit* · thermische Energie

1 Energieumwandlung

Energieerhaltung

Energie kann nicht entstehen oder verschwinden. Man kann Energie aber übertragen oder sie von einer Form in eine andere umwandeln.

Woher nimmt ein Fahrzeug die Energie zum Fahren und was wird aus der Energie, wenn das Fahrzeug wieder stillsteht?

Energieumwandlungen

Die beim Beschleunigen eines Fahrzeugs verrichtete Arbeit nennt man Beschleunigungsarbeit (▷ B 1). Dafür benötigt das Fahrzeug Energie. Benzin- oder dieselbetriebene Fahrzeuge wandeln hierfür chemische Energie des Kraftstoffs in kinetische Energie (Bewegungsenergie) um. Außerdem braucht ein Fahrzeug ständig chemische Energie, um mit konstanter Geschwindigkeit fahren zu können, denn für die Überwindung der Reibung wird Energie benötigt. Viele Autos sind heute so konstruiert, dass die Luftreibung beim Fahren möglichst gering ist. Das verringert den Kraftstoffverbrauch.

Energie beim Bremsen

Was passiert mit der kinetischen Energie beim Bremsen? Sobald der Fahrer des Autos auf das Bremspedal tritt, werden starke Reibungskräfte ausgeübt und das Fahrzeug kommt zum Stehen. An den Bremsscheiben und den Rädern entsteht Wärme (▷ B 2). Die kinetische Energie wird demnach in Wärme umgewandelt. Diese thermische Energie wird an die Umgebung abgegeben und ist für uns nicht mehr nutzbar.

Auf in die Berge

Wird chemische Energie des Treibstoffs dazu genutzt, mit dem Fahrzeug einen Berg hochzufahren, dann wird am Fahrzeug auch Hubarbeit verrichtet.

Die chemische Energie wird in kinetische Energie und Höhenenergie umgewandelt. Höhenenergie nennt man auch Lageenergie oder potenzielle Energie.

Fährt man einen Berg hinunter, wird die Höhenenergie wieder in kinetische Energie umgewandelt. Vom Radfahren weißt du, dass man bergab schneller wird. Also muss man bremsen. Ein Teil der Höhenenergie wird dabei also in thermische Energie umgewandelt.

2 Glühende Bremsscheiben

▶ Bei einem Auto wird chemische Energie in kinetische und thermische Energie sowie Höhenenergie umgewandelt.

$E_{ges} = E_H$

Energie fallender Körper

Ein Turmspringer steht oben auf einem Sprungturm (▷ B 3). Beim Hinaufsteigen auf den Sprungturm hat der Springer Hubarbeit geleistet. Deshalb besitzt er jetzt Höhenenergie. Diese Energie wird beim Fallen in kinetische Energie umgewandelt. Auf halber Höhe hat der Sportler nur noch halb soviel Höhenenergie wie oben auf dem Turm. Die Hälfte der Höhenenergie wurde schon in kinetische Energie umgewandelt. Beim Eintauchen ins Wasser besitzt der Turmspringer nur noch kinetische Energie, die Höhenenergie hat sich vollständig in kinetische Energie umgewandelt.

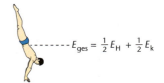

$E_{ges} = \frac{1}{2} E_H + \frac{1}{2} E_k$

$E_{ges} = E_k$

3 Turmspringer

Berechnung von Arbeit und Energie

Hubarbeit

Du hebst deine Schultasche auf den Tisch, somit hast du an der Tasche Hubarbeit (W_H) verrichtet. Die Kraft, die du aufgewendet hast, entspricht der Gewichtskraft (F_G) der Tasche. Derjenige, der die größere Hubkraft aufgebracht und die größere Strecke zurückgelegt hat, hat mehr Hubarbeit verrichtet.

Da die Größe der Hubkraft gleich der Gewichtskraft ($F_H = F_G$) ist, gilt:

▶ Die verrichtete Hubarbeit ist das Produkt aus der Gewichtskraft und der Hubhöhe.
Hubarbeit = Gewichtskraft · Hubhöhe
$$W_H = F_G \cdot h$$

Berechnung der Gewichtskraft

Die Gewichtskraft wird mit einem Federkraftmesser bestimmt (▷ B 7). Nach dem Newton'schen Grundgesetz gilt: $F = m \cdot a$. Da in diesem Fall a die Erdbeschleunigung g ist, gilt: $F = m \cdot g$; g = ca. $10\,m/s^2$.

> Berechnung der Gewichtskraft
>
> Gegeben: m = 6 kg   Gesucht: F_G
>
> Lösung: $F_G = m \cdot g$
>
> $F_G = 6\,kg \cdot 10\,m/s^2$
>
> $F_G = 60\,kgm/s^2$
>
> $F_G = 60\,N$

Berechnung der Hubarbeit

Wie groß ist die Hubarbeit beim Hochheben der Tasche?

> Berechnung der Hubarbeit
>
> Gegeben: Masse m der Tasche = 6 kg
>   Hubhöhe h = 0,75 m
>
> Aus dem gegebenen Wert der Masse errechnet sich eine Gewichtskraft F_G von ca. 60 N.
>
> Gesucht: W_H
>
> Lösung: $W_H = F_G \cdot h$
>
> $W_H = 60\,N \cdot 0,75\,m$
>
> $W_H = 45\,Nm$
>
> $W_H = 45\,J$
>
> Beim Heben der Tasche wird eine Hubarbeit von 45 J verrichtet.

Beim Hochheben der Tasche wurde also an ihr Hubarbeit verrichtet. Ihre Höhenenergie hat zugenommen.

▶ Wird ein Körper angehoben, so ist die verrichtete Hubarbeit genauso groß wie der Zuwachs an Höhenenergie.
Hubarbeit = Höhenenergie, $W_H = E_H$

Die hochgehobene Tasche in unserem Beispiel hat also eine Höhenenergie von $E_H = 45\,J$.

Energiespeicher ganz oben

In einem Pumpspeicherkraftwerk wird die Höhenenergie des Wassers gespeichert. Im Vergleich zu anderen Kraftwerken kann diese Energie sehr schnell abgerufen werden. Auf Knopfdruck strömen enorme Wassermassen durch Röhren auf die Turbinen. Angeschlossene Generatoren erzeugen elektrische Energie. Die Höhenenergie des Wassers wird über Bewegungsenergie letztendlich in elektrische Energie umgewandelt. Nachts, wenn der Energiebedarf niedrig ist, wird überschüssige elektrische Energie genutzt, um das Wasser zurück in den Stausee zu pumpen, um somit wieder Höhenenergie zu gewinnen.

Berechnung von Höhenenergie

Nehmen wir an, das Wasser fließt aus einer Höhe von 800 m auf die Turbinen. Der Wasserdurchfluss beträgt $20\,m^3$ pro Sekunde. $1\,m^3$ Wasser hat eine Masse von 1000 kg, das entspricht einer Gewichtskraft von ca. 10 000 N. $20\,m^3$ Wasser im Stausee haben eine Höhenenergie von:
$$E_H = 200\,000\,N \cdot 800\,m$$
$$E_H = 160\,000\,000\,Nm$$
$$E_H = 160\,000\,000\,J$$
$$E_H = 160\,MJ \text{ (MegaJoule)}$$
Die Höhenenergie wird bei Bedarf in elektrische Energie umgewandelt. Wenn die Anlage verlustfrei arbeiten würde, dann entspräche dies einer Leistung von 160 MW (MegaWatt).

2 Auf der Erde entspricht die Gewichtskraft von 1 kg ca. 10 N.

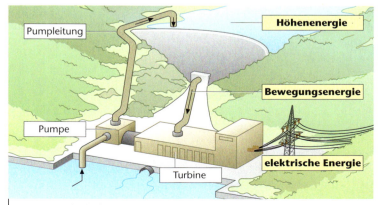
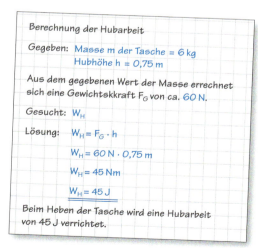

1 Pumpspeicherkraftwerk

2 Knautschzone

Berechnung der Beschleunigungsarbeit
Um einen Körper zu beschleunigen muss Arbeit verrichtet werden. Die Größe der Arbeit kann berechnet werden. Die Formel $W = F \cdot s$ kannst du nutzen, wenn die Kraft konstant ist und in Wegrichtung wirkt. Die Kraft für das Beschleunigen wird mithilfe des Newton'schen Grundgesetzes $F = m \cdot a$ berechnet. Der Weg bei einer beschleunigten Bewegung kann mit dem Zeit-Weg-Gesetz $s = \frac{1}{2} a t^2$ berechnet werden.

$$W = F \cdot s$$

$$W = m \cdot a \cdot \frac{1}{2} \cdot a \cdot t^2$$

$$W = \frac{1}{2} \cdot m \cdot a^2 \cdot t^2$$

$$W = \frac{1}{2} \cdot m \cdot (a \cdot t)^2$$

Mit $v = a \cdot t$ folgt:

$$W = \frac{1}{2} \cdot m \cdot v^2$$

Durch das Verrichten von Beschleunigungsarbeit erhält der Körper kinetische Energie (Bewegungsenergie) in Größe der verrichteten Arbeit:
$E_K = W$

▶ Ein Körper in Bewegung hat kinetische Energie.

$E_K = \frac{1}{2} \cdot m \cdot v^2$

1 Fahren auf der Landstraße

Einfluss der Masse
Will man wissen, wie viel kinetische Energie ein Fahrzeug besitzt, muss man die Masse des Fahrzeuges und seine Geschwindigkeit kennen.

Die kinetische Energie und die Masse sind proportional zueinander. Verdoppelt sich die Masse des Fahrzeuges, dann verdoppelt sich auch seine Energie.
Wenn also ein Fahrzeug mit einer bestimmten Geschwindigkeit voll beladen ist und dann auf ein Hindernis aufprallt, geschieht das mit viel größerer Energie als im unbeladenen Zustand.

Einfluss der Geschwindigkeit
Ein PKW mit einer Masse von 950 kg fährt einmal mit 30 km/h und einmal mit 90 km/h über eine Landstraße. Welcher Zusammenhang zwischen der Geschwindigkeit und der Energie des Autos besteht, ist in einem Beispiel (▷ B 3) dargestellt.

Verdreifacht sich die Geschwindigkeit, auf 90 km/h, dann verneunfacht sich die kinetische Energie des Autos! Und das hat schwerwiegende Folgen bei Unfällen. Denn diese Energie wird bei einem Aufprall als Verformungsarbeit abgegeben. Deshalb hat jeder PKW eine Knautschzone (▷ B 2). Bei einem Aufprall auf ein Hindernis wird sie zuerst verformt, wodurch ein Teil der kinetischen Energie aufgenommen wird.

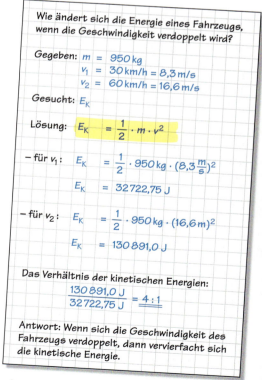

Wie ändert sich die Energie eines Fahrzeugs, wenn die Geschwindigkeit verdoppelt wird?

Gegeben: $m = 950$ kg
$v_1 = 30$ km/h $= 8,3$ m/s
$v_2 = 60$ km/h $= 16,6$ m/s

Gesucht: E_K

Lösung: $E_K = \frac{1}{2} \cdot m \cdot v^2$

– für v_1: $E_K = \frac{1}{2} \cdot 950$ kg $\cdot (8,3 \frac{m}{s})^2$
$E_K = 32722,75$ J

– für v_2: $E_K = \frac{1}{2} \cdot 950$ kg $\cdot (16,6$ m$)^2$
$E_K = 130891,0$ J

Das Verhältnis der kinetischen Energien:
$\frac{130891,0 \text{ J}}{32722,75 \text{ J}} = 4:1$

Antwort: Wenn sich die Geschwindigkeit des Fahrzeugs verdoppelt, dann vervierfacht sich die kinetische Energie.

3 Geschwindigkeit und Energie

Rechnen mit Höhen- und Bewegungsenergie

– Höhenenergie nimmt zu
– Bewegungsenergie nimmt ab

– Bewegungsenergie nimmt zu
– Höhenenergie nimmt ab

1 Achterbahnfahrt – Umwandlung verschiedener Energieformen

Mit Volldampf in die Tiefe

In Freizeitparks sind Achterbahnen eine Attraktion. Ein Motor zieht die Wagen auf einen „Hügel". An ihnen wird Hubarbeit verrichtet. Oben haben sie Höhenenergie. Erfolgt die Energieübertragung „verlustfrei", so ist die Höhenenergie genauso groß wie die Hubarbeit, die an den Wagen verrichtet wurde.

Jetzt geht es mit immer höher werdender Geschwindigkeit in die Tiefe. An den Wagen wird Beschleunigungsarbeit verrichtet. Die Höhenenergie wandelt sich dabei in Bewegungsenergie um. Bei der folgenden Steigung wird Bewegungsenergie wieder in Höhenenergie umgewandelt (▷ B 1).

Je schneller desto weiter

In gebückter Haltung rast der Skispringer die Schanze hinunter. Unten auf dem Schanzentisch angekommen, richtet er sich auf und stößt sich kräftig ab. Jetzt beginnt die Flugphase. Für gute Ergebnisse in der Weite, sind eine ausgefeilte Sprungtechnik, eine hohe Anlaufgeschwindigkeit, ein kräftiger Absprung und eine ideale Flugbahn wichtig.

Aus physikalischer Sicht spielen, vereinfacht gesehen, Hubarbeit, Höhenenergie, Beschleunigungsarbeit und Bewegungsenergie ein Rolle.

Ein Aufzug bringt den Springer zu seiner Startposition oben auf der Schanze. An dem Springer wird Hubarbeit verrichtet. Seine Höhenenergie nimmt zu. Fährt er die Schanze hinab, so wird an ihm Beschleunigungsarbeit verrichtet. Seine Geschwindigkeit und seine Bewegungsenergie werden größer. Gleichzeitig nimmt seine Höhenenergie ab.

Um eine große Weite zu erzielen ist eine hohe Anlaufgeschwindigkeit sehr wichtig. Die Geschwindigkeit beim Absprung von der Kante kannst du berechnen. Die Reibungskräfte werden dabei vernachlässigt.

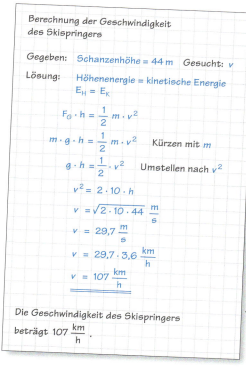

Berechnung der Geschwindigkeit des Skispringers

Gegeben: Schanzenhöhe = 44 m   Gesucht: v

Lösung: Höhenenergie = kinetische Energie

$$E_H = E_K$$

$$F_G \cdot h = \frac{1}{2} \, m \cdot v^2$$

$$m \cdot g \cdot h = \frac{1}{2} \, m \cdot v^2 \quad \text{Kürzen mit } m$$

$$g \cdot h = \frac{1}{2} \cdot v^2 \quad \text{Umstellen nach } v^2$$

$$v^2 = 2 \cdot 10 \cdot h$$

$$v = \sqrt{2 \cdot 10 \cdot 44} \; \frac{m}{s}$$

$$v = 29{,}7 \; \frac{m}{s}$$

$$v = 29{,}7 \cdot 3{,}6 \; \frac{km}{h}$$

$$v = 107 \; \frac{km}{h}$$

Die Geschwindigkeit des Skispringers beträgt 107 $\frac{km}{h}$.

2 Beispielrechnung zur Geschwindigkeit des Skispringers

Gummiball und Medizinball

Lässt du einen Gummiball fallen, so springt er einige Male auf und ab. Beim ersten Mal erreicht er fast seine Ausgangshöhe wieder. Seine Höhenenergie hat sich in Bewegungsenergie umgewandelt. Im Moment des Aufpralls auf den Boden ist seine Geschwindigkeit am größten, da seine Höhenenergie Null ist. Der Ball wird abgebremst und verformt sich. Die Bewegungsenergie hat sich in Spannenergie umgewandelt. Jetzt nimmt die Spannenergie ab und beschleunigt den Ball. Fällt ein Medizinball auf den Boden so bleibt er liegen. Er springt nicht nach oben. Seine gesamte Bewegungsenergie ist nach dem Aufprall Null. Am Medizinball wurde Verformungsarbeit geleistet, die sich letztendlich in Wärmeenergie umgewandelt hat.

Bewegte Körper und ihre Energie

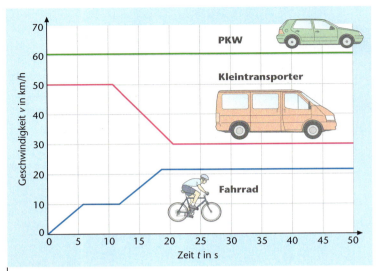

1 t-v-Diagramm

▶ Beschleunigte Bewegung

Bei der beschleunigten Bewegung wird die Geschwindigkeit eines Körpers immer größer.
Die Beschleunigung gibt die Geschwindigkeitszunahme in einer bestimmten Zeit an.
Formelzeichen: a
Einheit: $1\frac{m}{s^2}$

Zeit-Geschwindigkeit-Gesetz:
$$v = a \cdot t$$

Zeit-Weg-Gesetz:
$$s = \frac{1}{2} \cdot a \cdot t^2$$

▶ Verzögerte Bewegung

Bei der verzögerten Bewegung wird die Geschwindigkeit eines Körpers immer kleiner. Der Bremsweg kann berechnet werden:
$$s_B = \frac{v_A{}^2}{2 \cdot a_B}$$

▶ Der Anhalteweg

Der Anhalteweg (▷ B 2) eines Fahrzeuges setzt sich aus 3 Teilstrecken zusammen:
Anhalteweg = Reaktionsweg + Ansprechweg + Bremsweg

▶ Freier Fall

Die Fallbewegung ist eine beschleunigte Bewegung.
Die Erdbeschleunigung beträgt in Deutschland etwa $10\,m/s^2$.
Im luftleeren Raum fallen alle Gegenstände gleich schnell.

▶ Grundgesetz der Mechanik

Newton'sches Grundgesetz: Wirkt auf einen Körper eine Kraft, so wird er beschleunigt.
$$F = m \cdot a$$

▶ Bewegung und Energie

Jeder sich bewegende Körper hat kinetische Energie. Durch das Verrichten von Beschleunigungsarbeit wird die kinetische Energie vergrößert.
$$E_K = \frac{1}{2} \cdot m \cdot v^2$$

▶ Höhe und Energie

Ein hochgehobener Körper hat Höhenenergie. Ihre Größe ist bestimmt von der Masse des Körpers und von der Höhe, die der Körper hochgehoben wurde.
$$E_H = F_G \cdot h$$

2 Anhalteweg

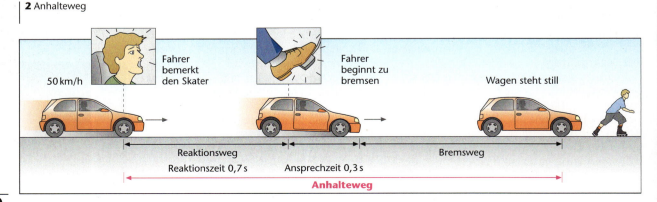

Aufgaben

1 Bei einem Experiment in einem Bergwerksstollen stellten amerikanische Wissenschaftler fest, dass Fledermäuse eine Strecke von 150 Metern in einer Zeit von nur 27 Sekunden durchflogen. Wie schnell waren die Fledermäuse? Gib die Geschwindigkeit in zwei verschiedenen Einheiten an.

2 Ein LKW fährt um 7.20 Uhr los, macht 11.50 Uhr Mittagspause, setzt seine Fahrt 12.50 Uhr fort und kommt 17.50 Uhr an seinem Ziel an.

a) Wie groß ist jeweils seine Durchschnittsgeschwindigkeit am Vormittag und am Nachmittag, wenn er am Vormittag 332 km und am Nachmittag 390 km gefahren ist?

b) Wie groß ist seine Durchschnittsgeschwindigkeit für den ganzen Tag?

3 „Sicherheitsgurte auch auf Motorrädern, in Bussen und in LKWs!" Diskutiert darüber in der Klasse.

3 Perfekte Sicherheit?

4 Ein LKW mit einer Masse von 1,5 Tonnen beschleunigt mit 3,9 m/s². Wie groß ist die Kraft zum Beschleunigen?

5 Wie groß ist die kinetische Energie einer Bowlingkugel mit einer Masse von 4 kg, wenn sie mit einer Geschwindigkeit von 16,5 km/h rollt?

6 Ein Körper bewegt sich geradlinig. Es ergeben sich folgende Messwerte:

Zeit in s	Strecke in m
0	0
2	3
4	12
6	27
8	48

Um welche Bewegungsart könnte es sich handeln? Begründe deine Antwort auf 3 Arten: mithilfe der Messwerte, aber ohne zu rechnen, mithilfe einer Formel und mit einer Zeichnung.

7 Ein PKW fährt mit einer Geschwindigkeit von 65 km/h hinter einem Lastwagen her. Der PKW setzt zum Überholen an (▷ B 4) und beschleunigt in 4,9 Sekunden auf 100 km/h.

a) Wie groß war die Beschleunigung des Fahrzeugs?

b) Welchen Weg hat das Fahrzeug in dieser Zeit zurückgelegt?

8 Berechne den Anhalteweg eines PKW, wenn folgende Werte vorausgesetzt werden:
Anfangsgeschwindigkeit: 100 km/h;
Reaktionszeit des Fahrers: 0,7 s
Ansprechzeit der Bremsen: 0,3 s;
Bremsverzögerung: 8,5 m/s² (trockener Asphalt).

9 Wie verlängert sich der Bremsweg, wenn die Geschwindigkeit verdoppelt wird?

10 Um die Tiefe eines Schachts näherungsweise zu bestimmen, lässt man einen kleinen Stein hinunterfallen. Die Fallzeit beträgt 2 Sekunden. Wie tief ist der Schacht ungefähr?

11 Ein Fahrzeug fährt mit einer Geschwindigkeit von 30 km/h durch ein Wohngebiet. Plötzlich läuft 15 m vor dem Auto ein Kind auf die Straße.

a) Wird das Auto noch rechtzeitig zum Stehen kommen? Schätze mithilfe der Faustregel $s_B = (v/10)^2$.

b) Aus welchen Teilen setzt sich der Anhalteweg des Autos zusammen?

c) Berechne den Anhalteweg. Die Reaktions- und Ansprechzeit beträgt 1 s, die Bremsverzögerung 5,4 m/s².

d) Belege durch eine Beispielrechnung, dass Telefonieren am Steuer gefährlich werden kann.

4 Überholmanöver

Elektromagnetismus

Elektrizität und Magnetismus sind schon mehr als 2500 Jahre bekannt. Dass zwischen ihnen eine Verbindung besteht, wurde aber erst vor zweihundert Jahren entdeckt.

Im Jahr 1820 konnte der dänische Forscher HANS CHRISTIAN OERSTED (1777–1851) mit einem einfachen Versuch nachweisen, dass elektrischer Strom ein magnetisches Feld erzeugt – der Elektromagnet war geboren.
Nur wenig später zeigte der britische Physiker und Chemiker MICHAEL FARADAY (1791–1867), dass das Ganze auch umgekehrt funktioniert: Magnetismus kann zu einem elektrischen Strom führen.

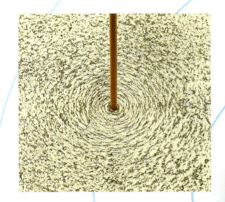

Die Entdeckung des Elektromagnetismus legte den Grundstein für eine neue Art der Energieumwandlung: Die ersten Maschinen zur Erzeugung elektrischer Energie (Generatoren) wurden gebaut.

Bis weit in das 19. Jahrhundert hinein wurden Maschinen mit der Kraft des Wassers oder des Dampfes angetrieben. Der Elektromagnetismus ermöglichte die Entwicklung von Elektromotoren. Heute findet man kaum ein technisches Gerät, das nicht einen oder mehrere Elektromotoren enthält. Übrigens: In einem modernen PKW können über 100 Elektromotoren eingebaut sein.

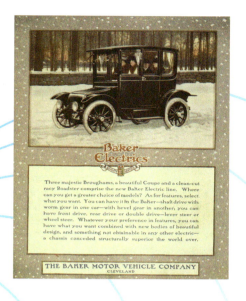

Three majestic Broughams, a beautiful Coupe and a clean-cut
racy Roadster comprise the new Baker Electric line. Where
can you get a greater choice of models? As for features, select
what you want. You can have it in the Baker—shaft drive with
worm gear in one car—with bevel gear in another, you can
have front drive, rear drive or double drive—lever steer or
wheel steer. Whatever your preference in features, you can
have what you want combined with new bodies of beautiful
design, and something not obtainable in any other electric—
a chassis conceded structurally superior the world over.

THE BAKER MOTOR VEHICLE COMPANY
CLEVELAND

1 Elektronenstrom in einem Leiter

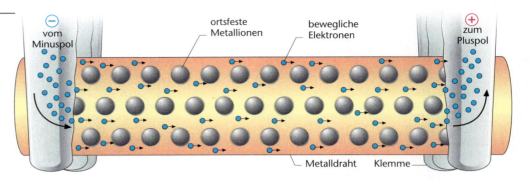

vom Minuspol — ortsfeste Metallionen — bewegliche Elektronen — zum Pluspol

Metalldraht — Klemme

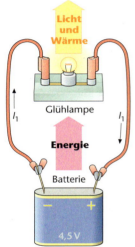

Licht und Wärme

Glühlampe

I_1 — I_1

Energie

Batterie

4,5 V

2 Der elektrische Strom transportiert elektrische Energie.

Was ist elektrischer Strom?

Wenn sich elektrische Ladungen in eine gemeinsame Richtung bewegen, spricht man von einem elektrischen Strom.
In Metallen ist der elektrische Strom ein Elektronenstrom.
In jedem Metalldraht gibt es frei bewegliche Elektronen mit negativer elektrischer Ladung. Beim Anlegen einer Spannung wandern die Elektronen zum Pluspol der Spannungsquelle (▷ B 1).

Der elektrische Strom transportiert Energie von der Spannungsquelle bis zum Gerät (▷ B 2).

Die elektrische Stromstärke

Mit der elektrischen Stromstärke (Formelzeichen I) gibt man an, wie viele Ladungen in einer bestimmten Zeit an einem Messpunkt vorbeifließen. Die elektrische Stromstärke wird in der Einheit Ampere (A) angegeben.
Das Stromstärkemessgerät (Amperemeter) muss immer in Reihe in den Stromkreis geschaltet werden, sodass der Strom durch das Gerät fließen kann (▷ B3).

Die elektrische Spannung

Ohne eine elektrische Spannung fließt kein elektrischer Strom. Die Spannung (Formelzeichen U) gibt an, wie stark Elektronen im Stromkreis angetrieben werden. Die Spannung misst man in der Einheit Volt (V).
Ein Spannungsmessgerät (Voltmeter) wird parallel zu dem Bauteil angeschlossen, an dem die Spannung gemessen werden soll (▷ B4).

Gleichspannung und Wechselspannung

Eine Batterie liefert eine konstante Gleichspannung. Schließt du z. B. eine Lampe an eine Gleichspannungsquelle an, so fließt der Elektronenstrom immer in die gleiche Richtung zum Pluspol. Man bezeichnet diesen Strom als Gleichstrom.

Die meisten Haushaltsgeräte arbeiten mit Wechselstrom. In Wechselspannungsquellen werden Plus- und Minuspol ständig vertauscht. Dadurch wechselt auch der elektrische Strom ständig seine Fließrichtung.

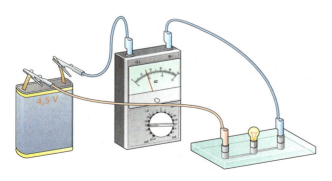

3 So wird das Amperemeter in den Stromkreis geschaltet.

4 So wird das Voltmeter in den Stromkreis geschaltet.

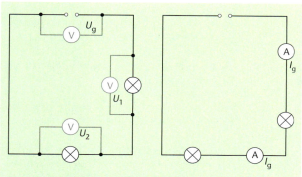

Durch alle Bauteile fließt der gleiche Strom.
$I_g = I_1 = I_2$

Die Spannung der Quelle teilt sich auf die in Reihe geschalteten Bauteile auf.
$U_g = U_1 + U_2$

5 Gesetzmäßigkeiten bei der Reihenschaltung

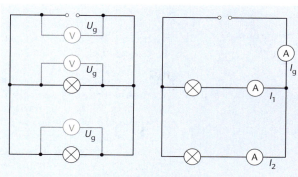

An jedem Bauteil liegt die gleiche Spannung an.
$U_g = U_1 = U_2$

Der Strom in der Zuleitung verteilt sich auf die Teilstromkreise.
$I_g = I_1 + I_2$

6 Gesetzmäßigkeiten bei der Parallelschaltung

Gesetzmäßigkeiten bei der Reihen- und Parallelschaltung

Mehrere elektrische Bauteile, wie z. B. Lampen, können entweder in Reihe oder parallel in den Stromkreis geschaltet sein. Für die Größe der elektrischen Stromstärke und der elektrischen Spannung gelten dabei unterschiedliche Gesetzmäßigkeiten (▷B5; ▷B6).

Wirkungen des elektrischen Stroms

Den elektrischen Strom, also die sich bewegenden Ladungen, kannst du nicht sehen. Aber du kannst elektrischen Strom über seine Wirkungen wahrnehmen.

Während des Stromflusses wird elektrische Energie in andere Energieformen umgewandelt. So bewirkt der elektrische Strom beispielsweise bei einer Leuchtstofflampe Licht.
Bei einer Glühlampe wird der Wolframdraht so heiß, dass er glüht (▷B2). Auch das ist eine Folge des Stroms: Jeder Strom durchflossene Leiter erwärmt sich. Erwünscht ist z. B. die Erwärmung des Bügeleisens, die Erwärmung eines Elektromotors dagegen nicht.

Durch elektrischen Strom können auch chemische Verbindungen in ihre Bestandteile zerlegt und damit Stoffe verändert werden. Mithilfe des Stroms werden beispielsweise Autos verzinkt und dadurch vor Rost geschützt (▷B8).

Die magnetische Wirkung des Stroms

Jeder Strom durchflossene Leiter zeigt auch eine magnetische Wirkung.
Ein Elektromagnet besteht aus einem sehr langen isolierten Leiter, der zu einer Spule mit vielen Windungen aufgewickelt wurde (▷B7). Seine magnetische Wirkung lässt sich verstärken durch eine höhere Windungszahl der Spule, eine größere Stromstärke und einen Eisenkern.

Ein Elektromagnet hat ebenso wie ein Dauermagnet einen Nord- und einen Südpol. Zwischen Magneten können anziehende und abstoßende Kräfte auftreten: Gleichnamige Magnetpole stoßen sich ab, ungleichnamige Magnetpole ziehen sich an.

7 Geöffneter Elektromagnet

8 Verzinkte Autokarosserie

Die „verrückte" Kompassnadel

Im Jahre 1820 experimentierte der dänische Physiker HANS CHRISTIAN OERSTED (1777–1851) mit einem Strom führenden Draht und einer Kompassnadel. OERSTED wollte herausfinden, ob es einen Zusammenhang zwischen Elektrizität und Magnetismus gibt. Dazu untersuchte er die Auswirkung eines Strom führenden Drahtes auf eine Kompassnadel. OERSTEDS Experiment kannst du nach der Anleitung zu Versuch 1 auf der folgenden Werkstattseite selbst durchführen.

Dabei beobachtest du: Sobald Strom durch den Draht fließt, wird die Kompassnadel aus ihrer ursprünglichen Richtung abgelenkt (▷ B 3).

Fließt der Strom in umgekehrter Richtung durch den Draht, dreht sich die Nadel in die andere Richtung (▷ B 3).

▶ Eine Kompassnadel wird aus ihrer ursprünglichen Richtung abgelenkt, wenn sie sich in der Nähe eines Strom führenden Leiters befindet.

Die Ablenkung einer Kompassnadel erfordert ein Magnetfeld. Was ist die Ursache für dieses Feld in Versuch 1?
Du hast im Versuch beobachtet, dass sich die Nadel nur bei Stromfluss bewegt. Also muss der Strom die Ursache dafür sein, dass im Raum um den Draht eine Magnetkraft wirkt.

Sobald Strom durch den Kupferdraht fließt, baut sich um ihn herum ein Magnetfeld auf. Nach dem Ausschalten des Stromes verschwindet dieses Magnetfeld wieder. Die Kompassnadel pendelt in ihre Ausgangsposition zurück.

▶ Im Raum um einen stromdurchflossenen Leiter existiert ein Magnetfeld.

Stärkere Magnetfelder

Das Magnetfeld um einen stromdurchflossenen Leiter ist schwach. Wenn man aber den Draht verlängert und zu einer Spule aufwickelt, wird das entstehende Magnetfeld deutlich stärker.
Je mehr Windungen die Spule hat, desto stärker ist bei gleicher Stromstärke das Magnetfeld.

Wenn du die Stromstärke durch eine Spule erhöhst, vergrößert sich ebenfalls die magnetische Kraft auf die Kompassnadel.

Befindet sich im Inneren einer Spule noch ein Eisenkern, verstärkt dieser bei gleicher Windungszahl und Stromstärke ebenfalls das entstehende Magnetfeld.

▶ Das Magnetfeld um eine stromdurchflossene Spule lässt sich verstärken durch
– eine größere Windungszahl der Spule,
– die Verwendung eines Eisenkernes und
– eine höhere Stromstärke durch die Spule.

Der Elektromagnet

Eisennägel werden von einer Spule angezogen, sobald Strom durch ihre Windungen fließt (▷ B 4). Eine anziehende Wirkung hast du auch schon zwischen einem Dauermagneten und Eisennägeln beobachtet. Die Strom führende Spule verhält sich wie ein Magnet. Wird der Stromfluss unterbrochen, fallen die Nägel ab.

▶ Eine Strom führende Spule ist ein Elektromagnet.

Zwischen einem Elektromagneten und einer Kompassnadel wirken Anziehungs- und Abstoßungskräfte. Im Gegensatz zum Dauermagneten ist die Stärke des Elektromagneten regelbar.
Elektromagnete können abgeschaltet und umgepolt werden. Die Umpolung erfolgt durch Änderung der Stromrichtung.

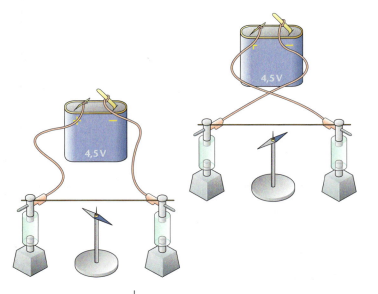

2 Ablenkung einer Kompassnadel bei verschiedenen Stromrichtungen.

Werkstatt

Elektromagnet

1 Auf Oersteds Spuren

Hier kannst du nach Oersteds Vorbild aus dem Jahre 1820 experimentieren.

Material

30 cm Kupferdraht, 2 Isolierstützen, Kompassnadel, 6-V-Batterie, 2 Kabel

Versuchsanleitung

Spanne einen etwa 30 cm langen Kupferdraht zwischen zwei Isolierstützen. Nimm eine Kompassnadel und warte, bis sie sich in Nord-Süd-Richtung eingependelt hat. Stelle nun den Draht parallel über die Nadel und schließe ihn an eine 6-V-Gleichspannungsquelle an. Verändere die Stromrichtung, indem du die Stromanschlüsse tauschst.
Protokolliere den Versuch und deine Beobachtungen.

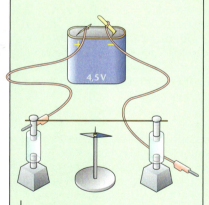

1 Zu Versuch 1

2 Der selbstgebaute Elektromagnet

Material

Mehrere große und kleine Eisennägel, Experimentierkabel, Klebestreifen, 4,5 V Batterie

Versuchsanleitung

Wickle wie im Bild 2 ein Kabel mehrfach um einen großen Eisennagel. Befestige das Kabel eventuell mit etwas Klebestreifen am Nagel. Schließe die Kabelenden an eine 4,5 V-Batterie an und teste, wie viele kleine Eisennägel angezogen werden.

Du sollst die Stärke deines Elektromagneten verändern. Überlege dir Möglichkeiten zum Vergrößern und zum Verringern der Stärke des Magneten. Probiere sie aus und protokolliere deine Beobachtungen.
Finde einen Merksatz.

2 Elektromagnet Spule

3 Veränderbare Magnete

Material

Spule mit 600 Windungen, Spannungsquelle 6 V, Kompassnadel, Eisenkern

Versuchsanleitung

a) Schließe eine Spule mit 600 Windungen an eine Gleichspannungsquelle (6 V) an. Stelle in die Nähe der Spule eine Kompassnadel und schalte den Strom ein.
b) Wiederhole den Versuch a) mit einem Eisenkern im Spuleninneren.
c) Schließe die Spule mit 600 Windungen in Reihe mit einem Strommesser an eine Gleichspannungsquelle an. Bringe eine Kompassnadel in Spulennähe (▷ B 3). Beginne bei einer Spannung von 3 V erhöhe dann auf 6 V. Notiere die Stromstärken und die Stärke der Nadelbewegung.

4 Elektromagneten in Reihe

Material

3 Spulen (300, 600, 1200 Windungen), Kompassnadel, Spannungsquelle 6 V

Versuchsanleitung

Baue eine Reihenschaltung mit drei Spulen (300, 600 und 1200 Windungen). Stelle vor jede Spule im gleichen Abstand eine Kompassnadel. Lege eine Gleichspannung von 6 V an.
Begründe deine Beobachtung. Warum solltest du die Reihenschaltung wählen?

Weiterführende Aufgaben

1. Informiere dich über das Leben von Hans Christian Oersted.

2. Warum ist der Draht bei Elektromagneten immer zu einer Spule aufgewickelt?
Warum sind diese Wicklungen immer gegeneinander isoliert?

3. Wo finden Elektromagnete Anwendung? Informiere dich.

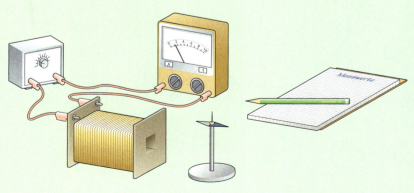

3 Zu Versuch 3

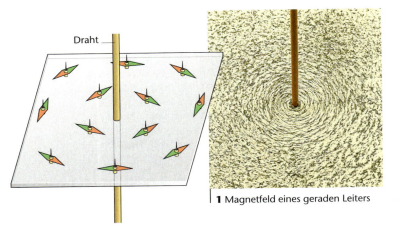

Draht

1 Magnetfeld eines geraden Leiters

Magnetfelder werden sichtbar gemacht

Du weißt bereits, dass sich Kompassnadeln und Eisenfeilspäne in Magnetfeldern ausrichten. Sie können daher als Hilfsmittel dienen, um den Magnetfeldern von stromdurchflossenen Drähten und Spulen auf die Spur zu kommen.

Bild 1 zeigt eine Plexiglasplatte, durch die ein elektrischer Leiter führt. Auf der Platte befinden sich zahlreiche Magnetnadeln. Nach Einschalten des Stromes durch den Draht richten sich alle Magnetnadeln rund um den Leiter aus. Wenn man die Nadeln in Gedanken miteinander verbindet, ergeben sich mehrere geschlossene Kreislinien.

Damit man die Kreise noch besser sieht, kann man Eisenfeilspäne benutzen. Die Späne richten sich um den Leiter herum aus. Deutlich ist die Struktur der magnetischen Feldlinien zu erkennen.

Aus diesen Versuchen kann man auf den Verlauf der Feldlinien schließen:

▶ Die magnetischen Feldlinien um einen geraden stromdurchflossenen Leiter sind kreisförmig.

Magnetfelder um Spulen

Im Bild 2 siehst du, wie sich Kompassnadeln und Eisenfeilspäne in der Umgebung einer stromdurchflossenen Spule ausrichten. Das Ganze erinnert an das Magnetfeld um einen Stabmagneten (▷B 3). So hat die Spule ebenfalls einen magnetischen Nord- und Südpol.
Im Unterschied zum Stabmagneten können wir bei der Spule den Verlauf der Feldlinien im Inneren beobachten.

Im Inneren verlaufen die Feldlinien annähernd parallel (▷B 2). In diesem Bereich hat das magnetische Feld überall die gleiche Stärke und Richtung.

▶ Das Magnetfeld um eine stromdurchflossene Spule ähnelt dem eines Stabmagneten. Bei einer stromdurchflossenen Spule sind die Magnetfeldlinien geschlossen.

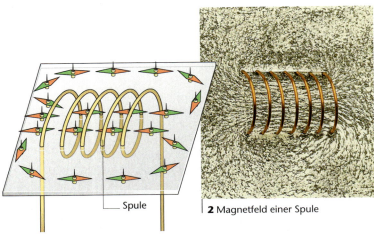

Spule

2 Magnetfeld einer Spule

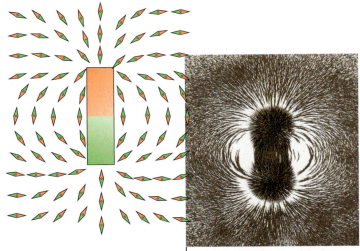

3 Magnetfeld eines Stabmagneten

Dauermagnete und Elektromagnete

Magnete im Vergleich

In den meisten elektrischen Geräten und Maschinen sind Elektromagnete einge-baut. Sie sind meist leichter als Dauer-magnete und bieten noch weitere Vorteile. Es gibt aber auch Anwendungen, wie z.B. Lautsprecher (▷B 4), wo Dauermagnete verwendet werden.

Neben Unterschieden gibt es für beide Ma-gnete auch viele Gemeinsamkeiten.

Aufgabe

1 Überlege dir Versuche, die die Aussagen über Elektromagnete bestätigen. Führe die Versuche durch und protokolliere sie in deinem Heft.

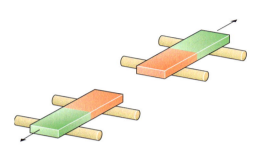

1 Gleichnamige Pole stoßen sich ab.

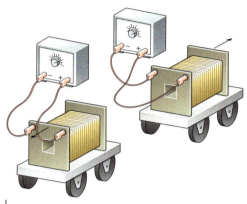

3 Abstoßung auch bei Elektromagneten

Dauermagnete

1. Dauermagnete sind von einem Ma-gnetfeld umgeben. Durch Eisenfeilspä-ne oder kleine Kompassnadeln kann der Verlauf der Feldlinien sichtbar ge-macht werden.

2. Dauermagnete haben Nord- und Süd-pol. Die Pole liegen fest.

3. Die Stärke eines Dauermagneten bleibt normalerweise erhalten. Nur durch sehr starke Erschütterungen oder Erwärmung kann er seine Magnetkraft verlieren.

4. Gleichnamige Pole stoßen sich ab (▷B 1), ungleichnamige ziehen einan-der an.

5. Zwischen Magneten und Körpern, die Eisen, Nickel oder Cobalt enthalten, wirken Anziehungskräfte.

6. Die magnetische Kraft wirkt durch Papier, Pappe, Holz, Kunststoffe usw. hindurch. Sie kann durch Eisen, Nickel und Cobalt abgeschirmt werden.

Elektromagnete

1. Auch in der Umgebung von strom-durchflossenen Elektromagneten exi-stieren Magnetfelder, die durch Eisen-feilspäne oder kleine Magnetnadeln nachgewiesen werden können.

2. Elektromagnete haben ebenfalls Nord- und Südpol. Durch Umkehrung der Stromrichtung lassen sich die Ma-gnetfelder umpolen.

3. Die Stärke von Elektromagneten ist regelbar. Elektromagnete kann man abschalten.

4. Es gelten die Polgesetze (▷B 2).

5. Es gibt Anziehungskräfte zwischen Elektromagneten und Körpern, die Ei-sen, Nickel oder Cobalt enthalten.

6. Die magnetische Kraft wirkt durch Papier, Pappe, Holz, Kunststoffe usw. hindurch. Sie kann durch Eisen, Nickel und Cobalt abgeschirmt werden.

2 Gemeinsamkeiten und Unterschiede bei Dauer- und Elektromagneten

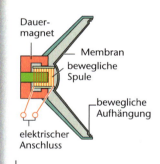

Dauer-magnet
Membran
bewegliche Spule
bewegliche Aufhängung
elektrischer Anschluss

4 Dauermagnete bei Lautsprechern

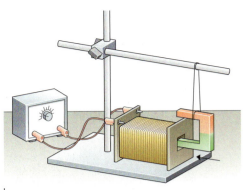

1 Eine stromdurchflossene Spule ist ein Elektromagnet.

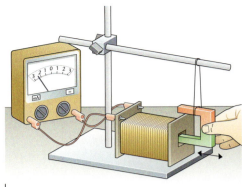

2 Experiment zur Induktion

„Gute magnetelektrische Maschinen, die billig starke Ströme erzeugen können, werden technisch außerordentlich wichtig werden und viele Industriebetriebe ganz umgestalten."

Werner von Siemens, 1889

Ein umkehrbares Experiment

Eine Spule wird zum Elektromagneten, wenn Strom durch ihre Windungen fließt. Diese Erfahrung hast du bereits in Experimenten gemacht.
Um die Strom führende Spule im Bild 1 hat sich ein Magnetfeld aufgebaut. Zwischen diesem und dem Magnetfeld des Dauermagneten wirken Kräfte. Der Magnet wird in die Spule gezogen.

Der englische Physiker MICHAEL FARADAY (1791–1867) fragte sich, ob man dieses Phänomen auch umkehren kann. Ist es möglich, mithilfe von Magneten einen Stromfluss zu erzeugen? FARADAY stellte sich die Aufgabe: „Convert magnetism into electricity."

Strom mit Spule und Magnet

Im Bild 2 ist die Spule nicht mehr an die Spannungsquelle angeschlossen. Zwischen ihren Enden ist nur ein Amperemeter geschaltet. Zuerst wird der Magnet von Hand ausgelenkt, um ihn anschließend in die Spule schwingen zu lassen.

Während der Magnet sich bewegt kannst du am Amperemeter eine wechselnde Anzeige beobachten. Das heißt, durch den Spulendraht fließt Strom, obwohl die Spule mit keiner Spannungsquelle verbunden ist.
FARADAY konnte seine Frage also bejahen: Der Oersted-Versuch lässt sich umkehren.

Spannung wird induziert

Wenn ein Strom durch die Spule fließt, muss eine Spannung vorhanden sein. Der Nachweis lässt sich einfach erbringen, indem im Versuch (▷ B 2) das Amperemeter durch ein Voltmeter ersetzt wird. Der Zeigerausschlag weist die Spannung nach. Die Spannung entsteht aber nur, solange sich der Magnet bewegt.

Diesen Vorgang der Spannungserzeugung bezeichnet man als **elektromagnetische Induktion**.
Man sagt, in der Spule wird eine Spannung induziert. Die entstehende Spannung nennt man deshalb **Induktionsspannung** U_{ind}.

Voraussetzung für Induktion

Wird wie im Bild 3 der Stabmagnet auf die Spule zu bewegt, zeigt das Messgerät eine Spannung an (▷ V 1a). Die Richtung des Zeigerausschlages hängt vom verwendeten Magnetpol und von der Bewegungsrichtung ab (▷ V 1a; V 1b).

Auch wenn der Magnet ruht und die Spule bewegt wird, entsteht eine Induktionsspannung (▷ V 1c). Befinden sich allerdings Spule und Magnet in Ruhe oder werden beide miteinander in die gleiche Richtung bewegt, entsteht keine Induktionsspannung (▷ V 1a; V 1d).

▶ Nur wenn Spule und Dauermagnet gegeneinander bewegt werden, entsteht eine Spannung.

Was geschieht bei der Bewegung von Spule oder Dauermagnet?
Der Stabmagnet ist von einem konstanten Magnetfeld umgeben. Die Spule befindet sich im Einfluss dieses Magnetfeldes.

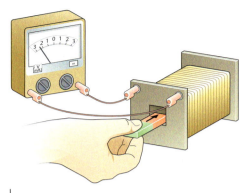

3 Zu Versuch 1a, b

Werden Stabmagnet und Spule aufeinander zu bewegt, dann nimmt die magnetische Wirkung des Stabmagneten auf die Spule zu. Sie befindet sich in einem stärker werdenden Magnetfeld.
Werden Magnet und Spule wieder voneinander entfernt, dann verringert sich seine magnetische Wirkung auf die Spule. Sie befindet sich in einem schwächer werdenden Magnetfeld. Werden Spule und Magnet miteinander bewegt (▷ V 1d), dann bleibt die magnetische Wirkung auf die Spule gleich.

Aus den Versuchen ergibt sich das Induktionsgesetz:

▶ Solange sich in einer Spule das Magnetfeld ändert, wird in ihr eine Spannung induziert. Die entstehende Spannung heißt Induktionsspannung.

Sind beim Induktionsvorgang die beiden Enden der Spule leitend miteinander verbunden, dann fließt ein Strom. Er heißt **Induktionsstrom** I_{ind}.

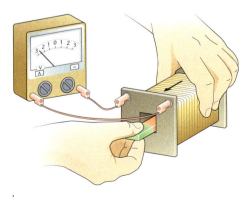

4 Zu Versuch 1c

Versuch

1 ▶ Baue den Versuch nach Bild 3 auf. Verwende eine Spule mit 1200 Windungen und ein Spannungsmessgerät mit Zeigermittelpunktslage. Führe die folgenden Versuche durch und beobachte jeweils den Zeiger des Messgerätes. Notiere deine Beobachtungen!

a) Schiebe den Stabmagneten mit dem Nordpol in die Spule hinein. Lasse ihn kurz in der Spule ruhen und ziehe ihn dann wieder heraus.

b) Wiederhole Versuchsteil a), benutze aber jetzt den Südpol des Stabmagneten.

c) Halte den Magneten fest und schiebe die Spule über den Magneten, zunächst über den Nord- dann über den Südpol.

d) Bewege Spule und Magnet miteinander in die gleiche Richtung.

Aufgaben

1 Beschreibe den Vorgang der elektromagnetischen Induktion.

2 Tom will mit einer Spule und einem Magneten ein Lämpchen zum Leuchten bringen. Er nimmt eine Spule mit großer Windungszahl und legt einen starken Dauermagneten in ihr Inneres. Was meinst du dazu? Begründe deine Antwort.

3 Beschreibe, wie es in den Versuchen 1a), b) und c) zur Veränderung des magnetischen Feldes kommt.

4 Wenn sich eine Spule in einem veränderlichen Magnetfeld befindet, dann entsteht immer eine Induktionsspannung. Wann fließt dabei auch ein Induktionsstrom?

5 Welche Möglichkeiten gibt es, bei einem Induktionsversuch mit Spule und Magnet die Richtung des entstehenden Induktionsstromes umzukehren?

6 Warum konntest du in deinen Versuchen immer nur kurzzeitig eine Spannung entstehen lassen?

5 Spule mit 300 Windungen

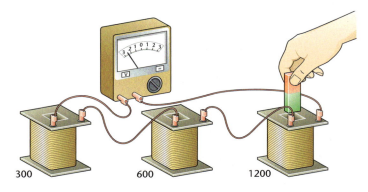

1 Induktionsspannung bei verschiedenen Windungszahlen

300   600   1200

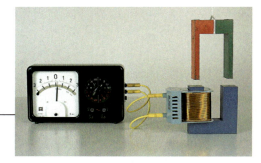

2 Ein Eisenkern erhöht die Induktionsspannung

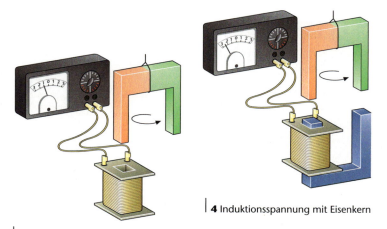

4 Induktionsspannung mit Eisenkern

3 Induktionsspannung ohne Eisenkern

5 Mehr Spannung...

Elektrizität für alle?

Michael hat die Superidee: Er will mit Stabmagnet und Spule Induktionsspannungen erzeugen und damit Fernseher, Computer, Bohrmaschine usw. betreiben. Sein Problem ist nur: „Wie kann ich eine ausreichend große Spannung erzeugen?"

Es gibt mehrere Möglichkeiten, die Größe der Induktionsspannung zu beeinflussen. Im Bild 1 werden Spulen mit unterschiedlichen Windungszahlen verwendet. Bei der Spule mit der größten Windungszahl ist die erreichte Induktionsspannung am höchsten. Voraussetzung: Es wird immer der gleiche Magnet verwendet und er wird immer gleich schnell bewegt.

Wenn du einen Magneten mit stärkerer Magnetkraft benutzt, kannst du ebenfalls höhere Induktionsspannungen erzeugen.
Du kannst auch die Spule oder den Magneten schneller bewegen, um die Induktionsspannung zu erhöhen.

In den Bildern 3 und 4 drehen sich gleiche Magnete über Spulen mit gleichen Windungszahlen. In der Spule mit dem Eisenkern entsteht eine höhere Induktionsspannung, weil der Eisenkern magnetisiert wurde.

▶ Die Induktionsspannung kann vergrößert werden durch
1. eine größere Windungszahl der Spule,
2. die Verwendung eines stärkeren Magneten und
3. eine schnellere Bewegung von Magnet oder Spule.

Versuch

▶1 Überlege dir Versuche, mit denen du unterschiedlich hohe Induktionsspannungen erzeugen kannst. Experimentiere mit Spulen unterschiedlicher Windungszahl, mit verschiedenen Magneten und Eisenkernen. Protokolliere alle Versuche.

Aufgaben

1 Formuliere den Merksatz als „je – desto"-Beziehung.

2 Begründe deine Ergebnisse aus Versuch 1.

Werkstatt

Induktion im Versuch

1 Zu Versuch 1

1 Faradays Versuch zur Induktion

Material

1 Schraube (Ø 6–8 mm, ca. 6 cm lang, Baumarkt), ca. 10 m Kupferlackdraht (Ø ca. 0,3 mm, Baumarkt oder Reparaturwerkstätten für Elektromotoren), 1 Flachbatterie 4,5 V (Elektrohandel, Baumarkt),1 rote Leuchtdiode (2 mA, sog. „low current" LED, erhältlich im Elektronik-Fachhandel oder -Versand), 1 Messer, evtl. Lötkolben

Versuchsanleitung

Wickle jeweils 5 m Kupferlackdraht auf die beiden Enden der Schraube, sodass zwei getrennte Spulen entstehen (▷ B 2). Achte darauf, dass die beiden Enden des Drahtes aus jeder Spule herausragen! Kratze mit dem Messer den Isolationslack von allen Drahtenden ab.

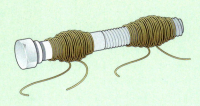

2 Die Induktionsspule

Verbinde dann die Leuchtdiode mit den beiden Anschlüssen einer Spule. Die Anschlüsse dürfen sich dabei nicht berühren!
Verbinde die beiden Drahtenden der anderen Spule mit den Anschlüssen der Flachbatterie. Die

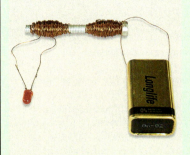

3 Anschluss der Leuchtdiode

Leuchtdiode blitzt nur in dem Moment kurz auf, in dem der Stromkreis unterbrochen oder geschlossen wird.
Falls der Versuch nicht funktioniert, vertausche die Anschlüsse an der Batterie.

2 Das „Schüttellicht"

Material

2 starke, runde Dauermagnete (Ø 6 mm, 20 mm lang, Elektronik-Fachhandel oder -Versand), 1 Hülle von einem einfachen Kugelschreiber (der Durchmesser der Hülle sollte überall gleich sein und muss etwas größer sein als der Durchmesser der Magnete), 1 Mikro-Glühlampe (1,2 V, 15 mA, Elektronik-Fachhandel oder -Versand), Kupferlackdraht (Ø 0,3 mm, ca. 70 m lang), 1 Messer, Klebstoff, evtl. Lötkolben

Versuchsanleitung

Wickle den Kupferdraht auf die Kugelschreiberhülle. Damit sich der Draht dabei nicht unbeabsichtigt verknotet, wickelst du ihn direkt von der Vorratsspule auf (▷ B 4). Achte darauf, dass die einzelnen Windungen möglichst dicht aneinander liegen.
Befestige die beiden Enden der so entstandenen Spule durch Klebeband oder Klebstoff, sonst kann

sich der Draht wieder abwickeln. Entferne den Isolationslack an den Drahtenden und schließe die Mikro-Glühlampe an die Spule an.

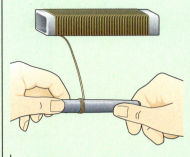

4 Der Draht wird aufgewickelt.

Stecke die beiden Dauermagnete (Nord- an Südpol) in die Kugelschreiberhülle (▷ B 5). Stecke nun die Kappe des Kugelschreibers wieder auf. Wenn du diese Anordnung sehr schnell schüttelst, dann glimmt die Lampe immer wieder kurz auf (▷ B 6).

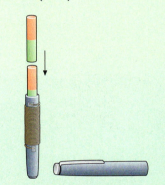

5 Magnete in der Kugelschreiberhülle

Du kannst diesen Effekt deutlicher erkennen, wenn es im Raum nicht zu hell ist.

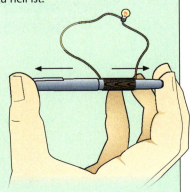

6 Das fertige Schüttellicht

43

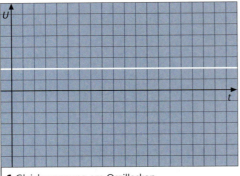

1 Gleichspannung am Oszilloskop

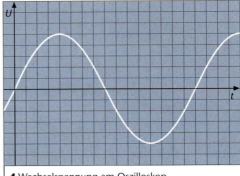

4 Wechselspannung am Oszilloskop

Induktionsspannung für längere Zeit

Bisher konntest du bei Induktionsvorgängen immer nur kurzzeitig Spannungen erzeugen. Wie könnte man die Versuchsbedingungen so abändern, dass die Induktionsspannung über einen längeren Zeitraum bestehen bleibt?

Wenn sich ein Magnet wie in Bild 2 gezeigt über einer Spule dreht, pendelt der Zeiger eines angeschlossenen Voltmeters ständig zwischen zwei Umkehrpunkten hin und her (▷ V 1a). Die Zeigerbewegung lässt erkennen, dass die entstehende Spannung fortlaufend ihre Polung wechselt.
In der Spule wird eine **Wechselspannung** induziert.

Bei einer Umdrehung des Magneten hat der Zeiger eine vollständige Hin- und Herbewegung ausgeführt (▷ V 1b).

Das Oszilloskop

Wenn man den zeitlichen Verlauf von Spannungen sichtbar machen will, verwendet man anstelle eines Messgerätes ein Oszilloskop (▷ B 2). Auf der senkrechten Achse des Bildschirmes (▷ B 1) wird die Spannung und auf der waagerechten die Zeit dargestellt.
Wird das Oszilloskop mit einer Gleichspannungsquelle verbunden, erscheint auf dem Bildschirm eine zur x- bzw. Zeitachse parallele Gerade. Das bedeutet: Die Spannung ist zu jedem Zeitpunkt gleich (▷ B 2).

Legt man aber eine Wechselspannung an das Oszilloskop, dann wird der Leuchtpunkt auch noch in y-Richtung, also nach oben und unten bewegt (▷ B 3).
Bild 2 zeigt die Bildschirmanzeige des Oszilloskops im Versuch mit dem drehenden Magneten für eine volle Drehung des Magneten. Zum Zeitpunkt 0 beträgt die Spannung 0 V. Sie steigt dann ständig an, und hat zum Zeitpunkt 1 ihren Maximalwert, die **Spitzenspannung**, erreicht. Dieser Maximalwert heißt **Amplitude**.

Anschließend wird die Spannung wieder kleiner und beträgt zum Zeitpunkt 2 wieder 0 V. Jetzt ändert sich die Polung. Danach wird der Betrag der Spannung wieder größer und erreicht im Zeitpunkt 3 erneut den Maximalwert.

Anschließend fällt der Betrag der Spannung wieder auf 0 V (Zeitpunkt 4). Danach wiederholt sich der Kurvenverlauf. Das Zeitintervall zwischen den Zeitpunkten 0 und 4 umschließt eine **Periode** der Wechselspannung.

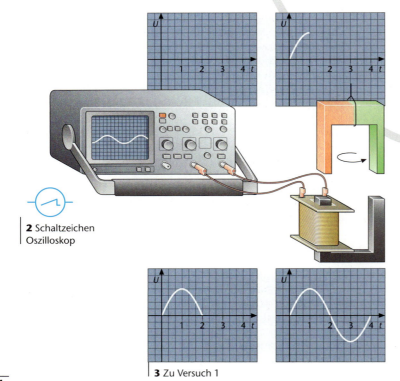

2 Schaltzeichen Oszilloskop

3 Zu Versuch 1

Wenn sich eine physikalische Größe zeitlich periodisch ändert (▷B 4), dann spricht man von einer **Schwingung**. Die **Frequenz** der Schwingung gibt an, wie viele Perioden sich in einer Sekunde wiederholen.

Bei fünfzig Wiederholungen pro Sekunde beträgt die Frequenz 50 Hz. Das ist die Frequenz der Wechselspannung, die an der Steckdose anliegt.

Spannung und Stromstärke

Wenn eine Wechselspannung induziert wird, dann fließt bei geschlossenem Stromkreis ein Wechselstrom. Stromstärke und Spannung ändern sich im gleichen Rhythmus.

6 V Gleich- und 6 V Wechselspannung

Mit einem Oszilloskop kann man Spannungen nicht nur sichtbar machen, man kann sie auch messen.

Ein Lämpchen wird einmal an 6 V Gleichspannung und einmal an eine Wechselspannung mit 6 V Spitzenspannung angeschlossen (▷V 2). Trotz der gleichen Spannungswerte leuchten die Lämpchen unterschiedlich hell (▷B 5; B 6). Die Lampe an der Gleichspannung leuchtet heller. Das liegt daran, dass bei der Wechselspannung die Spitzenspannung (oder Amplitude) von 6 V nur kurzzeitig erreicht wird.

Wenn du die Wechselspannung in Versuch 2b so lange erhöhst, bis beide Lampen gleich hell leuchten, kannst du als Amplitude einen Wert von 8,4 V ablesen. Die Voltmeter zeigen aber im Gleich- und Wechselstromkreis 6 V an (▷V 2c).

Um die gleiche Helligkeit beider Lämpchen zu erreichen, benötigt man also eine höhere Wechselspannung, da die Amplitude der Spannung nur kurzzeitig erreicht wird. Eine Wechselspannung mit 8,4 V Spitzenspannung entspricht einer Gleichspannung von 6 V. Diese Spannung wird **Effektivwert** genannt. Das Voltmeter zeigt den Effektivwert an. Gleiches gilt auch für die Stromstärke im Wechselstromkreis.

▶ Die Amplituden von Spannung und Stromstärke im Wechselstromkreis werden nur kurzzeitig erreicht. Die Messgeräte zeigen immer die Effektivwerte an.

In unserem Netz beträgt der Effektivwert der Spannung 230 V.

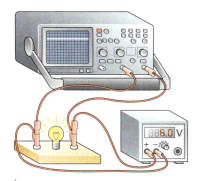

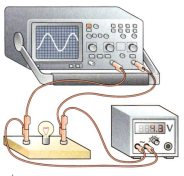

| 5 Lämpchen an Gleichspannung | 6 Lämpchen an Wechselspannung |

Versuche

1 ▶ a) Verbinde eine Spule (1200 Windungen, Eisenkern) mit einem Voltmeter (Zeigermittelpunktslage). Lasse über der Spule einen Magneten rotieren.
b) Drehe den Magneten langsam mit deiner Hand, bis der Zeiger eine vollständige Hin- und Herbewegung ausgeführt hat. Um wie viel Grad hast du den Magneten gedreht?
c) Ersetze das Voltmeter durch ein Oszilloskop und wiederhole den Versuch (▷B 2).

2 ▶ Zeichne für die folgenden Teilversuche die jeweiligen Schaltbilder ins Heft. Protokolliere die Bildschirmanzeigen und formuliere ein Ergebnis.
a) Lege eine Lampe an 6 V Gleichspannung, eine zweite, gleiche Lampe an eine Wechselspannung mit 6 V Spitzenspannung. Schließe an beide Lampen ein Oszilloskop an. Vergleiche die Bildschirmanzeigen und die Helligkeiten der Lampen (▷B 5, B 6).
b) Verwende eine regelbare Wechselspannungsquelle und stelle die Spannung so ein, dass beide Lampen gleich hell leuchten. Vergleiche die Bildschirmanzeigen.
c) Ersetze die Oszilloskope durch Voltmeter und miss die Spannungen.

Aufgaben

1 Wechselspannung und Wechselstrom werden als zeitabhängige Größen bezeichnet. Begründe!

2 Nenne Unterschiede zwischen Gleich- und Wechselspannung sowie Gleich- und Wechselstrom.

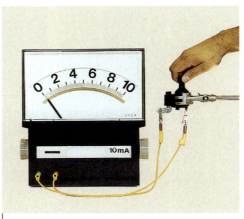

1 Zu Versuch 1

Versuch

1 a) Schließe ein Fahrradlämpchen an einen Fahrraddynamo an. Drehe das Antriebsrädchen mit der Hand an (▷B 1). Was kannst du beobachten?
b) Schließe den Fahrraddynamo an ein Amperemeter mit Mittelpunktslage an. Drehe das Rädchen erst langsam, dann immer schneller. Was zeigt das Amperemeter an?

Ein Kleingenerator

Zur Versorgung der Fahrradbeleuchtung mit elektrischer Energie wird keine Batterie verwendet, sondern ein Dynamo. Die Aufgabe des Fahrraddynamos ist es, mechanische in elektrische Energie umzuwandeln. Die mechanische Energie hat ihren Ursprung in der Antriebsarbeit, die der Radfahrer mithilfe seiner Muskelkraft leistet. Ein Teil dieser Energie wird für den Dynamo verwendet.

Da ein Fahrraddynamo elektrische Energie „erzeugt" wird er auch als **Generator** bezeichnet (genesis, lat. Erzeugung).
Große Generatoren zur Erzeugung elektrischer Energie werden in vielen Bereichen eingesetzt, insbesondere in Kraftwerken.

Wechselspannung durch Induktion

Betrachte den Aufbau eines einfachen Fahrraddynamos (▷B 2). Ein starker Dauermagnet dreht sich im Inneren einer Spule, die auf einen Eisenkern gewickelt ist. Durch die Drehung des Dauermagneten ändert sich das Magnetfeld ständig. Dadurch wird in der Spule eine Wechselspannung induziert (▷V 1b).

▶ Ein Dynamo (Generator) erzeugt durch Induktion Wechselspannung. In einem Dynamo rotiert ein Magnet in einer Spule.

Aufgrund des Wechselstroms des Dynamos müsste eigentlich die Fahrradbeleuchtung ständig an- und ausgehen. Beim Fahren merkst du davon nichts. Das Antriebsrad des Dynamos dreht sich so schnell, dass die Helligkeitsänderungen der Beleuchtung nicht mehr wahrzunehmen sind.

Außerdem verwendet man in Dynamos Dauermagnete, die mehrere Nord- und Südpole besitzen (▷B 2). Beim Drehen dieser Magnete ändert sich das Magnetfeld noch schneller und die Frequenz des Wechselstromes steigt.

2 Bestandteile und Aufbau eines Fahrraddynamos

Der „Mikrogenerator"

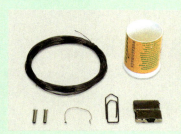

Material
1 Filmdose oder 1 Tablettenröhrchen (z. B. der untere Teil eines Röhrchens für Vitamintabletten), 2 sehr starke Dauermagnete, (20 mm · 10 mm · 4 mm), 1 Mikro-Glühlampe (1,2 V; 15 mA), ca. 50 m Kupferlackdraht (Ø 0,3 mm), 1 Büroklammer, 2 Adernendhülsen, Klebstoff, Klebeband, Messer, Zange, evtl. Lötkolben und Bohrmaschine

Hinweis
Mit diesem Mikrogenerator kannst du eine Glühlampe zum Leuchten bringen, allerdings müssen die beiden Dauermagnete eine große Magnetkraft besitzen. Die Magnete einer Pinnwand z. B. eignen sich für diesen Versuch nicht. Bei sehr schneller Drehung besteht die Gefahr, dass die Mikro-Glühlampe durchbrennt. Sicherheitshalber kannst du auch eine „normale" Taschenlampen-Glühlampe (z. B. 4 V, 40 mA) anschließen. Dann musst du die Dauermagnete sehr schnell drehen!

Die Spule des Generators
Bohre genau durch die Mitte der Filmdose zwei Löcher mit einem Durchmesser von ca. 2 mm (▷ B 1). Durch diese Löcher steckst du von innen nach außen die beiden Adernendhülsen, die anschließend auf der Außenseite verklebt werden. Sie dienen später als Lager für den Rotor, es darf kein Klebstoff in die Hülsen eindringen. Du kannst auch auf die beiden Adernendhülsen verzichten, allerdings entsteht später beim Drehen ein erhöhter Reibungswiderstand.

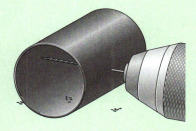

1 Die Filmdose wird in der Mitte durchbohrt.

Befestige das Ende des Kupferdrahtes mit dem Klebeband an der Filmdose und wickle die 50 m Draht um die Dose. Diese Länge entspricht ungefähr 400 Windungen. Du kannst dir diese Arbeit erleichtern, indem du den Draht direkt von der Vorratsspule abwickelst. Achte darauf, dass beide Enden des Drahtes aus der Spule herausragen!
Sichere das zweite Drahtende ebenfalls mit Klebeband oder Klebstoff (▷ B 2).

Der rotierende Magnet
Biege die Büroklammer zu einem möglichst geraden Draht auf. Stecke diesen Draht durch die Adernendhülsen der Filmdose und befestige die beiden Dauermagnete in der Dose am Draht (▷ B 3). Die Magnete halten schon durch ihre starke Magnetkraft recht sicher an dem Draht, durch einen Tropfen Klebstoff kannst du ein Verrutschen beim Drehen vollständig verhindern.
Die beiden Magnete müssen sich jetzt leicht in der Filmdose drehen lassen.

Der fertige Generator
Kratze von den beiden Drahtenden den Lack ab und schließe sie an die Glühlampe an. Wenn du den Draht mit den Magneten schnell drehst, leuchtet die Lampe auf (▷ B 4). Achtung: Drehe nicht zu schnell, sonst wird die Mikro-Glühlampe zerstört!

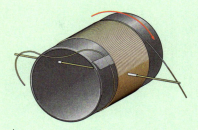

2 Die Spule wird gewickelt.

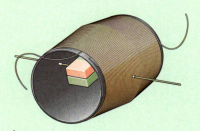

3 Befestigung der Dauermagnete an der Drehachse

4 Der fertige Generator

Technik: Generatoren

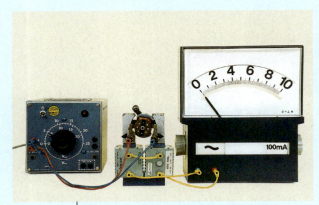

1 Der Magnet rotiert: ein Innenpolgenerator.

4 Notstromaggregat

Der Dynamo – ein Innenpolgenerator

Generatoren erzeugen Elektrizität mithilfe der Induktion. Bei einem Fahrraddynamo dreht sich ein Dauermagnet im Inneren einer feststehenden Spule. Die Spule ist vom veränderlichen Magnetfeld des Dauermagneten durchsetzt. Zwischen ihren Enden entsteht eine Wechselspannung. Generatoren, die nach diesem Prinzip arbeiten, nennt man **Innenpolgeneratoren**.

Generatoren für große Leistungen

Mit einem Dynamo kann man zwei kleine Glühlampen am Fahrrad zum Leuchten bringen. Zur Stromversorgung eines ganzen Hauses eignet er sich nicht. Das Magnetfeld des rotierenden Dauermagneten ist zu schwach, um einen großen Induktionsstrom zu erzeugen.

Ein Elektromagnet erzeugt ein stärkeres Magnetfeld. Ersetzt man den Dauermagneten eines Dynamos durch einen Elektromagneten (▷ V 1b), so lässt sich ein größerer Strom erzeugen. Generatoren, in denen sich ein starker Elektromagnet dreht, werden sowohl in kleinen Notstromaggre-

2 Der Erregergenerator versorgt den Kraftwerksgenerator mit elektrischer Energie.

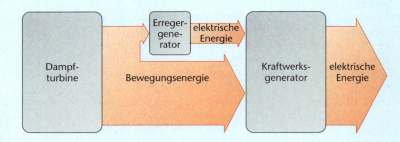

Dampf-turbine → Bewegungsenergie → Erreger-gene-rator → elektrische Energie → Kraftwerks-generator → elektrische Energie

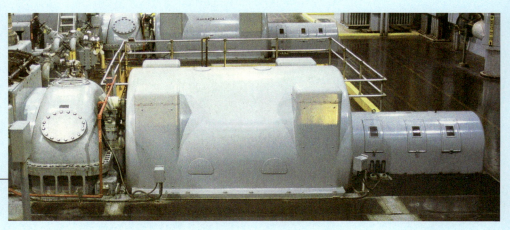

3 Kraftwerksgenerator

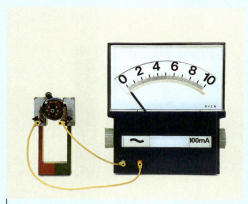

5 Der Magnet ist feststehend: ein Außenpolgenerator.

6 Turbine

gaten (▷ B 4) als auch in den Kraftwerken eingesetzt, die eine ganze Stadt mit Strom versorgen können.

Woher beziehen diese Generatoren den Strom für den rotierenden Elektromagneten? Kraftwerksgeneratoren werden von großen Dampfturbinen angetrieben. An den Antrieb ist ein zusätzlicher „Erregergenerator" angekoppelt, der einen Teil der Bewegungsenergie der Turbine in elektrische Energie umwandelt (▷ B 2). Mithilfe dieser Energie wird das Magnetfeld des rotierenden Elektromagneten erzeugt. Die abgegebene elektrische Energie ist dabei um ein Vielfaches höher als die benötigte elektrische Energie.

Außenpolgeneratoren

Das Prinzip der Innenpol-Generatoren kann umgekehrt werden. Im Versuch 1b wird das Magnetfeld durch einen äußeren, feststehenden Hufeisenmagneten erzeugt. Der Induktionsstrom entsteht hierbei in der drehbaren Spule. Solche Geräte nennt man Außenpolgeneratoren.

Solche Außenpolgeneratoren erzeugen ebenfalls Wechselstrom. Bei jeder Umdrehung wird der Eisenkern der Spule einmal in der einen Richtung und einmal in der anderen Richtung magnetisiert. Folglich fließt auch der Strom für eine halbe Umdrehung in die eine und für die andere halbe Umdrehung in die andere Richtung.

Ein Außenpolgenerator lässt sich so umbauen, dass er Gleichstrom erzeugen kann. Wenn man nach einer halben Umdrehung die Stromrichtung „umkehrt", dann fließt der Strom immer in die gleiche Richtung.

Dies lässt sich durch einen Kommutator erreichen. Er vertauscht nach jeder halben Umdrehung die Anschlüsse der Spule. Wenn das gerade in dem Moment passiert, in dem auch der Wechselstrom seine Richtung ändert, dann entsteht statt Wechselstrom ein Gleichstrom.

Die Leistung von Außenpolgeneratoren lässt sich ebenfalls erhöhen, wenn statt des Dauermagneten ein Elektromagnet verwendet wird.

Versuch

 1 a) Auf einen U-förmigen Eisenkern werden zwei Spulen angebracht, miteinander verbunden und an ein Amperemeter angeschlossen.
Auf den Eisenkern wird eine drehbare Spule gesteckt. Sie erhält ihren Strom von einem Netzgerät (▷ B 1).
Man dreht diese Spule und beobachtet das Amperemeter. Wenn die Spule schnell gedreht wird, kann man eine kleine Glühlampe zum Leuchten bringen.

b) Die feststehenden Spulen mit dem Eisenkern werden gegen einen Hufeisenmagneten ausgetauscht. Man verbindet die Anschlüsse der rotierenden Spule mit einem Amperemeter (▷ B 5) bzw. mit einer kleinen Glühlampe. Die Spule wird gedreht und das Amperemeter beobachtet.

c) Man verbindet die Anschlüsse des Amperemeters mit den Anschlüssen des Kommutators an der Spule. Die Spule wird gedreht und das Amperemeter beobachtet.

Versuch

1 a) Wickle einen Kupferdraht um einen Holzstab oder eine Pappröhre. Halte die so entstandene Spule zwischen die Pole eines Hufeisenmagneten. Schließe sie an eine Spannungsquelle an (▷ B 2). Was kannst du beobachten?
b) Vertausche die Anschlüsse der Spule. Was beobachtest du jetzt?
Kannst du dir eine Möglichkeit vorstellen, wie man durch Vertauschen der Anschlüsse eine ganze Drehung der Spule erreichen könnte?

2 Zu Versuch 1

Elektromotoren überall

In keinem Lebensbereich können wir auf Elektromotoren verzichten. Keine Waschmaschine arbeitet ohne Elektromotor, ebenso wenig Maschinen in Industriebetrieben und selbst der Computer würde ohne Elektromotoren für die Festplatte und den Lüfter nicht funktionieren.

In einem offenen Elektromotor kannst du eine Spule erkennen, die auf einen Eisenkern gewickelt ist (▷ B 1). Auch hierbei handelt es sich um einen Elektromagneten. Doch Magnete können sich nur anziehen oder abstoßen. Wie kann man erreichen, dass ein Elektromotor eine Drehbewegung erzeugt?

Ein „einfacher" Elektromotor?

In Versuch 1 hast du bereits den Vorläufer eines Elektromotors aufgebaut. Auch er enthält – wie jeder Elektromotor – einen feststehenden Magneten, der zum **Stator** des Motors gehört (lat. stare: stehen). Im Magnetfeld des Stators dreht sich eine Spule, die zum **Rotor** gehört (lat. rota: Rad).

Dieser „Motor" besitzt aber zwei große Nachteile:

1. Die Spule führt maximal eine halbe Umdrehung aus, denn dann stehen sich ungleichnamige Pole von Dauermagnet und Spule gegenüber. Da sich diese anziehen, dreht sich die Spule nicht weiter.

2. Wenn nach einer halben Umdrehung die Anschlüsse der Spule vertauscht würden, könnte sich die Spule weiter drehen. Durch die Umdrehungen wickeln sich jedoch die Anschlusskabel der Spule auf. Dadurch ist eine weitere Drehung bald unmöglich.

Ein Kommutator löst das Problem

Diese Nachteile werden vermieden, wenn man an der Rotorspule zusätzlich einen **Kommutator** anbringt (lat. commutare: vertauschen). Er besteht aus zwei Ringhälften, an die die Spule des Rotors angeschlossen ist (▷ B 5). Auf die beiden Ringhälften drücken Schleifkontakte, die eine leitende Verbindung von der Rotorspule zur Spannungsquelle ermöglichen.

1 Ein Elektromotor

dreipoliger Anker

Magnete

Eisenkern

Kommutator

Schleifkontakte

3 Geöffneter Elektromotor

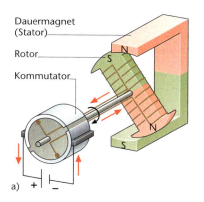
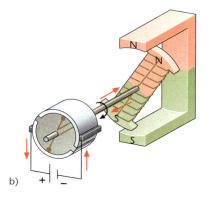
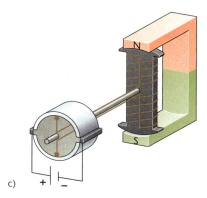

Dauermagnet (Stator)

Rotor

Kommutator

a) b) c)

4 Elektromotor mit Kommutator

Dadurch gibt es keine Anschlusskabel mehr, die sich aufwickeln können.
Wie kommt es zu einer ständigen Drehung? Die Rotorspule dreht sich so weit, bis sich ungleichnamige Pole gegenüberstehen (▷ B 4a). Jetzt wechseln die Schleifkontakte auf die jeweils andere Ringhälfte (▷ B 4b). Dadurch ändert sich die Stromrichtung in der Rotorspule, und ihr Magnetfeld wird umgepolt. Nun stehen sich gleiche Pole gegenüber, die sich abstoßen, und der Rotor dreht sich weiter. Dieser Vorgang findet jede halbe Umdrehung statt: Der Rotor dreht sich ständig weiter.

▶ Durch den Kommutator werden die Magnetpole der Rotorspule nach jeder halben Umdrehung umgepolt. Dadurch wird eine ständige Drehung des Rotors erreicht.

Der Totpunkt wird vermieden
Wenn du den Elektromotor von Bild 4 mehrfach ein- und ausschaltest, wirst du noch einen Nachteil feststellen: Er läuft nicht jedesmal von selbst an und muss dann mit der Hand angeworfen wer-

den. Der Rotor kann beim Ausschalten so stehen bleiben, dass sich die Pole der Rotorspule und des Stators genau gegenüberstehen. Der Rotor ist im **Totpunkt**, er erfährt keine Kraft, die ihn zur Drehung veranlasst (▷ B 4c).

Diese „Anlaufschwierigkeit" lässt sich vermeiden, wenn man die Rotorspule in eine ungerade Anzahl von Spulenabschnitten aufteilt. Der einfachste Fall ist der **dreipolige Anker** (Anker wegen der Form des Eisenkerns). Bei ihm stehen mindestens zwei Spulen nicht direkt vor dem Stator, die dann für das Anlaufen des Motors sorgen (▷ B 1).

▶ Mit einem dreipoligen Anker als Rotor läuft der Elektromotor aus jeder Position sicher an.

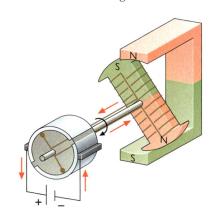

5 Der Kommutator

Lexikon

Elektromotoren

Kommutator
Er vertauscht bei jeder Umdrehung des Rotors zweimal die Anschlüsse der Rotorspule. Dadurch sorgt der Kommutator für ein Umpolen des Magnetfeldes an der Rotorspule.

Rotor
Der drehbare Teil eines Elektromotors.

Rotorspule
Die drehbare Spule im Elektromotor. Ihre Anschlüsse sind mit dem Kommutator verbunden.

Stator
Der feststehende Teil des Elektromotors. Er besteht aus dem Gehäuse des Motors und den feststehenden Magneten (Dauermagnete oder Elektromagnete).

Statorspulen
Fest angebrachte Elektromagnete im Stator des Motors.

Elektromagnetismus

1 Magnetfeld um geraden Leiter

2 Magnetfeld um stromdurchflossene Spule

▶ Magnetismus durch elektrischen Strom

Wenn Strom durch einen elektrischen Leiter fließt, dann entsteht um ihn ein magnetisches Feld.

Ein Elektromagnet ist ein Strom führender Draht, der zu einer Spule aufgewickelt wurde.
Das magnetische Feld um eine stromdurchflossene Spule lässt sich verstärken durch:
– eine größere Windungszahl der Spule,
– die Verwendung eines Eisenkerns und
– eine höhere Stromstärke in der Spule.

▶ Magnetfelder

Magnetische Feldlinien geben die Richtung der Magnetkraft an. Am Verlauf der Feldlinien (▷B 1; B 2) kann man erkennen, wie das Magnetfeld um stromdurchflossene Leiter beschaffen ist.

▶ Elektromagnetische Induktion

Solange eine Spule sich in einem sich verändernden Magnetfeld befindet, wird in ihr eine Spannung induziert (erzeugt). Diese Erscheinung nennt man elektromagnetische Induktion (▷B 3).

Befindet sich die Spule dabei in einem Stromkreis, dann fließt ein elektrischer Strom (Induktionsstrom). Seine Richtung ändert sich, wenn sich die Richtung des Magnetfeldes umkehrt.

Die entstehende Induktionsspannung kann vergrößert werden durch:
– eine größere Windungszahl der Spule,
– die Verwendung eines stärkeren Magneten und
– eine schnellere Magnetfeldänderung.

▶ Elektromotoren

Elektromotoren wandeln elektrische in mechanische Energie um.
Bei einem einfachen Elektromotor dreht sich ein Elektromagnet (Rotor) im Magnetfeld eines feststehenden Dauermagneten (Stator).

Durch den Kommutator werden die Magnetpole des Rotors bei jeder Umdrehung zweimal vertauscht. Dadurch wird aufgrund der magnetischen Kräfte zwischen Rotor und Stator eine ständige Drehbewegung möglich (▷B 4).

▶ Generatoren

In Generatoren wird mechanische Energie in elektrische Energie umgewandelt.

Ein Fahrraddynamo ist ein einfaches Beispiel für einen **Innenpolgenerator**. Dabei dreht sich ein Magnet im Inneren einer feststehenden Spule.
Der Magnet beim Dynamo hat mehrere Nord- und Südpole. Durch die ständige Umpolung der Magnetfelder wird eine Wechselspannung induziert.
Generatoren für große Leistungen verwenden Elektromagnete statt der Dauermagnete.

Beim **Außenpolgenerator** dreht sich eine Spule im Magnetfeld eines feststehenden Magneten.
Außenpolgeneratoren erzeugen ebenfalls Wechselstrom, Außenpolgeneratoren mit Stromwender erzeugen Gleichstrom.

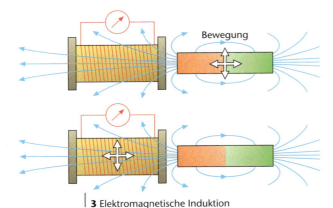

3 Elektromagnetische Induktion

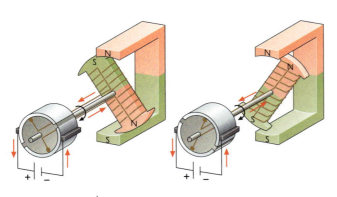

4 Der Kommutator ermöglicht die Drehung des Rotors

Aufgaben

1 Was verstehst du unter dem Begriff Elektromagnetismus?

2 Woraus besteht ein Elektromagnet? Begründe physikalisch, wie er funktioniert. Welche Vorteile haben Elektromagnete gegenüber Dauermagneten?

3 a) Ein Eisenkern verstärkt das Magnetfeld einer Strom führenden Spule. Erkläre dies mithilfe der Modellvorstellung der Elementarmagnete.
b) Auf Schrottplätzen kommen oft sehr starke Elektromagnete zum Einsatz. Wie lassen sich solch starke Magnetfelder erzeugen?

4 Gib Möglichkeiten der Bewegung zwischen einer Spule und einem Magneten an, bei der
a) eine Spannung induziert wird.
b) keine Spannung induziert wird.
Begründe deine Aussagen.

5 In einer Spule soll eine möglichst hohe Spannung induziert werden. Wie kann das erreicht werden?

6 In einer Spule liegt ein sehr starker Dauermagnet. Wird damit auch eine besonders hohe Induktionsspannung erzeugt? Begründe.

7 a) Unter welchen Bedingungen fließt in einer Spule ein Induktionsstrom?
b) Die Richtung des Induktionsstroms soll umgekehrt werden. Welche Möglichkeiten gibt es? Überprüfe deine Aussagen experimentell.

8 Neben einer Spule steht ein Elektromagnet. Was kannst du über die Induktionsspannung aussagen, wenn ...
a) ... der Elektromagnet gerade angeschaltet wird?
b) ... im Stromkreis des Elektromagneten ein konstanter Gleichstrom fließt?
c) ... der Elektromagnet gerade ausgeschaltet wird.

9 Erläutere die Funktion eines Elektromotors durch eine „logische Kette". Beginne so:
1. Die Rotorspule wird an eine Spannungsquelle angeschlossen.
2. Die Rotorspule wird zum Elektromagneten.
3. ...

10 Im Bild 5 erkennst du verschiedene Stellungen eines Rotors. In welche Richtung wird er sich jeweils drehen?

11 Wie lässt sich bei einem Gleichstrommotor die Drehrichtung verändern?

12 Wie kann man sich die Begriffe Innenpolgenerator und Außenpolgenerator erklären? Beschreibe dazu auch die Unterschiede zwischen beiden Generatorarten.

13 Eine Spule steht neben einem Elektromagneten. Die Stromstärke im Elektromagnet wird innerhalb einer Sekunde
a) von 0 auf 0,5 A
b) von 0 A auf 3 A
c) von 2,5 A auf 0 A
d) von 2 A auf 3 A
verändert. Vergleiche die Spannungen, die in der Spule induziert werden.

14 Zur Versorgung der Fahrradbeleuchtung mit elektrischer Energie wird ein Dynamo verwendet.
a) Erkläre die Funktionsweise eines Fahrraddynamos.
b) Wird bei einem Dynamo Gleich- oder Wechselstrom erzeugt? Begründe deine Meinung.
c) Wie unterscheidet sich der Aufbau eines Dynamos von dem eines Generator für große Leistungen?

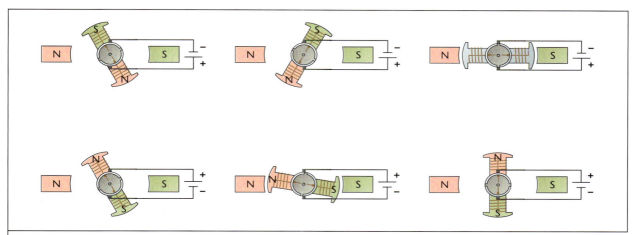

5 Zu Aufgabe 10

Elektrische
Energieübertragung

Vielleicht hast du schon einmal das Schild „Vorsicht Hochspannung" gesehen. Der rote Blitz und die Aufschrift „Lebensgefahr" weisen auf eine Gefährdung hin.

Vom Kraftwerk aus wird elektrische Energie über Hochspannungsleitungen über große Entfernungen transportiert. Was bedeutet aber Hochspannung? Wie und warum wird sie erzeugt?

In allen Wohnungen hängt ein „Stromzähler" – ein schwarzer Kasten mit einer Scheibe. Diese Scheibe dreht sich unaufhörlich, sogar in der Nacht. Einmal im Jahr erhalten deine Eltern eine Rechnung vom Energieversorgungsunternehmen. Doch wofür bezahlt man eigentlich genau mit der „Stromrechnung"?

Auf diese und weitere Fragen wirst du im folgenden Kapitel eine Antwort finden.

Hochspannung
Vorsicht! Lebensgefahr

enlv
Energie Leistungsverbund Rhein-Main

Empfänger	Matthias Meier		Kundennummer	25506/70870			Rechnungsdatum	12.04.2004	
	Große Gasse 9		bitte stets angeben						
	66723 Breitenbuch								

Zähler-Nr.	Abrechnungszeitraum		Tage	Zählerstand		Verbrauch	Arbeitspreis	Arbeitsbetrag	Grundbetrag	Nettobetrag
	von	bis		alt	neu	kWh	ct/kWh	Euro	Euro	Euro
720021	03.04.2003	31.08.2003	151	7769	8830	1061	10,39	110,26	32,80	143,10
	01.09.2003	31.12.2003	122	8830	9803	973	10,67	103,77	26,42	130,29
	01.09.2004	04.04.2004	93	9803	10681	878	11,15	97,91	20,22	118,12

Netto-Rechnungsbetrag Euro	Umsatz-steuer 16 % Euro	Brutto-Rechnungsbetrag Euro	Jahres-Abschlagsbetrag Euro	Restbetrag Euro	neuer monatlicher Abschlagsbetrag Euro	fällig erstmals am
391,50	62,64	454,14	394,71	59,43	37,85	05.05.2004

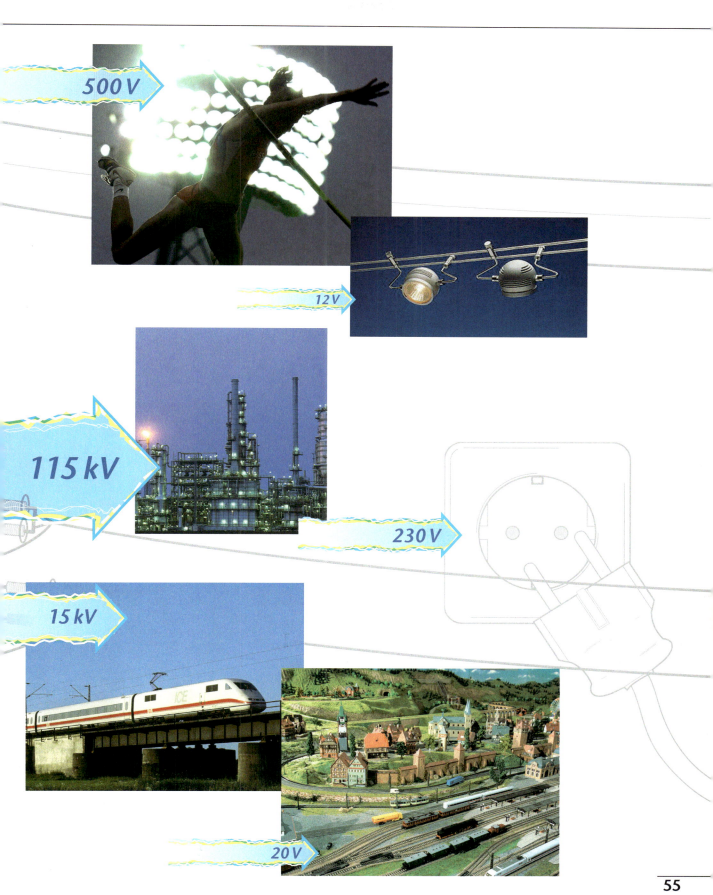

500 V

12 V

115 kV

230 V

15 kV

20 V

1 Elektrische Energie aus dem Gewitter?

3 Die Dynamomaschine von SIEMENS

Elektrische Energie durch Energie-umwandlung

Nach der Erfindung der Glühlampe wollte jedermann das bequeme und saubere „elektrische Licht" haben. Doch wer sollte die elektrische Energie dafür liefern? Man benötigte eine Energieform, die sich nicht auf herkömmlichen Wegen erzeugen, speichern und transportieren ließ. Die elektrischen Erscheinungen in der Natur konnte man nicht verwenden. Selbst wenn es gelänge die Energie eines Blitzes zu nutzen, könnte damit eine Glühlampe nur einige Wochen leuchten. Außerdem lässt sich elektrische Energie nur in begrenztem Maße speichern. Sie muss dann erzeugt werden, wenn sie gebraucht wird.

Nur durch **Energieumwandlung** anderer Energieformen ließ sich zu jeder Zeit genug elektrische Energie erzeugen. Die Lösung war eine Erfindung aus dem Jahr 1866. Die „Dynamomaschine" von WERNER V. SIEMENS (▷ B 3) musste mechanisch angetrieben werden, um elektrische Energie zu erzeugen. Mit diesem **Gene-**

rator war es zum ersten Mal möglich, wirtschaftlich und in größerem Umfang Bewegungsenergie in elektrische Energie umzuwandeln.

▶ In einem Generator wird Bewegungsenergie in elektrische Energie umgewandelt.

Wie werden Generatoren angetrieben?

Heute wird der größte Teil der elektrischen Energie in den Generatoren der Kraftwerke erzeugt. Alle Kraftwerke besitzen Generatoren. Sie unterscheiden sich durch den Antrieb des Generators. In **Wärmekraftwerken** werden fossile Brennstoffe (Kohle, Öl, Gas) verbrannt. Dabei entsteht Wärme, die zum Verdampfen von Wasser benutzt wird. Der heiße Wasserdampf treibt eine Turbine an, die mit dem Generator verbunden ist. Wärmekraftwerke erzeugen ca. 90 % der in Deutschland benötigten elektrischen Energie. Zunehmend werden Generatoren durch regenerative Energien angetrieben. Dazu gehören die **Windkraftwerke** und die **Wasserkraftwerke**.

Kleine Generatoren können durch Verbrennungsmotoren angetrieben werden. Diese Stromerzeuger sind klein, transportabel und einfach zu bedienen. Sie werden zur Versorgung bei einem Stromausfall und von Häusern ohne Stromversorgung eingesetzt.
Blockheizkraftwerke sind stationäre Stromerzeuger zur Versorgung der direkten Umgebung mit elektrischem Strom. Auch sie werden mit Verbrennungsmotoren betrieben. Die Wärme des Motors wird zum Heizen der umliegenden Häuser genutzt. Die Energieumwandlung ist also besonders effektiv (▷ B 2).

2 Blockheizkraftwerk

Geschichte: Der Streit um die Stromübertragung

Eine Erfindung – zwei Systeme

Die Pariser Elektrizitätsausstellung im Jahr 1881 war eine Sensation. Zum ersten Mal machten hunderte Glühlampen die Nacht zum Tag. Der geniale Erfinder und clevere Geschäftsmann THOMAS A. EDISON (1847–1931) präsentierte nicht nur seine neuen Glühlampen, er konnte sogar eine Komplettlösung anbieten: Lampen, Fassungen, Schalter, Generatoren – alles nach seinen Patenten und aus eigener Produktion.

Bei EDISONS System besaß jedes Haus und jeder Betrieb einen eigenen Generator. EDISONS Generatoren erzeugten Gleichstrom, und der ließ sich nur über kurze Strecken übertragen.

Zur gleichen Zeit beschäftigte sich auch der Großindustrielle GEORGE WESTINGHOUSE (1846–1914) mit der Stromerzeugung und Stromverteilung. Nach seinen Vorstellungen standen die Kraftwerke außerhalb der Städte, dort gab es genügend Platz und die Belästigung der Bevölkerung war geringer. Der elektrische Strom wurde dann durch Leitungen in die Städte geführt. Das System von WESTINGHOUSE beruhte auf Wechselstrom, der sich problemlos über weite Strecken transportieren ließ.

Der Stromkrieg: EDISON gegen WESTINGHOUSE

Bald erfuhr EDISON von den Plänen seines Konkurrenten. Er sah seine Monopolstellung gefährdet und verklagte WESTINGHOUSE wegen Verletzung seiner Patente.

Ein langer, erbitterter Streit brach aus, bei dem EDISON auch zu unfairen Mitteln griff. Spionage, Diffamierungen und weitere Prozesse folgten. Politiker wurden beeinflusst, sie sollten Gesetze gegen den Wechselstrom beschließen. Auf dem Höhepunkt der Auseinandersetzung ließ EDISON öffentlich Tiere durch Wechselstrom töten, um die angeblichen Gefahren des „Westinghouse-Stroms" zu demonstrieren.

WESTINGHOUSE setzte Fakten dagegen. Er verkaufte seinen Strom billiger als Edison, und auch er hatte wie EDISON ein großes Angebot an Elektrogeräten – natürlich für seinen Wechselstrom.

Der Gewinner: Wechselstrom

Nach und nach setzte sich der Wechselstrom durch, obwohl EDISON intensiv Werbung für Gleichstrom betrieb. Zu viele Vorteile sprachen für den Wechselstrom. Man kann die Spannung mit Transformatoren erhöhen oder vermindern, die Wechselstromgeneratoren sind einfach aufgebaut, und man kann Wechselstrom problemlos übertragen. Im Jahr 1891 gelang der endgültige Durchbruch. In Deutschland wurde hochgespannter Wechselstrom von Lauffen (am Neckar) nach Frankfurt (am Main) übertragen – über eine Entfernung von 176 km! Mit Gleichstrom war das nicht möglich – die Überlegenheit des Wechselstroms war bewiesen.

EDISON hat nie zugegeben, dass der Wechselstrom dem Gleichstrom bei der Energieübertragung überlegen ist. Bis zum Tod von WESTINGHOUSE blieben sie unversöhnliche Gegner.

3 THOMAS A. EDISON

4 GEORGE WESTINGHOUSE

1 Kraftwerk Lauffen

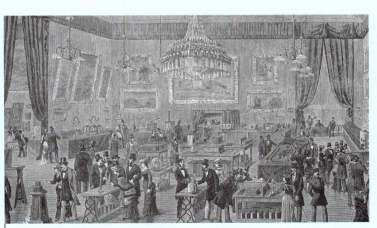

2 Internationale Elektrizitätsausstellung in Paris 1881

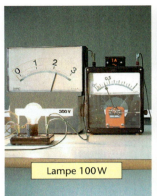

Lampe 100 W   Lampe 40 W   Lampe 20 W   Lampe 0,6 W

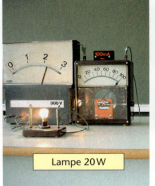

1 Die Spannungen sind gleich, die Ströme verschieden.

2 Die Ströme sind gleich groß, die Spannungen unterschiedlich.

Die elektrische Leistung

Als Tabeas Mutter die defekte Deckenlampe im Zimmer ihrer Tochter austauscht, ist es im Raum plötzlich dunkler als vorher. Sie schaut sich die Lampen genauer an. Auf der alten Glühlampe erkennt sie den Aufdruck „100 W", auf der neuen steht „40 W". Diese Werte geben Auskunft darüber, welche elektrische Leistung die jeweilige Glühlampe hat. Die 40-W-Lampe hat eine geringere Leistung. Du erkennst das daran, dass sie nicht so hell wie eine 100-W-Lampe leuchtet.

Je höher die Leistungsangabe auf der Glühlampe, desto heller leuchtet sie und desto größer ist der Strom, der bei gleicher Spannung durch sie hindurchfließt ($\triangleright$ B 1).

Auch die Lampen im Bild 2 leuchten unterschiedlich hell, obwohl durch beide ein gleich starker Strom fließt. In diesem Fall wirkt sich die unterschiedliche Spannung auf die elektrische Leistung aus. Die 20-W-Lampe hat eine größere Leistung, weil an ihr eine wesentlich größere Spannung anliegt als an der kleinen Lampe.

Leistungsberechnung

Du kannst die elektrische Leistung berechnen, indem du die Werte von Spannung und Stromstärke multiplizierst.

$\blacktriangleright$ Die elektrische Leistung P eines elektrischen Geräts hängt von der Spannung und von der Stromstärke ab.
$$P = U \cdot I$$
Einheit: Watt (W)
$$1\,W = 1\,V \cdot 1\,A$$
$$1000\,W = 1\,kW$$

Die Einheit der Leistung ist nach dem schottischen Ingenieur JAMES WATT (1736–1819) benannt.

Im Bild 4 siehst du, wie du die Leistung einer Fahrradlampe berechnest, durch die bei einer Spannung von 6 V ein Strom von 100 mA fließt.

Gerät	Spannung	Leistung
Taschenrechner	3 V 230 V	0,5 mW = 0,0005 W
Autofernlicht	jew. 12 V	60 W
Farbfernseher	230 V	110 W
Haartrockner	30 V	600 W
Bügeleisen	230 V	1200 W = 1,2 kW
Waschmaschine	230 V	3500 W = 3,5 kW
Elektroherd, 4 Platten	230 V	7400 W = 7,4 kW
Elektrolokomotive	15 000 V	7000 kW
Generator im Kraftwerk	27 000 V	700 000 kW

3 Die elektrische Leistung verschiedener Geräte im Vergleich

Berechnung der Leistung einer Fahrradlampe (6 V)

Gegeben: $U = 6\,V$
$I = 100\,mA$

Gesucht: P

Lösung: $P = U \cdot I$

$P = 6\,V \cdot 0,1\,A$

$\underline{P = 0,6\,W}$

Die Leistung der Lampe beträgt 0,6 W.

4 Berechnung der Leistung der Lampe

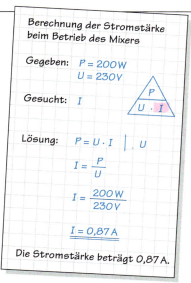

Berechnung der Stromstärke beim Betrieb des Mixers

Gegeben: $P = 200\,W$
$U = 230\,V$

Gesucht: I

Lösung: $P = U \cdot I \quad | \quad U$

$I = \dfrac{P}{U}$

$I = \dfrac{200\,W}{230\,V}$

$\underline{I = 0{,}87\,A}$

Die Stromstärke beträgt 0,87 A.

5 Berechnung des Stroms durch einen Mixer

Stromstärkeberechnungen

Auf allen elektrischen Haushaltsgeräten ist ein Typenschild angebracht ($\triangleright$ B 6). Auf diesem wird dem neben der vorgeschriebenen Betriebsspannung die elektrische Leistung des Geräts angegeben. Mit diesen Angaben kann man die Stromstärke berechnen.

Die Rechnung im Bild 5 zeigt, wie du die Stromstärke für einen Mixer (200 W) ermittelst, der an die Haushaltsspannung angeschlossen ist. Die errechnete Stromstärke von 0,87 A stimmt in etwa mit dem gemessenen Wert ($\triangleright$ B 6) überein.

Mechanische Leistung – elektrische Leistung

Die Leistung sagt etwas darüber aus, in welcher Zeit (t) eine bestimmte Arbeit (W) verrichtet wird. Die mechanische Leistung berechnet man mit der Formel $P = W/t$ und wird in der Einheit Watt angegeben. 1 Watt steht immer für eine gleich große Leistung, unabhängig davon, ob 1 Watt mechanisch oder elektrisch erbracht wird. Für elektrische und mechanische Leistungen gilt daher:

$1\ \text{Watt}_{\text{mechanisch}} = 1\ \text{Watt}_{\text{elektrisch}}$

Dies lässt sich am Beispiel eines Elektromotors verdeutlichen ($\triangleright$ B 7):
Der Elektromotor hat die Leistung 1 Watt, wenn er innerhalb 1 Sekunde eine Masse von 100 g um 1 Meter hebt. Der Motor erreicht diese Leistung genau dann, wenn er an die Spannung 1 Volt angeschlossen ist und dabei ein Strom der Stärke 1 Ampere fließt.
Der Elektromotor nutzt elektrische Energie um mechanische Arbeit zu verrichten.

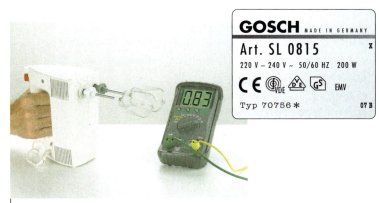

6 Messung der Stärke des Stroms durch einen Mixer

GOSCH MADE IN GERMANY
Art. SL 0815   X
220 V – 240 V ~ 50/60 HZ   200 W
CE (VDE) (D,E) (GS) EMV
Typ 70756 ✳   07 B

Im Idealfall wird mit 1 J eingesetzter Energie 1 J an mechanischer Arbeit geleistet. Die Leistung gibt somit nicht nur an, wie viel Arbeit (W) in einer bestimmten Zeit verrichtet wird, sondern auch wie viel Energie (E) in dieser Zeit umgesetzt wird.

$$P = \frac{W}{t} = \frac{E}{t}$$

Für die Einheit gilt: $1\,W = 1\,V \cdot 1\,A = 1\,\dfrac{J}{s}$

Aufgaben

1 Berechne die Stromstärken für die abgebildeten Glühlampen.

2 Für eine Leuchtdiode gelten die folgenden Angaben: 2,2 V/20 mA.
a) Berechne die elektrische Leistung.
b) Wie viel Energie hat die LED in einer halben Stunde umgesetzt?

3 Verdeutliche deinen Mitschülern mithilfe einer Tafel Schokolade die Begriffe Leistung und Watt.

Leistung: 60 W
Spannung: 230 V

Leistung: 3 W
Spannung: 230 V

Leistung: 40 W
Spannung: 230 V

Leistung: 25 W
Spannung: 230 V

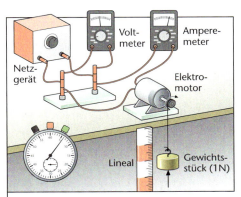

7 Der Elektromotor wandelt elektrische in mechanische Energie.

Die elektrische Leistung

1 Die Wattangabe

Auf vielen kleinen Lämpchen und Halogenlampen ist auf dem Sockel neben der Spannung auch noch die Leistung aufgedruckt. Du kannst überprüfen, ob diese Angaben stimmen.

Material

Spannungsquelle, Strommessgerät, Spannungsmessgerät, 3 Kabel, 2 Krokodilklemmen und Lampen (mit Fassung)

Versuchsanleitung

Baue den Stromkreis nach Bild 1 auf. Lege die auf der Lampe angegebene Spannung an und miss die Stromstärke. Erstelle eine Tabelle (▷ B 2) und notiere deine Messergebnisse. Berechne die elektrische Leistung und vergleiche sie mit der aufgedruckten Leistungsangabe.

2 Ein rätselhaftes Versuchsergebnis

Material

Spannungsquelle, Stromessgerät, Spannungsmessgerät, 6 Kabel und 2 Lampen mit Fassung (6 V/0,6 W und 6 V/2,4 W)

Versuchsanleitung

Baue die Schaltung nach Bild 3 auf. Lege anschließend eine Spannung von 6 Volt an. Beobachte die Helligkeit der Lampen. Lege eine Tabelle (▷ B 4) an und schreibe deine Beobachtung auf. Versuche die Beobachtungen zu erklären. Miss dazu die Stromstärke im Stromkreis und die an jeder Lampe anliegende Spannung. Berechne aus den Daten die Leistung der Lampe und vergleiche sie mit der aufgedruckten Leistungsangabe.

Aufgabe

Ergänze folgende Sätze:
An der Lampe mit der kleinsten Wattangabe liegt … an.
Sie hat den größten …
Ihre Leistung ist deshalb am …

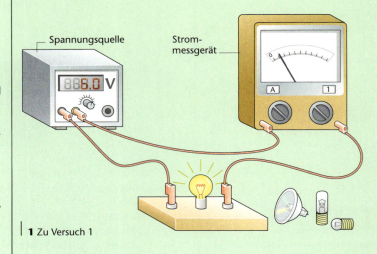

1 Zu Versuch 1

Lampe	angegebene Leistung	angelegte Spannung	gemessene Stromstärke	berechnete Leistung
6 V/0,6 W				
6 V/2,4 W				
6 V/3 W				
12 V/3 W				
12 V/10 W				
12 V/20 W				
12 V/30 W				

2 Überprüfung der Leistungsangabe von Lampen

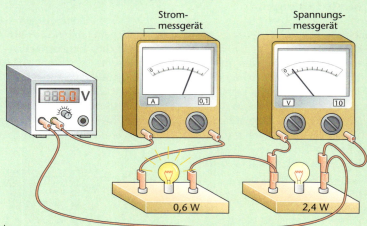

3 Zu Versuch 2

Lampe	Helligkeit der Lampe	Stromstärke	gemessene Spannung	berechnete Leistung
6 V/0,6 W				
6 V/2,4 W				

4 Zu Versuch 2

Strategie

Digital Präsentieren

Neben dem Präsentieren mittels Plakaten, Folien und Flipcharts ist das Vortragen von Referaten mithilfe einer Präsentationssoftware eine weitere Möglichkeit deinen Mitschülerinnen und Mitschülern Wissen zu vermitteln.

Eine digitale Präsentation besteht aus einzelnen Seiten, die man auch Folien nennt. Am besten projizierst du die Folien mit einem Beamer an die Wand.
Auf den Folien solltest du nur wichtige Stichpunkte und Bilder zeigen. Den eigentlichen Vortrag solltest du mithilfe der Stichpunkte und kleiner Merkzettel frei vortragen.

A. Vorbereitung

Als erstes musst du überlegen, welche Themenbereiche für dich und deine Zuhörer interessant sind. Für eine Präsentation über die elektrische Leistung könnten z. B. folgende Unterthemen wichtig sein:
- Was versteht man unter „Leistung" im physikalischen und umgangssprachlichen Sinn?
- Wie kann man die elektrische Leistung berechnen?
- Warum wird die Einheit der Leistung in Watt angegeben?
- Wer war JAMES WATT?
- …

Erstelle aus den Unterthemen einen ausführlichen Text mit einem Inhaltsverzeichnis. Bei einer digitalen Präsentation darfst du später jedoch keine langen Texte an die Wand projizieren. Überlege dir deshalb, welche Stichpunkte und Bilder du für die Präsentation benötigst.

B. Präsentieren mit dem Computer

Es gibt unterschiedliche Software, mit der du eine Präsentation erstellen kannst. Alle Präsentationsprogramme benutzen aber ähnliche Gestaltungselemente. Neben den auch aus anderen Programmen üblichen Menü- und Formatleisten findest du bei der Präsentationsoftware einen dreigeteilten Bereich (▷ B 1). Links in Bild 1 ist der Folienbereich zu sehen. Hier werden die Folien in der Reihenfolge deiner Präsentation abgelegt. Rechts befindet sich der Aufgabenbereich. Hier kannst du die unterschiedlichen Designs, Layouts, Folienübergänge und Animationen festlegen.
In der Mitte ist der Arbeitsbereich. Hier bearbeitest du deine aktuelle Folie.

Zu Beginn solltest du ein einheitliches Aussehen für alle Folien festlegen. Du kannst einen Hintergrund für deinen Vortrag wählen, der zum Thema passt. Bei der Wahl der Schriften und Schriftgrößen ist darauf zu achten, dass sie auch in der letzten Reihe noch gut lesbar sein müssen.

Erstelle zunächst eine Titelfolie. Diese sollte zumindest den Titel deines Referates und deinen Namen enthalten.
Erstelle anschließend eine Folie mit dem Inhaltsverzeichnis. So wissen deine Zuhörer, welche Punkte du in deinem Referat ansprechen möchtest.

Für jeden Punkt des Inhaltsverzeichnisses musst du mindestens eine Folie mit einer Überschrift und den entsprechenden Informationen erstellen. Denke auch daran, Bilder mit einzufügen, da Fotos und Grafiken nicht nur eine Präsentation auflockern sondern auch komplexe Sachverhalte einfacher verdeutlichen können. Ein Bild sagt mehr als 1000 Worte!

Besondere Effekte erlangst du mit benutzerdefinierten Animationen. Mithilfe der Animationen kannst du Texte und Bilder ein- und ausblenden. So wird deine Präsentation „lebendiger".

Wenn du jetzt die Präsentation mit deinem Vortrag abstimmst, gelingt dein Referat bestimmt.

| Folienbereich | Arbeitsbereich | Aufgabenbereich |

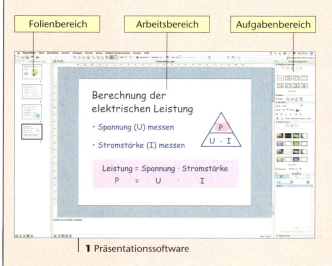

1 Präsentationssoftware

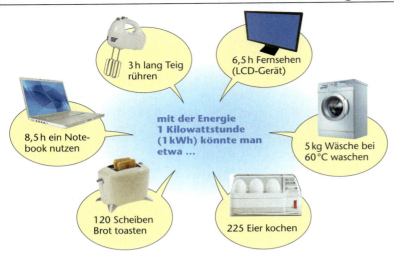

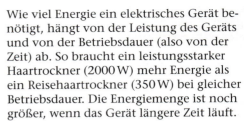

Wie viel Energie ein elektrisches Gerät benötigt, hängt von der Leistung des Geräts und von der Betriebsdauer (also von der Zeit) ab. So braucht ein leistungsstarker Haartrockner (2000 W) mehr Energie als ein Reisehaartrockner (350 W) bei gleicher Betriebsdauer. Die Energiemenge ist noch größer, wenn das Gerät längere Zeit läuft.

▶ Je größer die elektrische Leistung eines Geräts ist und je länger es in Betrieb ist, desto mehr elektrische Energie (E) wird benötigt.
Einheit: $1\,J = 1\,Ws$

Wie du die Energiemenge berechnest, die ein Elektrogerät bei einer bestimmten Zeit braucht, siehst du in den Beispielrechnungen (▷ B 2; B 3).

Die Energieeinheit Kilowattstunde

Die Energieeinheiten Joule bzw. Wattsekunde sind für den elektrischen Alltag ungebräuchlich. Dauert z. B. der Waschvorgang einer Waschmaschine (3500 W) eine Stunde (3600 s), so wird eine Energie von 12 600 000 Ws bezogen.
Solche großen Zahlen sind unpraktisch. Deshalb verwendet man als Leistungseinheit Kilowatt (kW) und als Zeiteinheit Stunde (h). Daraus ergibt sich die Energieeinheit Kilowattstunde (kWh). Die Waschmaschine hat also eine Energie von $3,5\,kW \cdot 1\,h = 3,5\,kWh$ umgesetzt.

Der elektrische Strom arbeitet für uns

Ein Leben ohne Elektrogeräte kannst du dir nicht mehr vorstellen. Viele elektrische Geräte helfen uns auch im Haushalt: In einem Mixer werden Speisen zerkleinert, mit einer Bohrmaschine wird ein Loch in die Wand gebohrt oder eine Lampe erhellt ein dunkles Zimmer.

In allen Fällen verrichten die Elektrogeräte Arbeit. Dazu brauchen sie elektrische Energie. Der elektrische Strom ist dabei der Energieträger – er transportiert die elektrische Energie zum Elektrogerät. In den Geräten wird die elektrische Energie in andere Energieformen umgewandelt. Solange beispielsweise eine Lampe leuchtet, nimmt sie elektrische Energie auf und gibt Licht und Wärme ab.

1 Der Stromzähler ist eigentlich ein Energiezähler.

Die elektrische Energie

Die von den Elektrogeräten benötigte elektrische Energie stammt aus dem Versorgungsnetz.

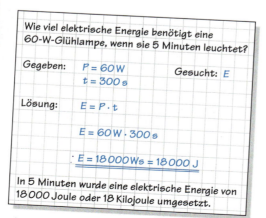

Wie viel elektrische Energie benötigt eine 60-W-Glühlampe, wenn sie 5 Minuten leuchtet?

Gegeben: $P = 60\,W$ Gesucht: E
$t = 300\,s$

Lösung: $E = P \cdot t$

$E = 60\,W \cdot 300\,s$

$E = 18\,000\,Ws = 18\,000\,J$

In 5 Minuten wurde eine elektrische Energie von 18 000 Joule oder 18 Kilojoule umgesetzt.

2 Berechnung der Energie

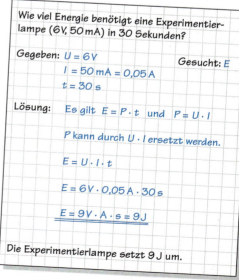

Wie viel Energie benötigt eine Experimentierlampe (6 V, 50 mA) in 30 Sekunden?

Gegeben: $U = 6\,V$ Gesucht: E
$I = 50\,mA = 0,05\,A$
$t = 30\,s$

Lösung: Es gilt $E = P \cdot t$ und $P = U \cdot I$

P kann durch $U \cdot I$ ersetzt werden.

$E = U \cdot I \cdot t$

$E = 6\,V \cdot 0,05\,A \cdot 30\,s$

$E = 9\,V \cdot A \cdot s = 9\,J$

Die Experimentierlampe setzt 9 J um.

3 Jährliche Geldersparnis mit Energiesparen (4-Personen-Haushalt)

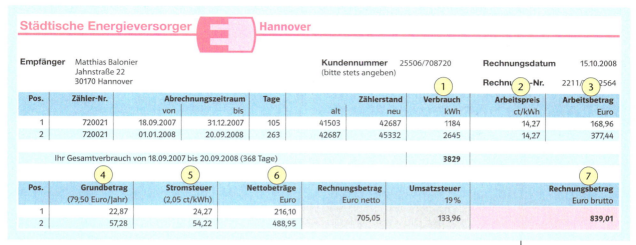

Städtische Energieversorger **Hannover**

Empfänger	Matthias Balonier				Kundennummer	25506/708720		Rechnungsdatum		15.10.2008
	Jahnstraße 22				(bitte stets angeben)					
	30170 Hannover							Rechnungs-Nr.		2211/..2564

Pos.	Zähler-Nr.	Abrechnungszeitraum		Tage	Zählerstand		Verbrauch	Arbeitspreis	Arbeitsbetrag
		von	bis		alt	neu	kWh	ct/kWh	Euro
1	720021	18.09.2007	31.12.2007	105	41503	42687	1184	14,27	168,96
2	720021	01.01.2008	20.09.2008	263	42687	45332	2645	14,27	377,44

Ihr Gesamtverbrauch von 18.09.2007 bis 20.09.2008 (368 Tage) — **3829**

Pos.	Grundbetrag	Stromsteuer	Nettobeträge	Rechnungsbetrag	Umsatzsteuer	Rechnungsbetrag
	(79,50 Euro/Jahr)	(2,05 ct/kWh)	Euro	Euro netto	19 %	Euro brutto
1	22,87	24,27	216,10	705,05	133,96	839,01
2	57,28	54,22	488,95			

4 Die Rechnung eines Energieversorgungsunternehmens

Für die Umrechnung der Einheiten gilt:
1 kWh = 1000 Wh = 3 600 000 Ws (oder 3 600 000 J).
Auf Seite 62 siehst du einige Beispiele, was man mit 1 kWh tun könnte.

Energie gibt es nicht zum Nulltarif
Jedes Jahr schickt das Energieversorgungsunternehmen eine „Stromrechnung". Damit bezahlen wir aber keineswegs den elektrischen Strom – dieser fließt wieder zum E-Werk zurück.
Mit der jährlichen Rechnung bezahlen wir die Menge der elektrischen Energie, die uns das E-Werk über den elektrischen Strom als Energieträger geliefert hat.

In jedem Haushalt befindet sich ein verplombter Energiezähler (▷ B 1). Er misst, wie viel elektrische Energie dem Stromnetz entnommen wird. Am Zähler kann man die dem Versorgungsnetz entnommene Energie in Kilowattstunden ablesen. Bei Geräten mit einer großen Leistung dreht sich die Zählscheibe schneller als bei Geräten mit geringer Leistung.

Kontrolliere die Rechnung!
Die Bereitstellung von elektrischer Energie und ihr Transport bis in unsere Haushalte verursacht Kosten. Diese muss der Nutzer an das E-Werk zahlen.
Die Höhe der Energierechnung wird hauptsächlich vom Verbrauch und dem Tarif bestimmt.

1. Zunächst wird anhand der Zählerstände die dem Versorgungsnetz entnommene Energiemenge (Verbrauch) ermittelt.

2. Das Energieunternehmen legt einen bestimmten Preis pro kWh fest. Dieser Arbeitspreis ist z. B. abhängig von der Tageszeit.

3. Multiplizierst du den Arbeitspreis mit dem eigenen Verbrauch, erhältst du den Arbeitsbetrag.

4. Neben der Energie muss man auch noch einen verbrauchsunabhängigen Grundbetrag zahlen. Damit deckt das Energieunternehmen einen Teil seiner Kosten.

5. Die Stromsteuer (Öko-Abgabe je kWh) wird an den Staat abgeführt.

6. Der Nettobetrag ist die Summe aus Arbeits- und Grundbetrag sowie der Stromsteuer.

7. Zum Nettobetrag kommt noch die Umsatzsteuer dazu und man erhält den eigentlichen Endbetrag.

Aufgaben

1 Eine 11 W-Energielampe beleuchtet so gut wie eine 60 W-Glühbirne. Vergleiche die jährlichen Energiekosten (4 h täglich, Energiepreis 20 ct/kWh).

2 Stell dir vor, dass dein Home-Fahrrad mit einem Dynamo verbunden ist. Wie lange müsstest du mit einer gleichbleibenden Leistung von 70 W Fahrrad fahren, um 1 kWh Energie zu erzeugen?

3 Alle reden von „Energieverbrauch" oder „Stromverbrauch". Beurteile diese Begriffe.

Es ist aus – wir müssen uns trennen!

Länder wie Australien machen es vor. Für die „alte Glühlampe" nach EDISON ist dort das Aus besiegelt. Auch die europäische Union folgt dem Beispiel und wird die „Glühbirne" verbieten. Nur für bestimmte Anwendungen z. B. als Glühlampe im Backofen soll sie erlaubt sein.

Seit 1880 gibt es die Glühlampe. Sie erzeugt Licht, aber dies macht sie nicht sehr effizient. Nur 5 % der eingesetzten Energie werden in Licht umgewandelt und der Rest, also 95 %, in Wärme.

Energiesparlampen, auch Kompaktleuchtstofflampen genannt, sind wesentlich effizienter in der Umsetzung der elektrischen Energie.

Dies zeigt ein Blick auf die Verpackung einer Energiesparlampe.

Dort steht 12 W ⟷ 60 W. Das bedeutet, dass eine 12 Watt Energiesparlampe genauso hell leuchtet wie eine 60 Watt Glühlampe.

Mit weniger das Gleiche erreichen

Hast du dir schon einmal überlegt, welche Kosten beim Einsatz von Energiesparlampen im Haushalt eingespart werden können? Wir wollen einen Kostenvergleich durchführen. Welche Daten benötigen wir dazu und welche Annahmen müssen wir treffen?

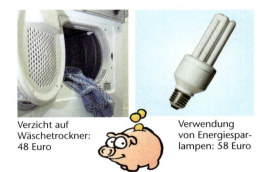

Verzicht auf Wäschetrockner: 48 Euro

Verwendung von Energiesparlampen: 58 Euro

2 Jährliche Geldersparnis mit Energiesparen (4-Personen-Haushalt)

Die elektrischen Leistungen der Lampen können wir der Verpackung entnehmen. Anschaffungskosten und Betriebsstunden der eingesetzten Lampen sind ebenfalls wichtig. Auch die „Lebensdauer" der Lampen kann berücksichtigt werden. Wir müssen einen Zeitraum für die Berechnung festlegen und den Preis für eine Kilowattstunde Strom recherchieren.

Ein Rechenbeispiel siehst du in Bild 1.

Vorsicht bei der Entsorgung

Defekte Energiesparlampen gehören nicht in den Hausmüll oder in den Altglascontainer. Da sie sehr kleine Mengen des giftigen Schwermetalls Quecksilber enthalten, sind sie Sondermüll und müssen bei den entsprechenden Sammelstellen entsorgt werden.

Welche Kosten können bei Verwendung einer Energiesparlampe eingespart werden?

Energieeinsparungen im Haushalt

Durch Fenster und Wände wird Wärme aus dem Inneren an die Umgebung abgegeben. Man spricht von Wärmeverlusten. Um eine gleich bleibende Zimmertemperatur zu erreichen, müssen die Wärmeverluste ständig durch die Heizungsanlage ausgeglichen werden.

Gute Wärmedämmung des Mauerwerks und Isolierverglasung vermindern die Wärmeübertragung nach draußen. Bild 2 zeigt noch weitere Möglichkeiten zur Senkung des Energieeinsatzes.

Absenkung der Raumtemperatur

Durch die Absenkung der Raumtemperatur können erhebliche Energieeinsparungen erzielt werden. Wird die Raumtemperatur von 20 °C auf 19 °C abgesenkt, so ergibt sich eine Ersparnis von ungefähr 6 %.

Wie hoch ist die jährliche Kostenersparnis bei Verwendung von 10 Energiesparlampen anstelle von 10 Glühlampen?

Betriebsdauer der Lampen:	1000 h/Jahr	Arbeitspreis für den Strom:	0,22 €/kWh

	Glühlampe	Energiesparlampe
Leistungsaufnahme	60 W	12 W
Anschaffungspreis	0,50 € pro Lampe	3,00 € pro Lampe
Energie	$10 \cdot 60\,W \cdot 1000\,h$ $= 600\,kWh$	$10 \cdot 12\,W \cdot 1000\,h$ $= 120\,kWh$
Energiekosten	$600\,kWh \cdot 0{,}22\,\frac{€}{kWh}$ $= 132{,}00\,€$	$120\,kWh \cdot 0{,}22\,\frac{€}{kWh}$ $= 26{,}40\,€$
Gesamtkosten	$132{,}00\,€ + 5\,€$ $= 137{,}00\,€$	$26{,}40\,€ + 30\,€$ $= 56{,}40\,€$
Ersparnis pro Jahr:		137,00 € – 56,40 € = 80,60 €

Die „Lebensdauer" der Lampen wurde hier nicht berücksichtigt

1 Berechnung der Kostenersparnis

Werkstatt

Energiesparen beim Kochen

1 Kochen von Kartoffeln

Vielleicht hast du schon einmal das Sprichwort gehört: „Zu jedem Topf findet sich auch ein passender Deckel!"
Beim energiebewussten Kochen bekommt dieser Satz eine neue Bedeutung. Mit einem gut schließenden Deckel spart man Geld. Probiere es einmal aus.

1 Energieverlust

Material
5 mal 500 g Kartoffeln (festkochend, ungeschält, etwa von gleicher Größe, nicht zu groß), einen Topf mit Deckel, eine Herdplatte und einen Stromzähler

Versuchsanleitung
Die Kartoffeln sollen unter verschiedenen Bedingungen mit Schale gegart werden (▷ B 1). Notiere vor und nach jedem Versuch die Anzeige des Stromzählers.

a) Die Kartoffeln sind vollständig mit Wasser bedeckt und werden mit einem halb aufgelegten Deckel gekocht. Die Herdplatte bleibt während der Garzeit auf höchster Stufe eingeschaltet. Weil das Wasser verdampft, muss notfalls etwas nachgegossen werden.

a)

b) Die Kartoffeln sind vollständig mit Wasser bedeckt, werden aber mit einem gut schließenden Deckel gekocht. Sobald das Wasser siedet wird auf die kleinste Heizstufe zurückgeschaltet.

c) Die Kartoffeln sind nur bis zur Hälfte mit Wasser bedeckt und werden sonst wie unter b) beschrieben gekocht.

b)

d) Die unter c) beschriebene Wassermenge wird mit einem Wasserkocher zum Sieden gebracht und dann in den Topf mit den Kartoffeln umgegossen. Die vom Wasserkocher abgegebene Energie muss in der Tabelle mitberücksichtigt werden. Weitere Vorgehensweise wie bei c).

e) Versuchsdurchführung wie bei c), nur wird ca. 5 Minuten vor Ende der Garzeit die Herdplatte ausgeschaltet und die Nachwärme genutzt.

d)

Diskutiert am Ende der Versuchsreihe in der Klasse über das „richtige" Kochen. Als Grundlage dient die benötigte elektrische Energie. Stellt Kriterien für das Kochen mit dem geringsten Energieverbrauch auf. Was ihr aus den gekochten Kartoffeln „zaubern" könnt, könnt ihr weiter unten nachlesen.

Kartoffelsalat nach schwäbischer Art

Zutaten:
500 g Kartoffeln,
1 Brühwürfel
1 kleine bis mittelgroße Zwiebel
Salz, Pfeffer
Essig und Öl

Zubereitung:
Die in der Schale gekochten Kartoffeln abpellen und in kleine Scheiben in eine Schüssel schneiden.
Etwas Salz (halber Teelöffel) und etwa 2–3 Esslöffel Essig über die Kartoffeln gießen und unterheben.
1 Brühwürfel (Fleischbrühe, klare Brühe) in ca. 125 ml Wasser auflösen und aufkochen lassen.
Die in kleine Würfel geschnittene Zwiebel für ca. 1/2 Minute in die kochende Brühe geben und anschließend alles über die Kartoffeln gießen und umrühren.
Nach ca. 10 Minuten nochmals umrühren und ca. 3–4 Esslöffel Öl unterheben.
Nach Bedarf nochmals mit Salz und Pfeffer abschmecken und mit gehacktem Schnittlauch dekorieren.
Guten Appetit!

Von 230V auf 3,6V?

Viele elektrische Geräte dürfen nicht mit 230 V betrieben werden. Sie arbeiten mit anderen, meist geringeren Spannungen. So benötigt ein Handy beispielsweise nur eine Spannung von 3,6 V. Wie ist es möglich, dass man das Handy dennoch über das Ladegerät an die Netzspannung (230 V) anschließen kann?

Transformator

Viele Elektrogeräte werden über Transformatoren (Kurzform: Trafo) an die Netzspannung angeschlossen. Transformatoren wandeln die Netzspannung in die benötigte Betriebsspannung um. Ein Transformator wird zwischen Steckdose und Gerät geschaltet. Oft sind Trafos in das Gerät eingebaut wie es z. B. bei Ladegeräten (Notebook usw.) der Fall ist.

In den Bildern 1 und 4 erkennst du, wie ein Transformator prinzipiell aufgebaut ist: Ein Transformator besteht aus zwei Spulen, die auf einen gemeinsamen Eisenkern gewickelt sind. Jede Spule hat einen eigenen Stromkreis. In einem Ladegerät z. B. liegt eine Spule an 230 V Wechselspannung an, die zweite Spule ist mit dem Gerät verbunden.

Lebensgefahr!

Experimente mit dem Trafo können aufgrund der Entstehung hoher Induktionsspannungen gefährlich sein!
Auch bei kleinen Eingangsspannungen können lebensgefährliche Ausgangsspan-

nungen entstehen. Führe Versuche mit Trafos nur nach Anweisung des Lehrers durch! Experimentiere niemals mit Trafos, die an die Netzspannung angeschlossen sind.

Drahtlose Energieübertragung

Zwischen den Spulen eines Trafos besteht keine leitende Verbindung. Wie also kommt elektrische Energie von der ersten zur zweiten Spule? In Versuch 1 kannst du diese Frage untersuchen (▷V1a, 1b). Das Prinzip ist bei allen Transformatoren gleich: Wenn du die Spule 1 an Wechsel-

---

Versuch

1 a) Stelle zwei Spulen mit je 600 Windungen nebeneinander (▷B 2). Verbinde die rechte Spule mit einem Lämpchen (3,8 V). Schließe die linke Spule an 4 V Wechselspannung an.
Was geschieht, wenn du langsam einen Eisenkern durch die Spulen schiebst?
b) Setze beide Spulen auf einen geschlossenen Eisenkern. Vergleiche die Beobachtungen und finde eine Erklärung.
c) Ersetze die rechte Spule durch Spulen mit unterschiedlichen Windungszahlen (300/150/75). Was stellst du fest?
Was schließt du aus deinen Beobachtungen für die Spannung an der rechten Spule?
d) Wie könntest du erreichen, dass das Lämpchen noch heller leuchtet? Plane einen Versuch. Lasse deinen Versuch vorher unbedingt vom Lehrer genehmigen.

1 Transformator

2 Zu Versuch 1

spannung anschließt, dann fließt durch ihre Windungen Wechselstrom. Es entsteht um diese Spule ein magnetisches Feld, das sich ebenfalls ständig ändert. Der gemeinsame Eisenkern verstärkt das magnetische Feld von Spule 1 und überträgt es auf Spule 2.
Durch die Magnetfeldänderungen wird in der zweiten Spule eine Wechselspannung induziert. Das Lämpchen leuchtet, die elektrische Energie wird durch elektromagnetische Induktion übertragen.

Die Spule, die das magnetische Wechselfeld erzeugt, wird **Primärspule** genannt (▷ B 4). In der zweiten Spule wird Spannung induziert. Sie heißt **Sekundärspule**.

▶ Ein Transformator besteht aus zwei Spulen, die auf einem geschlossenen Eisenkern sitzen.
Durch elektromagnetische Induktion wird Energie vom Primär- auf den Sekundärkreis übertragen.

Trafos verändern Spannungen
Eine der Hauptaufgaben eines Trafos ist es, die Primärspannung an das Elektrogerät anzupassen. Wie wird im Trafo die Spannung verändert (▷ V 1c, V 1d)?

Bei genauer Betrachtung der Bilder 3 und 5 erkennst du, dass die Windungszahlen der Spulen unterschiedlich sind.
Die Sekundärspule in Bild 5 hat viel weniger Windungen als die Primärspule. Dadurch wird die Primärspannung (230 V) so herabgesetzt, dass das 3,8-V-Lämpchen ohne Gefahr an die Sekundärspule angeschlossen werden kann.

In Bild 3 ist der umgekehrte Fall dargestellt. Eine kleine Primärspannung wird so

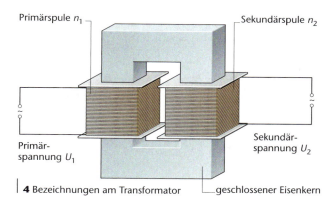

Primärspule n_1 — Sekundärspule n_2 — Primärspannung U_1 — Sekundärspannung U_2 — geschlossener Eisenkern

4 Bezeichnungen am Transformator

vergrößert, dass eine normale Haushaltsglühlampe betrieben werden kann. Auch hier liegt die Ursache in den Windungszahlen der Spulen. Weil die Sekundärspule mehr Windungen hat, ist an dieser Spule auch die Spannung größer.

▶ Mit Transformatoren können Spannungen vergrößert oder verkleinert werden.

Aufgaben

1 Was geschieht, wenn du den Transformator an eine Gleichspannung von 3 V anschließt? Plane einen Versuch, mit dem du deine Vermutung überprüfen kannst.

2 Warum wird die Primärspule oft auch als Feldspule bezeichnet? Finde einen anderen Begriff für Sekundärspule.

3 Wie könnte der Trafo im Ladegerät eines Handys aufgebaut sein? Skizziere den Trafo mit Anschlüssen und bezeichne die Teile. Erläutere, wie dieser Trafo funktionieren muss.

3 Vergrößern der Spannung

5 Verkleinern der Spannung

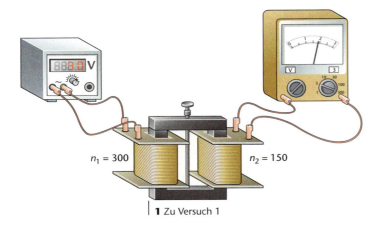

1 Zu Versuch 1

Bei einem unbelasteten Transformator gilt: Die Spannungen an den Spulen stehen im selben Verhältnis wie die entsprechenden Windungszahlen:

$$\frac{U_1}{U_2} = \frac{n_1}{n_2}$$

Damit kannst du schon vor den Versuchen die physikalischen Größen für jeden beliebigen Trafo berechnen. Ein Rechenbeispiel findest du im Bild 3.

Wie bei jedem elektrischen Gerät gibt es auch beim Trafo unerwünschte Energieumwandlungen (z. B. in Wärme). Außerdem gelangt das Magnetfeld der Primärspule nicht vollständig in die Sekundärspule und kann deshalb nicht voll wirksam werden. Deshalb ist die tatsächlich gemessene Spannung immer etwas kleiner als der berechnete Wert.

Transformatoren sorgen für Sicherheit

In vielen Fällen ist es aus Sicherheitsgründen notwendig, die Netzspannung herabzusetzen. Solche Niederspannungstransformatoren haben eine große Primär- und eine kleine Sekundärwindungszahl.

Der Umgang mit elektrischen Geräten kann gefährlich sein, wenn sie mit Feuchtigkeit in Berührung kommen. Deshalb sind Niederspannungstrafos beispielsweise im Rasierapparat oder auch in manchen elektrischen Zahnbürsten eingebaut (▷ B 5). In der Ladestation befindet sich die

Auf die Spulenkombination kommt es an

Welche Sekundärspannung U_2 ein Trafo liefert, hängt nicht nur von der Primärspannung U_1 ab. Die Sekundärspannung wird auch von der Anzahl der Windungen in den beiden Spulen bestimmt. Durch eine geeignete Spulenkombination kann man mit einem Trafo die Spannung verkleinern oder vergrößern.

Welche Kombination für welchen Zweck?

Im Versuch 1 wird der Zusammenhang zwischen Windungszahl und Spannung bei einem unbelasteten Transformator genauer untersucht. Unbelastet bedeutet: Es ist kein elektrisches Gerät an die Sekundärspule angeschlossen. Dabei zeigt sich: Wenn Primär- und Sekundärspule gleiche Windungszahl haben, dann bleibt die Spannung (fast) gleich (▷ B 2).
Wenn die Sekundärspule z. B. halb so viele Windungen hat, dann ist auch die Spannung an dieser Spule halb so groß wie die Primärspannung (Verhältnis 2:1).
Bei z. B. doppelter bzw. dreifacher Windungszahl an der Sekundärspule entsteht etwa die doppelte bzw. die dreifache Sekundärspannung.

Primärkreis		Sekundärkreis			
U_1	n_1	n_2	U_2	$n_1 : n_2$	$U_1 : U_2$
4 V	300	600	7,8 V	300 : 600 (= 1 : 2)	4 : 7,8 ($\approx$ 1 : 2)
		300	3,9 V	300 : 300 (= 1 : 1)	4 : 3,9 ($\approx$ 1 : 1)
		150	1,9 V	300 : 150 (= 2 : 1)	4 : 1,9 ($\approx$ 2 : 1)
		75	1,0 V	300 : 75 (= 4 : 1)	4 : 1,0 ($\approx$ 4 : 1)
10 V	600	1000			
		600			
		75			

2 Tabelle zu Versuch 1

Berechnung der Sekundärspannung U_2 in Bild 1.

Gegeben: $n_1 = 300$, $U_1 = 4\,V$
$n_2 = 150$

Gesucht: U_2

Lösung: $\dfrac{U_1}{U_2} = \dfrac{n_1}{n_2}$

$\dfrac{4\,V}{U_2} = \dfrac{300}{150}$

$U_2 = \dfrac{150}{300} \cdot 4\,V$

$\underline{U_2 = 2\,V}$

Die Sekundärspannung U_2 beträgt 2 V.

3 Beispielrechnung

Primärspule (viele Windungen), die auf einem Eisenkern sitzt. Ein Teil des Eisenkerns ragt in den Zapfen, auf den du die Zahnbürste aufsetzt. Die Sekundärspule (wenige Windungen) befindet sich im unteren Bereich der Zahnbürste.

Vorsicht Hochspannung!

In Bild 4 siehst du einen Hochspannungstrafo. Die Sekundärspule hat 46-mal mehr Windungen als die Primärspule. Dadurch steigt die Spannung von 230 V auf über 10 000 V. Bei dieser Spannung wird selbst die Luft zwischen den Elektroden leitend: Es entsteht ein Lichtbogen, der entlang der Elektroden nach oben steigt.
Auch zum Betrieb von Röntgengeräten reicht die Spannung an der Steckdose nicht aus. Die 230 V werden mittels eines Hochspannungstransformators auf mehrere tausend Volt erhöht.

Mit solchen gefährlichen Hochspannungen arbeitet auch die Bildröhre im Fernseher. Diese Hochspannung ist selbst dann vorhanden, wenn das Gerät abgeschaltet ist. Deshalb darfst du keinesfalls den Fernseher öffnen oder selbst Reparaturen vornehmen.
Auch im Auto findest du einen Hochspannungstrafo. Damit sich das Benzin-Luft-Gemisch entzündet, muss bei der Zündkerze ein Funke überspringen. Eine Spannung von etwa 15 000 V wird durch die Zündspule erreicht. Sie ist ein Hochspannungstrafo mit geringer Primär- und großer Sekundärwindungszahl.

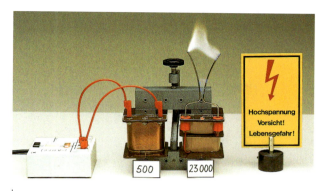
4 Ein Hochspannungstransformator

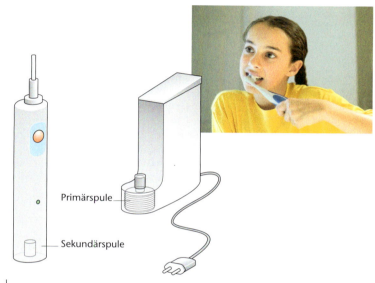
5 Elektrische Zahnbürste mit Ladegerät

Versuch

 Baue den Transformator wie im Bild 1 auf. Miss die Primär- und Sekundärspannungen U_1 und U_2.
a) Ersetze die rechte Spule durch Spulen mit unterschiedlichen Windungszahlen (z. B. 600 / 300 / 150 / 75) und wiederhole die Messungen. Notiere die Messwerte in einer Tabelle.
b) Wiederhole den Versuch mit einer anderen Primärspannung. Achtung: Eine Primärspannung von 12 V darf nicht überschritten werden! Kannst du vor der Messung sagen, wie groß U_2 etwa sein wird? Vergleiche das Verhältnis der Spannungen ($U_1 : U_2$) mit dem der Windungszahlen ($n_1 : n_2$). Formuliere dein Versuchsergebnis in Worten und als Gleichung.

Aufgaben

1   a) Damit der Akku der Zahnbürste (▷ B 5) aufgeladen werden kann, musst du die Bürste auf das Ladegerät setzen. Beschreibe die Vorgänge im Trafo der Zahnbürste.
b) Warum wäre eine leitende Verbindung zwischen Primär- und Sekundärspule der Zahnbürste gefährlich?
c) Angenommen, bei der elektrischen Zahnbürste soll die Netzspannung von 230 V auf 4,6 V verringert werden. Du hast eine Primärspule mit 2000 Windungen. Welche Windungszahl muss die Sekundärspule haben? Zeichne den Trafo in der richtigen Anordnung.

2   Berechne die Spannung zwischen den Elektroden des Hochspannungstrafos in Bild 4.

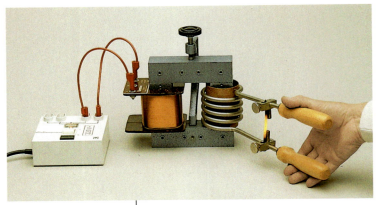

1 Ein Hochstromtransformator

Ein heißer Nagel

Der Transformator im Bild 1 ist an 230 V angeschlossen. Die Sekundärspule ist mit einem dicken Nagel verbunden. Die Windungszahlen von Primär- und Sekundärspule stehen im Verhältnis 100:1, demzufolge beträgt die Sekundärspannung nur etwas über 2 V.

Kein gefährlicher Versuch, meinst du? Das ist ein Irrtum, denn wie Bild 1 zeigt, geschieht etwas Erstaunliches, wenn der Trafo eingeschaltet wird: Der Nagel beginnt zu glühen und schmilzt durch.

Wodurch wird der Nagel – trotz der geringen Spannung – so stark erwärmt? Ursache ist der elektrische Strom, der im Sekundärkreis und damit auch durch den Nagel fließt. Nur bei sehr hoher Stromstärke wird ein Leiter so stark erwärmt, dass er zu glühen beginnt. Doch woher kommt die große Stromstärke?

Die Primär- und die Sekundärstromstärke

Ein Transformator ändert nicht nur die Spannungen, sondern auch die Stromstärken. Die Stromstärken im Primär- und Sekundärkreis des Trafos werden durch die elektrischen Geräte beeinflusst, die an die Sekundärspule angeschlossen werden.

Bei geöffnetem Sekundärkreis fließt nur ein geringer Strom im Primärkreis (▷ V1a). Das ändert sich jedoch, wenn der Trafo belastet wird (d. h. an die Sekundärspule ist ein elektrisches Gerät angeschlossen). Dann fließen ein Sekundärstrom und ein (größerer) Primärstrom.

Im Versuch 1a kannst du das überprüfen. Wenn du verschiedene Lämpchen an die Sekundärspule des gleichen Trafos anschließt, wirst du aufgrund der unterschiedlichen Widerstandswerte jedes Mal andere Stromstärken messen.

Die Primärstromstärke stellt sich dabei auf die unterschiedlichen Belastungen ein: Je größer der Sekundärstrom, desto größer wird automatisch auch der Primärstrom.

▶ Der Sekundärstrom bestimmt die Größe des Primärstroms.

Kleine Windungszahl – große Stromstärke?

Auch bei der Änderung der Stromstärke spielen die Windungszahlen eine entscheidende Rolle. Allerdings verhalten sich die Stromstärken genau umgekehrt wie die Windungszahlen: In der Spule mit der kleineren Windungszahl fließt immer der größere Strom (▷ V 1b).

Versuch

1 ▶ a) Baue den Trafo wie in Bild 2 auf. Miss die Stromstärke I_0 im Primärkreis, wenn der Schalter geöffnet ist. Schließe nun den Schalter. Wie groß sind jetzt die Stromstärken im Primärkreis I_1 und im Sekundärkreis I_2?
Wiederhole den Versuch mit verschiedenen Bauteilen im Sekundärkreis. Wie verändern sich die Stromstärken?
b) Lass das Lämpchen im Sekundärkreis (▷ B 2) gleich. Verändere die Windungszahlen von Primär- und Sekundärspule und miss die Stromstärken (I_0, I_1, I_2). Trage alle Messwerte in eine Tabelle ein.
In welchem Verhältnis stehen die Windungszahlen? In welchem Verhältnis stehen die Stromstärken?
Tipp für die Auswertung: I_0 (Primärstrom bei offenem Sekundärkreis) trägt nicht zur Energieübertragung bei. Ziehe deshalb von der gemessenen Primärstromstärke I_1 den Wert I_0 ab.

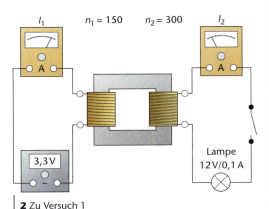

I_1 $n_1 = 150$ $n_2 = 300$ I_2

3,3 V

Lampe
12 V/0,1 A

2 Zu Versuch 1

| Primärkreis | | | | | Sekundärkreis | | | Verhältnis der | |
| | | | | | | | | Windungszahlen | Stromstärken |
U_1	I_0 offener Sekundärkreis	I_1 geschlossener Sekundärkreis	I_1	n_1	U_2	n_2	I_2	$n_1 : n_2$	$I_1 : I_2$
3,3 V	130,0 mA	255,0 mA	125,0 mA	150	6,3 V	300	65,0 mA	150 : 300 (= 1 : 2)	125,0 : 65,0 ($\approx$ 2 : 1)
	130,0 mA	430,0 mA	300,0 mA	150		600	76,0 mA	150 : 600 (= 1 : 4)	300,0 : 76,0 ($\approx$ 4 : 1)
	16,3 mA	20,6 mA	4,3 mA	600		150	17,6 mA	600 : 150 (= 4 : 1)	4,3 : 17,6 ($\approx$ 1 : 4)

3 Tabelle zu Versuch 1b

Die Messergebnisse ($\triangleright$ B 3) offenbaren genauere Zusammenhänge: In der ersten Tabellenreihe erkennst du, dass die Primärspule halb so viele Windungen wie die Sekundärspule hat (Verhältnis 1 : 2). Dafür ist aber die Primärstromstärke I_1 fast doppelt so groß wie die Sekundärstromstärke I_2 (Verhältnis 2 : 1). Beim Windungszahlverhältnis 1 : 4 steigt die Primärstromstärke auf das Vierfache der Sekundärstromstärke. Vertauscht man dagegen die Spulen (Verhältnis 4 : 1), dann sinkt I_1 auf ein Viertel der Sekundärstromstärke.

▶ Die Stromstärken beim belasteten Transformator verhalten sich umgekehrt wie die Windungszahlen.
$$\frac{I_1}{I_2} = \frac{n_2}{n_1}$$

Jetzt verstehst du auch, warum der Nagel im Bild 1 zu glühen beginnt:
Der Nagel hat einen sehr geringen Widerstandswert. Dadurch lässt er im Sekundärkreis eine sehr hohe Stromstärke (mehrere hundert Ampere) zu, die den Nagel zum Schmelzen bringt. Trotzdem wird dafür im Primärkreis nur eine wesentlich geringere Stromstärke benötigt, weil die Windungszahlen von Primär- und Sekundärspule ein Verhältnis von 100 : 1 haben.

Energie wird übertragen
Damit der Nagel ($\triangleright$ B 1) glüht oder das Lämpchen ($\triangleright$ B 2) leuchtet, ist Energie notwendig. Diese Energie wird über den Trafo vom Netz bezogen und dann vom Primär- auf den Sekundärkreis übertragen.
In der Beispielrechnung ($\triangleright$ B 4) wird die elektrische Energie ermittelt, die der Primärkreis pro Sekunde vom Netz aufnimmt (Eingangsleistung). Die Rechnung rechts zeigt, wie viel Energie pro Sekunde vom Sekundärkreis (hier an das Lämpchen) abgegeben wird (Ausgangsleistung). Der

Vergleich zeigt, dass Eingangs- und Ausgangsleistung fast gleich sind. Die Ausgangsleistung ist etwas kleiner, weil ein Teil der Energie im Trafo in Wärme umgewandelt wird.

▶ Bei einem idealen Transformator ist die abgegebene elektrische Energie (Sekundärspule) genauso groß wie die aufgenommene elektrische Energie (Primärspule).

Aufgaben

1 Die Stromstärke im Primärkreis des Trafos in Bild 1 beträgt etwa 3 A. Wie groß ist die Stromstärke durch den Nagel? Wie groß ist sein Widerstandswert? Berechne die Eingangs- und die Ausgangsleistung.

2 Welcher Zusammenhang besteht zwischen den Spannungen und den Stromstärken bei einem Transformator? Formuliere in Worten und als Gleichung.

3 Welcher Unterschied besteht zwischen einem Hochspannungs- und einem Hochstromtrafo?

Vergleich von Eingangs- und Ausgangsleistung
Gegeben: Primärspule   Sekundärspule
$I_1 = 0,125\,A$ $I_2 = 0,065\,A$
$U_1 = 3,3\,V$ $U_2 = 6,3\,V$
Lösung: Eingangsleistung   Ausgangsleistung
$P_1 = U_1 \cdot I_1$ $P_2 = U_2 \cdot I_2$
$P_1 = 3,3\,V \cdot 0,125\,A$ $P_2 = 6,3\,V \cdot 0,065\,A$
$P_1 = 0,4125\,W$ $P_2 = 0,4035\,W$

$$P_1 \approx P_2$$

Die Eingangsleistung entspricht ungefähr der Ausgangsleistung.

4 Leistung beim Transformator

1 Induktionsschmelzofen

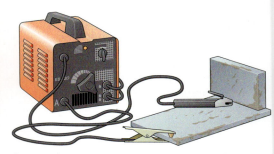

3 Ein Schweißtransformator

Induktionsschmelzen

Um Metalle zum Schmelzen zu bringen, sind sehr hohe Temperaturen erforderlich. Früher wurde das Metall in Hochöfen ausschließlich durch Verbrennen von Kohle oder Holz glühend gemacht.

Induktionsschmelzöfen sind heute eine gute Alternative – sie schützen Mensch und Umwelt. Kernstück des Ofens ist ein Transformator. Im Bild 1 siehst du das Bild eines geöffneten Induktionsschmelzofens. Der Induktionsschmelzofen funktioniert nach dem Prinzip eines Hochstromtransformators. Eine Primärspule mit sehr vielen Windungen wird mit einer Sekundärspule mit sehr wenigen Windungen kombiniert. Oft besteht die Sekundärspule nur aus einer einzigen Windung, die als Rinne geformt ist. Darin befindet sich das zu schmelzende Metall. Beim Einschalten fließt in der Sekundärspule ein sehr großer Strom. Die Sekundärwindung wird deshalb so heiß, dass das Metall schmilzt.

Elektrisches Schweißen

Um zwei Metallteile zu verschweißen, müssen die Kontaktstellen zum Glühen gebracht werden. Auch hier können die erforderlichen Temperaturen durch große Stromstärken in einem Schweißtrafo erreicht werden (▷ B 3).

Und so funktioniert es: Ein Pol der Sekundärspannung des Schweißtrafos wird mit dem Werkstück verbunden. Der andere Pol führt zur Schweißelektrode (▷ B 2). Berührt man damit kurzzeitig das Werkstück, so entsteht ein Kurzschluss. Dadurch fließt ein so hoher Strom, dass das Werkstück an der Berührungsstelle schmilzt. Wird die Elektrode etwas abgehoben, wird sogar die Luft leitend, es entsteht ein Lichtbogen. In einem Lichtbogen lassen sich Temperaturen von 3 500 °C erreichen. Wegen dieser hohen Temperatur tropft von der Elektrode flüssiges Metall auf die Schweißstelle und verbindet die Teile des Werkstücks.

2 Elektroschweißen mithilfe eines Schweißtransformators

Kochen mit dem Trafo

Viele Küchenherde haben ein Glaskeramikfeld (▷B 4), unter der die Heizwicklungen liegen. Dabei erhitzen die glühenden Metalldrähte zunächst das Kochfeld und dann erst durch Wärmeleitung den Topf. Ein Teil der eingesetzten Energie wird ungenutzt an die Umgebung abgegeben.

Etwas energiesparender, aber vor allem schneller, arbeiten Induktionsherde (▷B 5). Bei einem Induktionsherd wird die Wärme direkt im Topfboden erzeugt. Die Energieübertragung funktioniert nach dem Trafoprinzip.

Unter der Glaskeramikplatte des Herdes befindet sich eine Spule, die von Wechselstrom durchflossen wird. Sie entspricht der Primärspule eines Trafos (▷B 6). Die Sekundärspule ist der Boden des Kochtopfs (Stahl). Du kannst ihn dir als Spule mit einer einzigen geschlossenen Windung vorstellen.

Wenn Strom durch die Primärspule unter der Glaskeramikplatte fließt, erzeugt er im Topfboden (der Sekundärspule) einen starken Strom. Die elektrische Energie wird direkt in Wärme im Topfboden umgewandelt.

Der große Vorteil besteht darin, dass das Kochfeld von Anfang an seine volle Wirkung entfaltet, denn es wird nicht zuerst die Glaskeramikplatte, sondern direkt der Topf aufgeheizt (▷B 5). Aus diesem Grund dauert es nur etwa 1 Minute, um einen halben Liter Wasser zum Sieden zu bringen. Die eingesetzte Energie wird beim Induktionsherd sehr effektiv genutzt. Steht kein Topf auf dem Herd, erfolgt auch keine Energieübertragung.

4 Ein Glaskeramikfeld mit Heizwicklungen

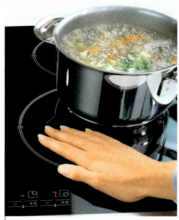

5 Induktionsherd

Aufgaben

1 Bei einem Induktionsschmelzofen hat die Primärspule 25 Windungen. Es fließt ein Strom von 1000 A. Wie groß ist der Strom der Sekundärspule (eine Windung)?

2 Welche Vorteile haben Induktionsherde gegenüber herkömmlichen Herden? Gibt es auch Nachteile?

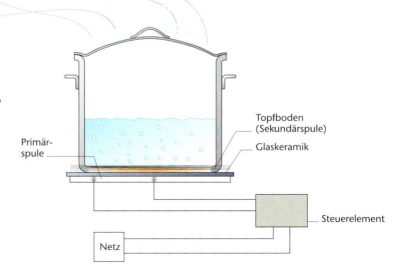

Primärspule

Topfboden (Sekundärspule)

Glaskeramik

Steuerelement

Netz

6 Schematischer Aufbau eines Induktionsherdes

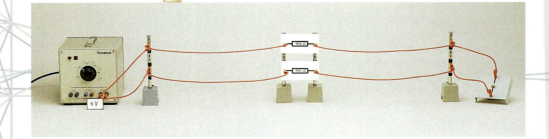

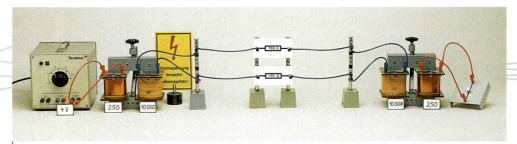

1 Modellversuch zur Fernleitung elektrischer Energie: Bei Hochspannung sind die Transportverluste gering.

Versuch

1 a) Schließe eine Glühlampe (3,8 V, 0,07 A) an 4 V Wechselspannung an. Baue zwei Kabel mit 100 Ω Widerständen (die „Fernleitung") zwischen der Lampe und der Stromquelle ein (▷ B 1, oben).

b) Erhöhe in einer zweiten Schaltung die 4 V Spannung mit einem Transformator ($n_1 = 250 / n_2 = 10\,000$). Schließe diese Hochspannung an die „Fernleitung" an. Vermindere nach der „Fernleitung" die Spannung mit einem zweiten Transformator ($n_1 = 10\,000 / n_2 = 250$) (▷ B 1, unten). Vergleiche die Helligkeit der Lampen bei beiden Versuchen.

Die Übertragung der elektrischen Energie

Kraftwerke sind häufig weit von unseren Haushalten entfernt. Die elektrische Energie wird über lange Leitungen vom Kraftwerk zum Verbraucher transportiert. Lange Drähte haben einen großen elektrischen Widerstand. Sie erwärmen sich, wenn Strom durch sie fließt. Deshalb kommt nur ein Teil der elektrischen Energie beim Empfänger an. Der andere Teil wird in Wärme umgewandelt.
Der Versuch 1a macht diesen Effekt deutlich. Zwei 100 Ω Widerstände sollen die langen Leitungen zwischen dem Kraftwerk und dem Verbraucher (der Glühlampe) darstellen. Wenn du die Spannungsquelle einschaltest, dann leuchtet die Glühlampe nicht, weil an den Widerständen der größte Teil der elektrischen Energie in Wärme umgewandelt wird.
Im Versuch 1b siehst du, dass sich durch den Einsatz von Transformatoren diese unerwünschte Wärme vermeiden lässt. Der erste Transformator erhöht die Spannung und vermindert gleichzeitig die Stromstärke. Dadurch erwärmen sich die Drähte viel weniger und der größere Teil der elektrischen Energie erreicht den zweiten Transformator. Dieser transformiert die Stromstärke und die Spannung wieder auf die ursprünglichen Werte. Die Glühlampe leuchtet.

▶ Je kleiner die Stromstärke ist, desto weniger Wärme entsteht bei der Übertragung der elektrischen Energie.

Das Gleiche geschieht bei der Energieübertragung von den Kraftwerken zu den Haushalten. Die Leitungen sind häufig mehrere 100 km lang, und bei hohen Stromstärken würde sehr viel Wärme entstehen. Deshalb verkleinern die Transformatoren an den Kraftwerken die Stromstärke. Da sich die übertragene elektrische Leistung nicht verändern darf, muss sich die Spannung erhöhen ($P = U \cdot I$).
Das ist der Grund, warum die elektrische

Energie durch Hochspannung übertragen wird. Bei Spannungen von bis zu 380 000 V ist die Stromstärke so gering, dass auch in langen Leitungen nur wenig Wärme entsteht.

Das Netz der Energieversorgung

Ein Netz von Höchst- und Hochspannungsleitungen (▷ B 3) verteilt die elektrische Energie landesweit und versorgt Regionen und Städte mit elektrischem Strom (▷ B 2). Diese Hochspannungsleitungen überwinden Entfernungen von mehreren 100 km. Sie sind – bildlich gesprochen – die Autobahnen der Energieversorgung.

Elektrische Geräte kann man jedoch nicht direkt an Hochspannung anschließen. Transformatoren in den **Umspannwerken** setzen die Hochspannung auf 10 000 V oder 20 000 V herab. Mit diesen Spannungen werden große Industriebetriebe, Stadtteile oder Dörfer versorgt (▷ B 4). Für die Steckdose sind 10 000 V immer noch viel zu hoch. Weitere Transformatoren in der Nähe unserer Haushalte verringern die Spannung noch einmal auf die gewünschten 230 V oder 400 V. Bestimmt hast du schon einmal eine „Transformatorenstation" in der Nähe deiner Wohnung gesehen (▷ B 5).

Vom Kraftwerk zum Verbundnetz

Früher versorgten die Kraftwerke nur die Gebiete in ihrer unmittelbaren Umgebung mit elektrischem Strom.

Das hatte mehrere Nachteile. So musste das Kraftwerk ständig in Betrieb sein, auch wenn zu bestimmten Zeiten nur wenig elektrische Energie benötigt wurde. Probleme entstanden auch bei einer Störung oder bei Arbeiten am Kraftwerk. Dann hatten die Menschen in der Umgebung unter Umständen tagelang keinen elektrischen Strom.

Deshalb schlossen sich nach und nach viele Kraftwerke zu einem **Verbundnetz** zusammen. Beim Ausfall eines Kraftwerks konnten jetzt die anderen Kraftwerke die fehlende Leistung ersetzen. Bei geringerem Strombedarf konnte man einzelne Kraftwerke ganz abschalten, das sparte zusätzlich Kosten.

Heute endet das Verbundnetz nicht an den Landesgrenzen. Die meisten westeuropäischen Staaten sind durch ein Höchstspannungsnetz miteinander verbunden. Die elektrische Energie wird europaweit erzeugt und gehandelt, ihre Verteilung ist sicher und zuverlässig. Kannst du dich überhaupt noch an einen längeren Stromausfall erinnern?

3 Eine 380 000-V-Höchstspannungsleitung

4 Eine oberirdische 10 000-V-Leitung

5 Transformatorenstation

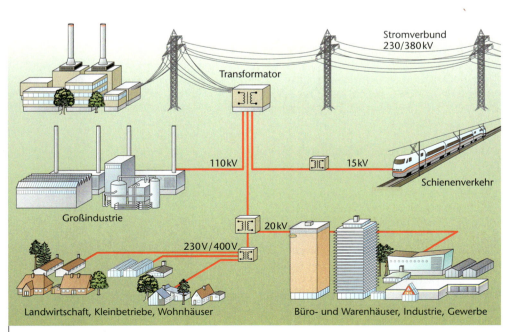

2 Das Verbundnetz der Stromerzeuger

Auswirkungen auf den Menschen

Ob Handys, Mikrowellen oder Computer, jedes elektrisch betriebene Gerät produziert elektromagnetische Felder. In wissenschaftlichen Untersuchungen wird erforscht, ob und welche Auswirkungen diese Felder auf den Menschen haben. Bei Vorhandensein eines elektrischen Feldes kommt es auf der Haut zu kleinen Strömen. Diese sind normalerweise ungefährlich, denn die elektrischen Felder sind in der Regel sehr schwach. Sind wir jedoch einem zeitlich veränderlichen Magnetfeld ausgesetzt, so kommt es im Körperinneren zu kleinen Wirbelströmen. Diese können eventuell eine schädigende Wirkung hervorrufen.

Elektrosmog

Das Wort Smog setzt sich aus den beiden englischen Wörtern **Sm**oke (= Rauch) und f**og** (= Nebel) zusammen. Mit Smog ist normalerweise die Ansammlung von großen Mengen Abgasen und Schadstoffen am Boden gemeint. Im Zusammenhang mit Elektrizität ist die „Verschmutzung" unserer Umwelt mit **elektromagnetischen Feldern** gemeint.

Elektrische und magnetische Felder

Du weißt, dass Magnete von einem Magnetfeld umgeben sind. Eine Kompassnadel z. B. richtet sich im Magnetfeld der Erde in Nord-Süd-Richtung aus. Die Stärke von Magnetfeldern wird in Tesla angegeben. Das Erdmagnetfeld z. B. hat bei uns eine Stärke von 40 bis 50 Mikrotesla (0,00004 bis 0,00005 Tesla). Zum Vergleich: Das Magnetfeld eines Stabmagnetens hat etwa 1 bis 4 Tesla.

Elektrische Ladungen sind von einem elektrischen Feld umgeben. Die Stärke des elektrischen Feldes wird in Volt pro Meter (V/m) angegeben.

Zwischen elektrischen und magnetischen Feldern besteht ein enger Zusammenhang. Fließt in einem Leiter, z. B. in der Telefonleitung, ein elektrischer Strom, so ist der Leiter von einem Magnetfeld umgeben. Auch der umgekehrte Zusammenhang existiert. So haben magnetische Felder Wirkungen auf elektrische Ladungen. Wird z. B. eine Spule in einem Magnetfeld bewegt, so fließt ein elektrischer Strom (Induktion). Beide Phänomene bedingen sich wechselseitig. Kommen beide Felder zusammen vor, spricht man von elektromagnetischen Feldern.

Versuch

1 ▶ Miss mit einem Elektrosmog-Tester die magnetische Feldstärke von Geräten wie Computer, Fernseher, Waschmaschine, Halogenlampen. Lege dazu eine Tabelle an und miss den „Elektrosmog" in verschiedenen Entfernungen.

Gerät	Abstand 3 cm	Abstand 30 cm	Abstand 1 m
Haartrockner			
Elektrorasierer			
Staubsauger			
Mikrowelle			

Aufgaben

1 Informiere dich über Elektrosmog im Zusammenhang mit Mobilfunk.

2 Recherchiere, welche Bedeutung Grenzwerte haben. Wer legt sie fest?

1 Ein Elektrosmogtester

Strategie

Planspiel –
Ein Sendemast auf unserer Schule?

Die Finanzsituation deiner Stadt hat sich durch eine Verminderung der Steuereinnahmen dramatisch verschlechtert. Die Stadt versucht daher zu sparen und neue Einnahmequellen zu erschließen. Die Anfrage eines Mobilfunkbetreibers nach Errichtung eines Sendemastes auf einer Schule soll in einer Bürgerversammlung diskutiert werden. Das eingenommene Geld könnte zum Teil der Schule für neue zusätzliche Projekte zur Verfügung gestellt werden.

Diese für die Bewohner der Stadt und die Schüler der Schule sehr wichtige Versammlung muss von allen Teilnehmern besonders sorgfältig vorbereitet werden. Es gibt viele Argumente, die für die Errichtung der Anlage sprechen, aber auch solche dagegen.

In einem **Planspiel** sollen die Argumente erarbeitet, formuliert und in einer fiktiven Sitzung ausgetauscht und zur Abstimmung gebracht werden.

A. Festlegung und Verteilung der Rollen
Es wird festgelegt, welche Rollen zu besetzen sind. Es bieten sich z. B. folgende Rollen an:
– Bürgermeister,
– Stadträte,
– Vertreter des Mobilfunkbetreibers,
– sachkundige Bürger,
– Vertreter von Umweltschutzverbänden,
– Vertreter der Kirchen,
– Vertreter des Jugendgemeinderats,
– Vertreter der Schule.
Die Schülerinnen und Schüler, die keine Rolle erhalten, bilden in der Sitzung die interessierten Bürger. Es ist auch möglich, mehrere Sitzungen durchzuführen, bei denen die Rollen dann getauscht werden.

B. Vorbereitung der Sitzung
Alle Teilnehmer bereiten sich intensiv auf die entscheidende Sitzung vor. Das gilt auch für die interessierten Bürger, die auf der Sitzung kritische Fragen stellen und Anregungen geben sollen. Als Informations- und Vorbereitungsquellen können z. B. genutzt werden:
– fachkundige Personen, z. B. auch Lehrerinnen und Lehrer unterschiedlicher Fächer
– Tageszeitungen
– Firmenprospekte
– Internetseiten unterschiedlicher Firmen
– Politiker/Vertreter der Stadt

C. Durchführung der Sitzung
Jede Gruppe bzw. jeder Interessensvertreter kann zunächst einmal die Argumente für oder gegen den Sendemast vortragen. Dazu bestimmt jede Gruppe einen Gruppensprecher. In einem weiteren Schritt können die interessierten Bürger dann Fragen stellen. Es muss darauf geachtet werden, dass eine Person die Sitzung leitet und dass während der Sitzung ein Protokoll geschrieben wird.

D. Abstimmung
Nachdem alle Argumente ausgetauscht worden sind, soll in einer Abstimmung entschieden werden, ob die Anlage gebaut werden soll oder nicht. Vorher muss natürlich geklärt werden, wer überhaupt an der Abstimmung teilnehmen darf.

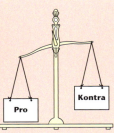

Schlusspunkt

Elektrische Energieübertragung

▶ Energieumwandlung in Kraftwerken

Elektrische Energie lässt sich durch Energieumwandlung aus anderen Energieformen erzeugen. So wird z. B. in einem Wärmekraftwerk die in den Brennstoffen

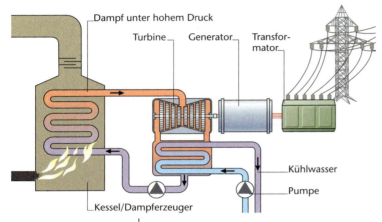

Dampf unter hohem Druck
Turbine
Generator
Transformator
Kühlwasser
Pumpe
Kessel/Dampferzeuger

1 Der Aufbau eines Wärmekraftwerkes

enthaltene chemische Energie in elektrische Energie umgewandelt (▷ B 1).
Alle Kraftwerke besitzen Generatoren. Diese werden zunehmend durch regenerative Energien (Wind, Wasser, Sonne) angetrieben.

▶ Energie – Arbeit – Leistung

Ein Elektrogerät nimmt elektrische Energie auf und kann damit Arbeit verrichten. Die elektrische Leistung P gibt Auskunft darüber, wie viel Energie in einer bestimmten Zeit umgesetzt wird.
Die Geräteleistung wird durch die Spannung und die Stromstärke beeinflusst: Je größer beide sind, desto größer ist die elektrische Leistung.

$P = U \cdot I$
$1\,\text{W} = 1\,\text{V} \cdot 1\,\text{A} = 1\,\dfrac{\text{J}}{\text{s}}$
Einheit: W (Watt)

Wie viel elektrische Energie ein Gerät aus dem Versorgungsnetz entnimmt und umwandelt, hängt von der Leistung des Geräts und von der Betriebsdauer ab. Je höher der Leistungswert und je länger das Gerät in Betrieb ist, desto mehr Energie ist notwendig.

$E = P \cdot t$
Einheit: J (Joule)
$1\,\text{J} = 1\,\text{Ws}$
$1\,\text{kWh} = 3\,600\,000\,\text{Ws}$

▶ Energieübertragung im Trafo

Transformatoren (▷ B 2) werden mit Wechselspannung an der Primärspule betrieben. Durch die Magnetfeldänderungen in der Primärspule wird in der Sekundärspule eine Wechselspannung induziert. Beim Transformator wird Energie ohne eine elektrisch leitende Verbindung vom Primär- auf den Sekundärstromkreis übertragen. Bei einem idealen Trafo ist die aufgenommene Energie (Primärleistung) genauso groß wie die abgegebene Energie (Sekundärleistung). In der Realität wird jedoch ein Teil der aufgenommenen Energie in Wärme umgewandelt.
Ein Transformator kann Spannungen und Stromstärken verändern. Dabei ist das Verhältnis der Windungszahlen beider Spulen entscheidend (▷ B 3).

▶ Energietransport

Elektrische Energie wird über den elektrischen Strom vom Kraftwerk bis zum Energieabnehmer befördert.
Um die unerwünschte Erwärmung der Leitungen zu vermeiden, wird im Kraftwerk die Spannung durch Transformatoren stark erhöht. So kann die gleiche Leistung bei kleiner Stromstärke übertragen werden.
Für Elektrogeräte im Haushalt wird die Hochspannung durch weitere Trafos wieder gesenkt.

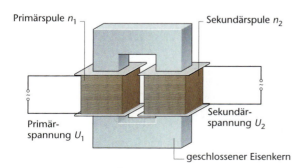

Primärspule n_1
Sekundärspule n_2
Primärspannung U_1
Sekundärspannung U_2
geschlossener Eisenkern

2 Transformator

Die Spannungen verhalten sich genauso wie die Windungszahlen (unbelasteter Trafo).
$$\frac{n_1}{n_2} = \frac{U_1}{U_2}$$

Die Stromstärken verhalten sich umgekehrt wie die Windungszahlen (belasteter Trafo).
$$\frac{n_1}{n_2} = \frac{I_2}{I_1}$$

3 Gesetzmäßigkeiten beim Transformator

Aufgaben

1 Beschreibe die Vorgänge und Energieumwandlungen in einem Wärmekraftwerk.

2 Warum kann ein Wärmekraftwerk niemals einen Wirkungsgrad von 100% besitzen?

3 In jedem Wärmekraftwerk (bis auf Kernkraftwerke) wird Kohlenstoffdioxid frei. Informiere dich über die Auswirkungen dieses Gases auf die Umwelt.

4 Du hast zwei Glühlämpchen mit der Aufschrift 2,4 V / 85 mA und 3,8 V / 0,05 A. Welches Lämpchen hat die größere Leistung?

5 Ein Videorecorder hat im „Stand-by-Betrieb" eine Leistungsaufnahme von 6 W. Wie viel Energie benötigt der Videorecorder in einem Jahr? Wie teuer ist das, wenn 1 kWh 0,21 € kostet?

6 Eine Bohrmaschine mit einer Leistung von 650 W hat eine Energie von 0,11 kWh umgesetzt.
Wie lange war die Maschine in Betrieb? (Runde sinnvoll.)

7 Bei einem Rührgerät beträgt der Widerstandswert 1,25 kΩ, wenn es angeschaltet ist. Berechne die elektrische Leistung (Netzspannung 230 V).

8 Beschreibe die Funktion eines Transformators mithilfe einer „logischen Kette". Beginne so:
1. Durch die Primärspule fließt ein Wechselstrom.
2. Dadurch wird ...
3. ...

9 Die Spulen eines Trafos haben 1500 (n_1) und 60 (n_2) Windungen. Wie groß ist die Sekundärspannung, wenn der Trafo an 230 V angeschlossen wird? Wie viele Windungen müsste die Primärspule haben, wenn die Sekundärspannung 10 V betragen soll?

10 Der Transformator in einem elektrischen Schweißgerät besitzt auf der Primärseite 540 Windungen und auf der Sekundärseite 36 Windungen. Es fließt ein Strom von 8 A durch die Primärspule. Wie hoch ist die Stromstärke auf der Sekundärseite?

11 Weshalb steigt die Primärstromstärke, wenn man ein elektrisches Gerät an die Sekundärspule anschließt?

12 Mithilfe eines Trafos soll ein Lämpchen (15,3 V / 1,2 A) an Netzspannung angeschlossen werden. Das Lämpchen soll möglichst hell leuchten, aber nicht zerstört werden. Für den Trafo hast du fünf Spulen mit 1200, 850, 750, 500 oder 50 Windungen zur Auswahl.
a) Aus welchen Spulen könnte der Trafo gebaut werden? Begründe.

b) Vergleiche die Eingangs- mit der Ausgangsleistung des Trafos.
c) In einem Lehrerversuch wurden die berechneten Werte überprüft. Dabei zeigte sich, dass die gemessene Primärstromstärke größer als der berechnete Wert war. Woran liegt das?

13 „Feine Sache, so ein Trafo", meint Tim. „Mit Transformatoren kann ich ja Spannung und Stromstärke erhöhen. Damit löse ich alle Energieprobleme der Welt!" Nimm Stellung zu dieser Aussage!

14 Warum wird elektrische Energie nicht mit einer Spannung 230 V vom Kraftwerk bis in die Haushalte übertragen? Wie groß wäre dabei die Stromstärke in den Leitungen, wenn ein Kraftwerk z. B. eine Leistung von 805 MW hat?

15 Das Bild 4 zeigt dir einen Modellversuch zur Übertragung der elektrischen Energie vom Kraftwerk zum Haushalt. Beschreibe.
Welche Aufgaben haben die beiden Transformatoren?

16 Ein Vier-Personenhaushalt benötigt etwa 4000 kWh elektrische Energie pro Jahr. Die verschiedenen Anbieter für elektrische Energie nutzen einen unterschiedlichen „Energiemix". Welcher Anbieter ist für dich der günstigste?

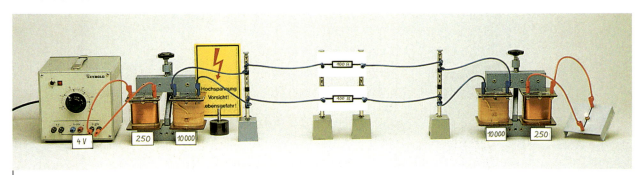

4 Zu Aufgabe 15

Wärme –
eine Energieform

Energie ist die Voraussetzung für Leben.
Eine ihrer wichtigsten Formen ist die Wärme.

Ohne die Wärme der Sonne würde es auf der Erde weder Menschen noch Tiere noch Pflanzen geben. Wir Menschen nutzen z.B. die fossilen Energieträger Kohle, Erdöl und Erdgas in Kraftwerken zur Gewinnung von elektrischer Energie. Aber geben diese Energieträger alle die gleiche Energie bei der Verbrennung frei?

Und welche Bedeutung haben die erneuerbaren Energien? Welchen Stellenwert haben sie heute und welchen werden sie in der Zukunft haben?

Du hast schon gelernt, dass Energie nicht verloren gehen kann. Über die Umwandlung von einer Energieform in eine andere wirst du in diesem Kapitel einiges Neues erfahren und auch, dass wir Menschen Energie brauchen, um leben und arbeiten zu können.

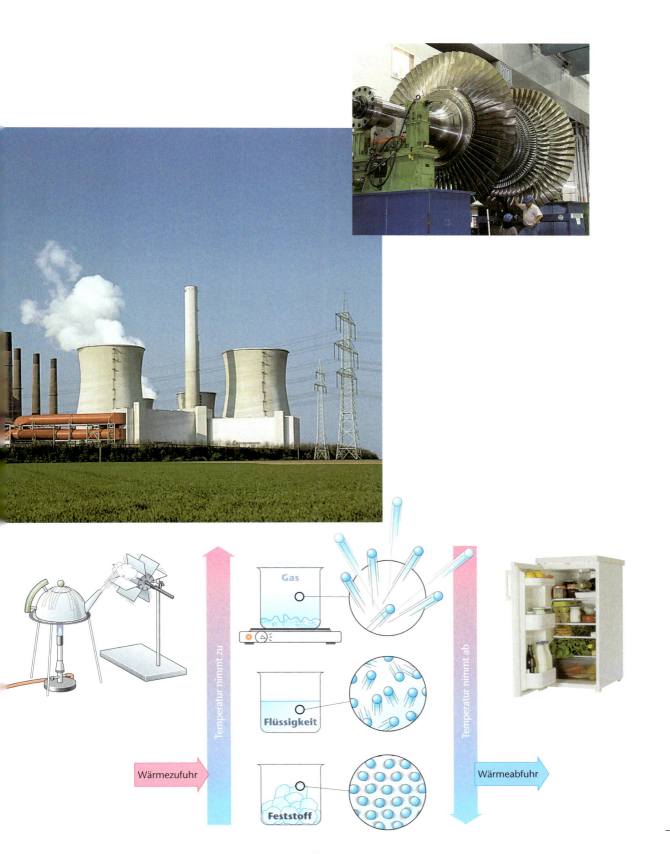

Gas

Flüssigkeit

Feststoff

Temperatur nimmt zu

Temperatur nimmt ab

Wärmezufuhr

Wärmeabfuhr

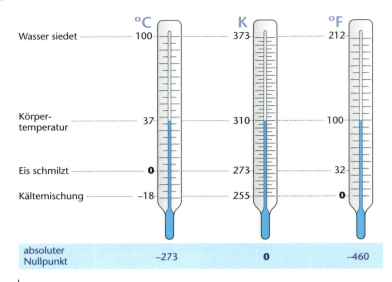

	°C	K	°F
Wasser siedet	100	373	212
Körpertemperatur	37	310	100
Eis schmilzt	0	273	32
Kältemischung	–18	255	0
absoluter Nullpunkt	–273	0	–460

1 Verschiedene Temperaturskalen

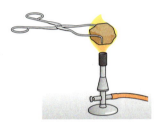

2 Energieübertragung

Messung von Temperaturen

Menschen haben einen Temperatursinn. Wie du weißt, können zwei Menschen aber unterschiedlicher Meinung darüber sein, ob es warm oder kalt ist. Das Wärmeempfinden ist subjektiv und deshalb nicht zur Temperaturbestimmung geeignet. Gemessen werden Temperaturen mit dem Thermometer. Im Alltag wird die Skala des Schweden ANDERS CELSIUS (1701–1744), die Celsius-Skala, benutzt.
In den USA trifft man auf die Fahrenheit-Skala, in Wissenschaft und Technik verwendet man die Kelvin-Skala (▷B1).

Temperatur und Energie

Wenn ein Körper einer starken Reibung ausgesetzt ist, vergrößert sich seine innere Energie. Dabei erhöht sich seine Temperatur. Die Temperatur, bei der die Teilchen eines Körpers in Ruhe sind, bezeichnet man als absoluten Nullpunkt der Temperatur (0 K). Er liegt bei –273,15°C.

Energieübertragung

Energie kann unter anderem in Form von Wärme von einem Körper auf einen anderen übertragen werden. Der heiße Stein, der ins Wasser getaucht wird, überträgt einen Teil seiner Energie auf das Wasser (▷B2).

Die Einheit für die Energie ist das Joule (J).
1000 J = 1 kJ (Kilojoule)
1000 kJ = 1 MJ (Megajoule)

Wärmetransport

Es gibt Wärmeleitung, Wärmeströmung und Wärmestrahlung. Wenn Wärme zusammen mit einem Stoff weitergegeben wird, dann spricht man von Wärmeströmung (▷B3).
Wenn Stoffe Wärme weiterleiten, ohne dass sie selbst mitwandern, dann spricht man von Wärmeleitung (▷B3). Metalle sind gute Wärmeleiter; Kunststoffe, Holz, Wasser und Luft sind schlechte Wärmeleiter.
Wenn sich Wärme ohne einen Stoff ausbreitet, dann spricht man von Wärmestrahlung (▷B3).

Wärmespeicherung

Wärme kann gespeichert werden, z. B. in Kachelöfen und Herdplatten. In Sonnenkollektoren wird durch die auftreffende Sonnenstrahlung Wasser erwärmt und in gut isolierten Tanks gespeichert.

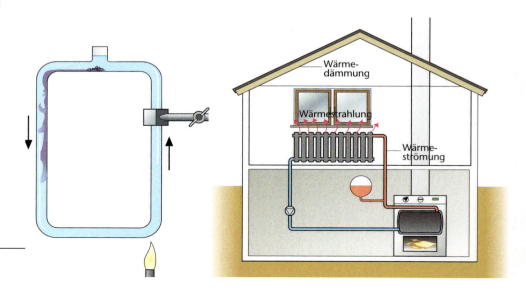

3 Wärmetransport

Wärmedämmung

In manchen Situationen ist Wärmetransport erwünscht, oft aber auch nicht. Beim Bau eines Hauses z.B. achtet man darauf, dass später der Wärmetransport zwischen dem Hausinneren und der Außenluft gering ist. Dazu verwendet man Wärmedämmstoffe (▷ B 3). Ein Beispiel sind Hartschaumplatten, z.B. aus Styropor®. Sie bestehen zum größten Teil aus Luft und Luft ist ein schlechter Wärmeleiter.

Volumenveränderung von Körpern

Feste, flüssige und gasförmige Körper dehnen sich beim Erwärmen aus und ziehen sich beim Abkühlen wieder zusammen. Das muss bei der Konstruktion von Bauwerken beachtet werden. Lange Mauern oder Brücken haben Dehnungsfugen, lange Rohrleitungen Dehnungsbögen (▷ B 4; B 5).

Sowohl bei festen als auch bei flüssigen Körpern dehnen sich unterschiedliche Stoffe unterschiedlich stark aus. Aluminium z.B. dehnt sich unter gleichen Voraussetzungen etwa doppelt so stark aus wie Eisen, Spiritus etwa doppelt so stark wie Glycerin.
Bei den Gasen ist das anders. Alle Gase dehnen sich unter gleichen Voraussetzungen gleich stark aus (▷ B 6).

Wasser bildet bei den Flüssigkeiten eine Ausnahme. Bei +4 °C hat es sich am stärksten zusammengezogen. Es hat sein kleinstes Volumen. Wenn Wasser stärker abgekühlt wird, dehnt es sich wieder aus. Eine Folge: Flaschen zerspringen, wenn Wasser darin gefriert.

Warme und kalte Luft

Warme Luft steigt auf. Das macht man sich z.B. bei Heißluftballons zunutze. Kalte Luft sinkt zu Boden.

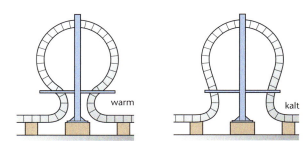

| **4** Volumenänderung bei festen Stoffen

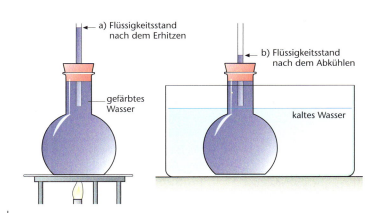

| **5** Volumenänderung bei flüssigen Stoffen

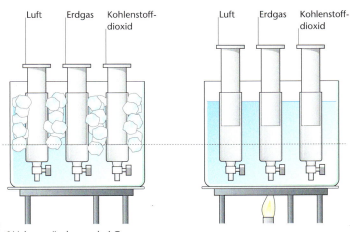

| **6** Volumenänderung bei Gasen

Aufgaben

1 Vergleiche die Thermometerskalen in Bild 1. 0° auf der Celsius-Skala entspricht welchen Temperaturen auf der Fahrenheit- und der Kelvin-Skala?

2 In welcher Maßeinheit wird die Energie gemessen?

3 Nenne die drei Arten des Wärmetransports.

4 Beschreibe die Wärmedämmung beim Hausbau (▷ B 3).

5 Überlege, wo außer in den im Text erwähnten Beispielen die Volumenveränderung von Körpern beim Bauen beachtet werden muss.

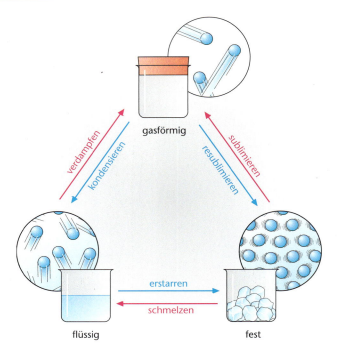

1 Änderung des Aggregatzustandes

Änderung des Aggregatzustandes

Durch Zufuhr von Energie kann sich die Temperatur oder der Aggregatzustand der Stoffe verändern. Feste Körper werden bei ausreichender Energiezufuhr zunächst flüssig und schließlich gasförmig. Wird

dem Stoff Energie entzogen, dann laufen die Vorgänge umgekehrt ab.
Die Temperaturen, bei denen eine Zustandsänderung eintritt, sind für jeden Stoff unterschiedlich. Sie heißen Schmelz- bzw. Erstarrungstemperatur und Siede- bzw. Kondensationstemperatur (▷ B 2).

Die Aggregatzustände im Teilchenmodell

In einem festen Körper schwingen die Teilchen (d. h. die Atome bzw. Moleküle) um ihre Plätze, ohne diese zu verlassen. Wird der Körper erwärmt, dann nimmt die Bewegung der Teilchen zu. Dadurch vergrößert sich der Abstand zwischen den Teilchen und die Bindungskräfte untereinander werden schwächer.
Beim Erreichen der Schmelztemperatur sind die Bindungskräfte dann so schwach, dass die Teilchen ihre Plätze verlassen. Der feste Körper geht in den flüssigen Zustand über.

Wird die Flüssigkeit bis zur Siedetemperatur weiter erwärmt, ist der Abstand der Teilchen aufgrund ihrer Bewegung so groß, dass die Bindungskräfte praktisch nicht mehr wirken. Der Körper geht in den gasförmigen Zustand über.
Beim Abkühlen laufen die beschriebenen Vorgänge in umgekehrter Reihenfolge ab.

▶ Durch die Zufuhr von Energie kann sich die Temperatur eines Körpers erhöhen. Beim Erreichen der jeweiligen Schmelz- und Siedetemperatur ändert sich der Aggregatzustand.

▶ Wird einem Körper Energie entzogen, dann kann sich seine Temperatur verringern. Wenn der Körper die jeweilige Kondensations- und Erstarrungstemperatur erreicht, dann ändert sich der Aggregatzustand.

Aufgaben

1 Welche Vorgänge laufen beim Sublimieren und beim Resublimieren ab (▷ B 1)?

2 Erstelle eine Leiste wie in Bild 2 für einen anderen Stoff (siehe Tabelle im Anhang).

3 Was passiert beim Übergang vom flüssigen in den gasförmigen Aggregatzustand? Erkläre den Vorgang mithilfe des Teilchenmodells.

2 Übergangstemperaturen zwischen den Aggregatzuständen von Wasser

Schmelzenergie und Erstarrungsenergie

Auftauen erfordert Geduld

Peter nimmt tiefgefrorenen Spinat aus der Tiefkühltruhe, legt ihn in einen mit etwas Wasser gefüllten Kochtopf und stellt diesen auf den Herd (▷ B 2). Er hat großen Hunger. Doch es dauert sehr lange, bis der Klotz aufgetaut ist. Erst dann wird der Spinat warm. Die Energie, die dem tiefgefrorenen Spinat zugeführt wird, wird für das Schmelzen benötigt, die Temperatur erhöht sich bei diesem Vorgang nicht (▷ V 1). Die Energie wird **Schmelzenergie** genannt. Sie ist bei allen Stoffen unterschiedlich, wie Bild 4 zeigt.

Das Erstarren ist der umgekehrte Vorgang des Schmelzens. Dabei wird dem Stoff Energie entzogen. Sie wird **Erstarrungsenergie** genannt (▷ B 1). Schmelzenergie und Erstarrungsenergie eines Stoffes sind gleich groß.

▶ Die Energie, die nötig ist, um 1 kg eines Stoffes zum Schmelzen zu bringen, wird spezifische Schmelzenergie genannt. Beim Erstarren wird die gleiche Energiemenge wieder abgegeben.

Aufgaben

1 Besteht ein Unterschied, ob man ein Getränk mit Plastikwürfeln von 0 °C oder mit Eiswürfeln kühl hält? Begründe.

2 Erkläre mithilfe des Teilchenmodells, wozu die Energie beim Schmelzen benötigt wird, wenn sie nicht zu einer Temperaturerhöhung führt.

3 Warum sind Seen im Frühjahr oft noch zugefroren, obwohl die Lufttemperatur schon über 0 °C liegt?

2 Tiefgefrorener Spinat wird aufgetaut.

3 Zu Versuch 1

Versuche

1 ▶ Gib etwa 200 g zerstoßenes Eis mit wenig Wasser in ein Becherglas und erwärme es bis zur Siedetemperatur (▷ B 3). Miss im Abstand von jeweils 2 Minuten die Temperatur und trage die Werte in eine Tabelle ein. Zeichne eine Temperaturkurve.

2 ▶ Erwärme 200 g zerstoßenes Eis (0 °C) so lange, bis es geschmolzen ist und die Flüssigkeit siedet. Verändere während des gesamten Versuches die Energiezufuhr nicht. Miss jeweils die Zeit, die du für das Schmelzen und bis zum Erreichen der Siedetemperatur benötigst.
Berechne die Wärmemenge für das Erwärmen von 0 °C auf 100 °C (es gilt: $Q = c \cdot m \cdot \Delta T$). Setzt du diese Wärmemenge und die dafür benötigte Zeit in Beziehung zu der Zeit für das Schmelzen, dann kannst du die Schmelzenergie berechnen. Vergleiche diesen Wert mit dem aus der Tabelle (▷ B 4).

Stoff	spez. Schmelzenergie (in kJ/kg)
Blei	24,7
Eisen	270,0
Silicium	166,0
Eis	336,0
Kupfer	205,0
Gold	64,5

4 Spezifische Schmelzenergie verschiedener Stoffe

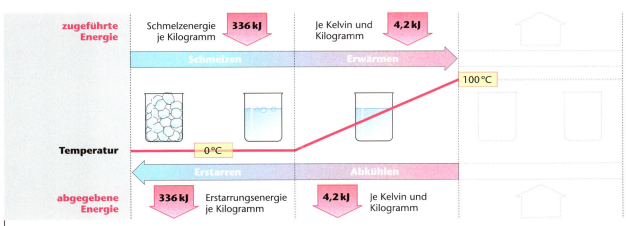

1 Schmelz- und Erstarrungsenergie von 1 kg Wasser.

1 Erwärmen mit Wasserdampf

Stoff	spez. Verdampfungsenergie (in kJ/kg)
Aceton	519
Benzol	394
Ethanol	854
Ether	356
Quecksilber	285
Wasser	2258

2 Spezifische Verdampfungsenergie verschiedener Stoffe

Versuche

1 Bringe Wasser zum Sieden und führe auch nach Erreichen der Siedetemperatur weiterhin Energie zu. Miss im Abstand von jeweils 2 Minuten die Temperaturen und trage die Werte in eine Tabelle ein. Zeichne eine Temperaturkurve.

2 Führe den Versuch wie in Bild 4 dargestellt durch. Miss über einen längeren Zeitraum die Temperaturen des Wassers im Becherglas und begründe deine Beobachtung.

3 Führe 200 g Eiswasser (0 °C) so lange Energie zu, bis das Wasser verdampft ist. Lasse die Energiezufuhr während des gesamten Versuches unverändert. Miss jeweils die Zeit für das Erwärmen von 0 °C auf 100 °C und für das Verdampfen. Die Wärmemenge für die Temperaturerhöhung von 0 °C auf 100 °C kannst du berechnen ($Q = c \cdot m \cdot \Delta T$). Wenn du diese Wärmemenge und die für die Erwärmung benötigte Zeit in Beziehung zu der Zeit setzt, in der das Wasser verdampft ist, kannst du die Verdampfungsenergie berechnen. Vergleiche deinen Wert mit dem in der Tabelle (▷ B 2).

Energiesparen beim Kochen

Andreas gibt Kartoffeln in einen Topf mit Wasser und stellt diesen auf die Herdplatte. Als das Wasser siedet, dreht er den Regler zurück. Er hat gelernt, dass flüssiges Wasser nicht wärmer als 100 °C werden kann. Was aber geschieht mit der überschüssigen Energie der Herdplatte?

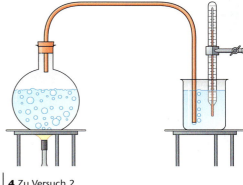

4 Zu Versuch 2

Die Temperatur eines siedenden Stoffes erhöht sich nicht mehr. Die weiter zugeführte Energie wird zum Verdampfen benötigt, daher wird sie **Verdampfungsenergie** genannt.
Wie du die Verdampfungsenergie für Wasser annäherungsweise berechnen kannst, zeigt Versuch 3. Sie ist für alle Stoffe unterschiedlich groß (▷ B 4).

Erwärmung beim Kondensieren

Wenn in der Küche gekocht wird und viel Wasser in die Luft entweicht, wird der Raum sehr schnell warm. Das liegt nicht nur daran, dass Herd und Töpfe Wärme abstrahlen. Wärme entsteht auch dadurch, dass das gasförmige Wasser in der kühleren Luft **kondensiert** und dabei die Energie wieder abgibt, die es als Verdampfungsenergie aufgenommen hat. Diese Energie heißt **Kondensationsenergie**.

▷ Die Energie, die nötig ist, um 1 kg eines Stoffes zu verdampfen, nennt man spezifische Verdampfungsenergie. Beim Kondensieren wird sie als Kondensationsenergie wieder frei.

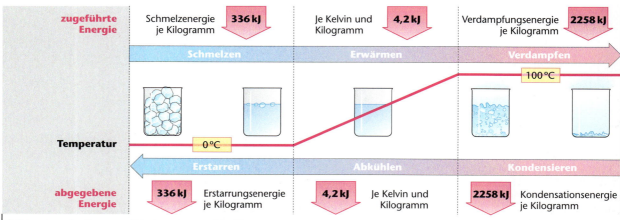

3 Schmelzen, Erwärmen und Verdampfen von 1 kg Wasser.

Schnittpunkt

Geografie: Der Föhn – ein warmer und trockener Fallwind

1 Föhnfische – bei Föhn eine typische Wolkenform

2 Das Biergartenwetter kann nicht jeder genießen.

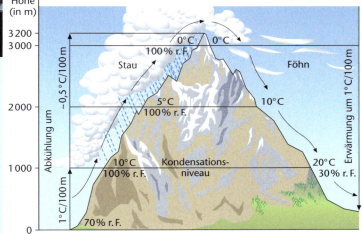

3 Die Entstehung von Föhn

Föhnwetterlage

Über den bayerischen Alpen strahlt der blaue Himmel. Für viele Menschen ist das ein Grund zur Freude, andere wiederum verbinden körperliches Unwohlsein wie Kopfschmerzen damit. Schuld an diesem Phänomen ist der Föhn, ein warmer und trockener Wind, der von Süden nach Norden über die Alpen weht.
Diese Wettererscheinung lässt sich mit Vorgängen aus der Wärmelehre erklären: mit dem Verdunsten, dem Verdampfen und dem Kondensieren von Wasser sowie mit der Verdampfungsenergie und der Kondensationsenergie.

Wie Föhn entsteht

Ein Teil der von der Sonne gelieferten Energie bewirkt, dass Wasser auf der Erdoberfläche verdunstet. Das Verdunsten ist ein dem Verdampfen vergleichbarer Vorgang – er läuft nur langsamer und unterhalb des Siedepunktes ab. Dabei nimmt das Wasser Energie auf, man spricht von der Verdampfungsenergie.
Steigt nun mit Feuchtigkeit beladene Luft an einem Gebirge auf, dann kühlt sie sich mit zunehmender Höhe allmählich ab. Der in der Luft gespeicherte Wasserdampf kondensiert, wodurch sich Wolken bilden und es zu Niederschlägen kommen kann. Bei der Kondensation wird die vorher aufgenommene Energie als so genannte

Kondensationsenergie wieder frei. Die Luft erwärmt sich.

Wenn trockene Luft aufsteigt, kühlt sie sich jeweils um 1 °C pro 100 m ab. Umgekehrt nimmt ihre Temperatur beim Absinken um 1 °C pro 100 m zu. Luft enthält in der Regel jedoch Feuchtigkeit. Daher wird beim Aufsteigen Kondensationsenergie frei und die Abkühlung beträgt im Durchschnitt nur 0,5 °C pro 100 m. Der genaue Wert hängt vom Feuchtigkeitsgehalt der Luft und der frei werdenden Kondensationsenergie ab.
Die Luft, die am Alpenkamm ankommt, hat durch die Niederschläge ihre Feuchtigkeit abgegeben. Beim Absinken auf der Alpennordseite erwärmt sie sich nochmals. Die in Bayern ankommende Luft ist also trockener und wärmer als sie es bei ihrem „Start" in Norditalien war (▷ B 3).

Kühlen in der Sonne?

Die 10b macht eine Bergwanderung. Morgens werden die Getränke aus dem Kühlschrank geholt, denn es ist sehr heiß. Peter packt seine Flasche tief unten in den Rucksack, damit sie vor der Wärme geschützt ist. Birgit dagegen füllt ihr Getränk in eine Flasche mit Filzüberzug. Dann tränkt sie den Filz mit Wasser und hängt die Flasche außen an den Rucksack. „Willst du dir Teewasser kochen?" fragt Peter.

Wenn Birgit den Filz im Laufe des Tages immer wieder anfeuchtet, hat sie mit Sicherheit auf der Wanderung ein kühleres Getränk als Peter. Wie kommt das?
Im Laufe der Zeit verdunstet das Wasser aus dem Filz. Für die Verdunstung ist Energie nötig. Verdunsten ist nichts anderes als Verdampfen unterhalb des Siedepunktes der Flüssigkeit über einen längeren Zeitraum. Die Energie, die für die Verdunstung benötig wird, wird der Flasche und damit der Flüssigkeit entzogen. Daher wird das Getränk nicht wärmer, sondern sogar kälter. Diesen Vorgang nennt man Verdunstungskühlung.

Kühlende „Erfrischungstücher"

Wie stark die Verdunstungskühlung durch eine Flüssigkeit ist, hängt von ihrem Siedepunkt ab. Je niedriger der Siedepunkt einer Flüssigkeit ist, desto schneller verdunstet sie und desto stärker ist auch die Verdunstungskühlung.
Erfrischungstücher sind mit Alkohol getränkt. Da Alkohol bereits bei 78 °C siedet, verschaffen uns diese Tücher eine stärkere Kühlung als ein mit Wasser getränktes Papiertaschentuch (▷ B 2).

Aufgabe

1 a) Erkläre, warum einer der beiden Jungen in Bild 1 schwitzt, der andere friert.
b) Unter welchen Umständen könnten beide über die Lufttemperatur einer Meinung sein?

Versuche

1 Mit folgenden Versuchen findest du heraus, wovon es abhängt, wie schnell eine Flüssigkeit verdunstet. Halte die Ergebnisse in Merksätzen fest:
a) Gib je 50 ml Wasser auf ein flaches Schälchen und in ein Reagenzglas.
b) Gib je 50 ml Wasser in zwei flache Schälchen. Stelle eines an einen warmen, das andere an einen kühlen Ort.
c) Gib je 50 ml Wasser in zwei flache Schälchen. Lass eines offen stehen, stülpe über das andere ein Glas.
d) Feuchte die Tafel auf der gesamten Fläche gleichmäßig (stark) an. Nimm zwei Haartrockner mit gleicher Leistung und blase aus gleichem Abstand (etwa 15 cm) einen kalten und einen warmen Luftstrom auf die Tafel. Vergleiche die Verdunstung ohne Luftstrom mit der Verdunstung bei kaltem und bei warmem Luftstrom.

2 a) Reibe deinen Handrücken mit einem Erfrischungstuch bzw. mit einem angefeuchteten Papiertaschentuch ab. Beschreibe, was du empfindest.
b) Führe den Versuch wie in Bild 2 durch. Um eines der beiden Thermometer wickelst du ein Erfrischungstuch, um das andere ein gleich großes mit Wasser getränktes Papiertaschentuch. Halte beide Thermometer in den Luftstrom eines Haartrockners.

…ist mir heiß!

Mir ist kalt!

1 Verdunsten kühlt

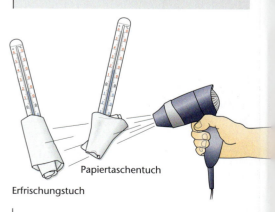

Papiertaschentuch

Erfrischungstuch

2 Zu Versuch 2b

Schnittpunkt

Technik:
Der Kühlschrank

Das Kühlmittel fließt im Kreis

Der Kühlschrank (▷ B 1) besitzt ein Röhrensystem, in dem sich ein Kühlmittel befindet. Die Siedetemperatur dieses Kühlmittels – heute meist Frigen oder ein Propan-Butan-Gasgemisch – liegt weit unter 0 °C. Dieses Kühlmittel wird durch den Innenraum des Kühlschrankes geleitet. Weil die Temperatur dort mehr als 0 °C beträgt, beginnt die Flüssigkeit zu sieden. Die dazu nötige Energie wird dem Innenraum entzogen.

Das bedeutet, dass es im Kühlschrankinnenraum kälter wird. Allerdings muss das Kühlmittel die aufgenommene Energie auch wieder abgeben – und zwar außerhalb des Kühlschranks – und zurück in den Verdampfer gelangen. Dazu sind eine Pumpe (Kompressor) und ein enges Rohr (Kapillarrohr) notwendig.

Überlege und beschreibe, wie der Prozess weiterverläuft. Die Abbildungen 2 und 3 liefern dir einige Hinweise dazu.

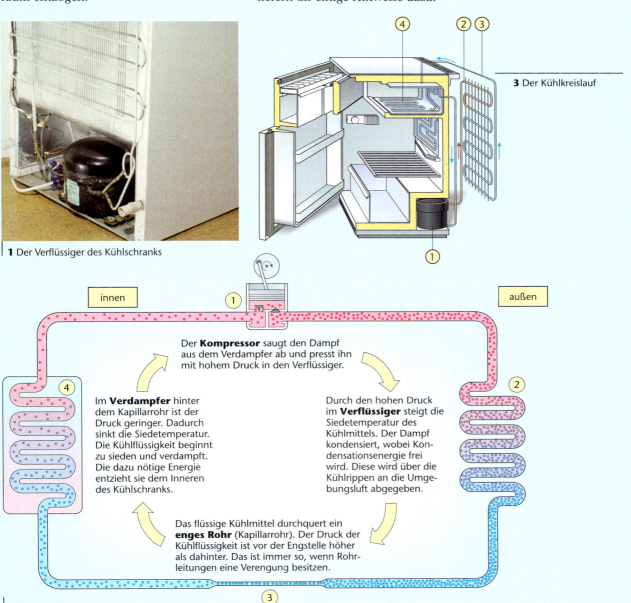

1 Der Verflüssiger des Kühlschranks

3 Der Kühlkreislauf

innen

außen

Der **Kompressor** saugt den Dampf aus dem Verdampfer ab und presst ihn mit hohem Druck in den Verflüssiger.

Im **Verdampfer** hinter dem Kapillarrohr ist der Druck geringer. Dadurch sinkt die Siedetemperatur. Die Kühlflüssigkeit beginnt zu sieden und verdampft. Die dazu nötige Energie entzieht sie dem Inneren des Kühlschranks.

Durch den hohen Druck im **Verflüssiger** steigt die Siedetemperatur des Kühlmittels. Der Dampf kondensiert, wobei Kondensationsenergie frei wird. Diese wird über die Kühlrippen an die Umgebungsluft abgegeben.

Das flüssige Kühlmittel durchquert ein **enges Rohr** (Kapillarrohr). Der Druck der Kühlflüssigkeit ist vor der Engstelle höher als dahinter. Das ist immer so, wenn Rohrleitungen eine Verengung besitzen.

2 Schematische Darstellung des Kühlkreislaufs

1 Abkühlung an heißen Tagen

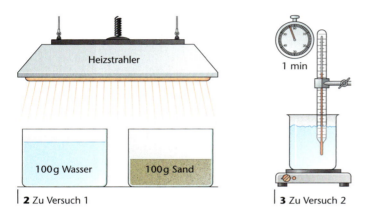

Heizstrahler

100g Wasser

100g Sand

1 min

2 Zu Versuch 1

3 Zu Versuch 2

Versuche

1 a) Erwärme die gleiche Menge Wasser und Sand. Achte auf gleiche Anfangstemperatur, gleiche Erwärmungszeit und gleiche Zufuhr von Energie (▷ B 2). Durch gelegentliches Umrühren erreichst du eine gleichmäßige Temperatur in den Stoffen. Miss nach der Erwärmung die Temperatur in beiden Stoffen.
b) Untersuche, ob sich beim anschließenden Abkühlen der Stoffe Unterschiede ergeben.
c) Führe die Versuchsteile a) und b) unter den gleichen Bedingungen mit anderen Stoffen (z. B. Speiseöl und Wasser) durch. Lege eine Tabelle an und vergleiche die Werte.

2 Erwärme einen Liter Wasser eine Minute lang (▷ B 3). Miss die Temperatur vor und nach der Erwärmung und gib die übertragene Wärmemenge an.

Stoff	spezifische Wärme-kapazität c in kJ/(kg · K)
Aluminium	0,896
Blei	0,129
Eisen	0,452
Glas	0,799
Kupfer	0,385
Silber	0,237
Wasser	4,18
Luft	1,005

4 Spezifische Wärmekapazität ausgewählter Stoffe

Erwärmung von Wasser und Sand

An einem heißen Sommertag hast du bestimmt schon festgestellt, dass im Freibad die Gewehgplatten sehr warm sind, das Gras auf der Liegewiese kühl ist und das Wasser im Becken eher als kalt empfunden wird (▷ B 1). Wie ist das möglich, wo doch die drei Bereiche von der Sonne die gleiche Energie erhalten?

Versuch 1 zeigt, dass Sand bei gleicher Energiezufuhr eine höhere Temperatur erreicht als Wasser. Auch bei anderen Stoffen zeigt sich, dass bei gleicher Energiezufuhr die erreichten Temperaturen unterschiedlich sind (▷ V 1c).
Ob einem Stoff viel oder wenig Energie zugeführt werden muss, damit er sich um 1 Kelvin erwärmt, hängt von seiner **spezifischen Wärmekapazität c** ab. Dieser Wert ist bei allen Stoffen unterschiedlich.

Berechnung der spezifischen Wärmekapazität von Wasser

Um die Berechnung durchführen zu können, brauchst du eine Wärmequelle, von der du weißt, wie viel Energie sie in einer bestimmten Zeit abgibt. Die Heizplatte in Bild 3 hat eine Aufschrift „600 W". Das bedeutet: In jeder Sekunde gibt sie eine Energie von 600 Joule ab, denn 600 W = 600 J/s. Wird 1 Liter Wasser wie in Versuch 2 eine Minute lang erwärmt, dann hat sich die Temperatur um etwa 8 K erhöht.
Die zugeführte Energie beträgt $E = 600 \, J/s \cdot 60 \, s = 36\,000 \, J$. Daraus folgt, dass eine Energie von 4,5 kJ notwendig ist, um 1 Liter Wasser (1 kg) um 1 K zu erwärmen. Die spezifische Wärmekapazität von Wasser ergibt sich daraus zu 4,5 kJ/(kg · K). Vergleicht man den errechneten Wert mit dem in der Tabelle angegebenen (▷ B 4), dann zeigt sich eine geringe Differenz. Teilweise liegt das daran, dass in Versuch 2 auch das Glasgefäß mit erwärmt wurde.

▶ Die spezifische Wärmekapazität c gibt an, wie viel Energie nötig ist, um 1 kg eines Stoffes um 1 K zu erwärmen. Die Einheit der spezifischen Wärmekapazität ist:

$$\frac{J}{kg \cdot K}$$

Berechnung der Wärmemenge

Die Energie, die ein Körper in Form von Wärme aufnimmt bzw. abgibt, kann man berechnen. Sie wird als Wärmemenge bezeichnet und hat das Formelzeichen Q.

Überlegung	mathematische Übersetzung
Beispielaufgabe: Welche Wärmemenge ist notwendig, um 5 kg Wasser um 40 K zu erwärmen?	Gesucht wird die Wärmemenge Q 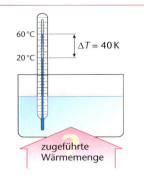
Der Tabelle entnehmen wir die spezifische Wärmekapazität von Wasser: Wir wissen nun, dass 4,2 kJ benötigt werden, um 1 kg Wasser um 1 K zu erwärmen.	$c = 4,2 \dfrac{kJ}{kg \cdot K}$
Wir schlussfolgern, dass für 5 kg Wasser die 5-fache Energiemenge benötigt wird:	$4,2 \dfrac{kJ}{kg \cdot K} \cdot 5\,kg$
Für die Temperaturerhöhung um 40 K wird die 40-fache Energiemenge benötigt:	$4,2 \dfrac{kJ}{kg \cdot K} \cdot 5\,kg \cdot 40\,K$

$\Delta T = 40\,K$

zugeführte Wärmemenge

Daraus können wir die Formel für die Berechnung der Wärmemenge ableiten:	Wärmemenge = spezifische Wärmekapazität · Masse · Temperaturdifferenz
	$Q \qquad = \qquad c \qquad \cdot \quad m \quad \cdot \quad \Delta T$

5 Herleitung der Formel zur Berechnung der Wärmemenge

Bei der spezifischen Wärmekapazität hast du gelernt, dass man z. B. 1 kg Wasser eine Energie von 4,2 kJ zuführen muss, um es um 1 K zu erwärmen. Dieser und andere Werte sind in der Tabelle (▷ B 4) abzulesen.

Umstellung der Formel
Man kann nicht nur die Wärmemenge berechnen, die einem Körper zugeführt wird oder die ein Körper abgibt. Auch die anderen Größen der Formel können berechnet werden (▷ B 7).

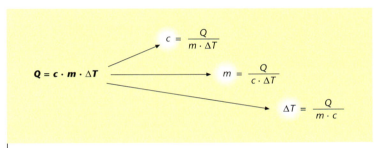

$Q = c \cdot m \cdot \Delta T$

$c = \dfrac{Q}{m \cdot \Delta T}$

$m = \dfrac{Q}{c \cdot \Delta T}$

$\Delta T = \dfrac{Q}{m \cdot c}$

7 Formelumstellung

Eine Bleikugel mit der Masse 1,5 kg wird um 40 K erwärmt. Berechne die zugeführte Wärmemenge.

Gegeben: $c_{(Blei)} = 0,13\,kJ/(kg \cdot K)$

$m = 1,5\,kg$

$\Delta T = 40\,K$

Gesucht: Q

Lösung: $Q = c \cdot m \cdot \Delta T$

$Q = 0,13 \dfrac{kJ}{kg \cdot K} \cdot 1,5\,kg \cdot 40\,K$

$Q = 7,8\,kJ$

Die zugeführte Wärmemenge beträgt 7,8 kJ.

6 Beispielrechung

Aufgaben

1   Erkläre an einem Beispiel, wie man die Tabelle (▷ B 4) liest. Beginne mit: Um 1 g …

2   Welcher der in Bild 4 aufgelisteten Stoffe erwärmt sich am schnellsten? Begründe.

3   Welche Wärmemenge benötigt man,
    a) um die Füllung einer Badewanne (250 l Wasser) von 20 °C auf 40 °C zu erwärmen?
    b) um 300 g Eisen von 30 °C auf 500 °C zu erwärmen?

4   Um wie viel Grad haben sich 2,3 kg Sand ($c = 0,84\,kJ/(kg \cdot K)$) erwärmt, wenn die zugeführte Wärmemenge 70 kJ beträgt?

5   Ein Körper hat eine Masse von 30 g und wird bei einer Energiezufuhr von 270 J um 10 K erwärmt. Aus welchem Material besteht der Körper?

Wenn es in der Physik um **Differenzen** geht, benutzt man das „D" aus dem griechischen Alphabet, das Delta (Δ).

Zum Beispiel wird die Temperaturdifferenz mit ΔT bezeichnet.

1 Heizungsanlage

Heizung mit Erdgas oder Heizöl?

Beim Bau eines neuen Hauses überlegt der Bauherr, ob er eine Erdgas- oder eine Ölheizung (▷ B 1) einbauen soll. Was ist langfristig preiswerter für ihn? Neben den Kosten für Installation und Wartung der Heizung muss er auch die Brennstoffkosten in seine Rechnung mit einbeziehen.

Um den Verbrauch an Brennstoff einschätzen zu können, muss der Bauherr wissen, wie gut ein bestimmter Brennstoff heizt. Darüber gibt der **Heizwert** eines Brennstoffes Auskunft. Er gibt an, wie viel Energie bei der Verbrennung von 1 kg des betreffenden Stoffes frei wird.
Die Tabelle in Bild 2 zeigt die Heizwerte verschiedener Brennstoffe. Mithilfe dieser Angaben kann der Bauherr für jeden Brennstoff den jeweiligen Verbrauch abschätzen. Zusammen mit den Kosten für die Brennstoffe erhält er so eine Entscheidungshilfe, welcher Heizungstyp sich langfristig als preiswerter erweisen wird.

Brennstoff	Heizwert (in MJ/kg)
Benzin	44
Diesel	38
Heizöl	42
Spiritus	22
Steinkohle	29
Braunkohle	20
Holz	15
Erdgas	44
Propangas	46

2 Heizwerte verschiedener Brennstoffe

Die Berechnung des Heizwertes

Um den Heizwert eines Brennstoffes zu berechnen, wird die Formel zur Berechnung der Wärmemenge Q herangezogen:

$$Q = c \cdot m \cdot \Delta T$$

Aufgaben

1 Vergleiche das Ergebnis der Beispielaufgabe mit den Angaben in der Tabelle (▷ B 2). Überlege, wie die Abweichung entstehen könnte.

2 1 kg Wasser wird mit je 10 g Holz, Braunkohle und Steinkohle erwärmt. Berechne die jeweilige Temperaturerhöhung (▷ B 2).

Beispielaufgabe: Ein halber Liter Wasser (0,5 kg) wird mit einem Spiritusbrenner erwärmt. Nach einer Temperaturerhöhung um 80 K wird der Spiritusverbrauch bestimmt. Er beträgt etwa 8 g. Wie groß ist der Heizwert von Spiritus?

Berechnung des Heizwerts von Spiritus

Gegeben: m_{Wasser} = 0,5 kg

$m_{Spiritus}$ = 0,008 kg

ΔT = 80 K

c_{Wasser} = 4,18 $\frac{kJ}{kg \cdot K}$

Gesucht: Heizwert von Spiritus

Lösung: $Q = c_{Wasser} \cdot m_{Wasser} \cdot \Delta T$

$Q = 4,18 \frac{kJ}{kg \cdot K} \cdot 0,5 \, kg \cdot 80 \, K$

$Q = 167,2 \, kJ$

Dem Wasser wurde eine Wärmemenge von 167,2 kJ zugeführt. Demnach werden bei der Verbrennung von 1 kg Spiritus

$\frac{1 \, kg}{0,008 \, kg} \cdot 167,2 \, kJ = 20\,900 \, kJ = 20,9 \, MJ$

freigesetzt. Der Heizwert von Spiritus wurde zu 20,9 MJ/kg bestimmt.

▶ Der Heizwert eines Brennstoffs gibt an, wie viel Wärme bei der Verbrennung von 1 kg bzw. 1 m³ des Stoffes frei wird.

SKE – eine Vergleichseinheit

Um die Energie verschiedener Brennstoffe miteinander vergleichen zu können, verwendet man in Schulbüchern meist die Einheit Joule. In Statistiken findet man dagegen häufig die „Steinkohleeinheit" (1 kg SKE). Das ist eine Vergleichseinheit, die aussagt, wie viel Steinkohle verbrannt werden müsste, um die entsprechende Energie freizusetzen. Es gilt:

1 kg SKE = 29 308 kJ

Versuch

1 Führe den im Text beschriebenen Versuch zur Ermittlung des Heizwertes von Spiritus mit einem anderen Brennstoff durch (z. B. Hartspiritus). Erwärme 100 g Wasser, wiege den Brennstoff und ermittle die Temperaturdifferenz.

Schnittpunkt

Biologie:
Energie für den menschlichen Körper

Der Brennwert –
Heizwert der Nahrungsmittel

Dem menschlichen Körper muss Energie zugeführt werden. Dies erfolgt über die Nahrung.

Ein gesunder Körper hat eine Temperatur von 36 bis 37 °C. Diese Temperatur wird durch chemische Vorgänge im Körper erreicht, die mit einer Verbrennung zu vergleichen sind.

Wie ein Brennstoff, dessen Heizwert angibt, wie viel Energie bei seiner Verbrennung frei wird, so haben auch Nahrungsmittel einen „Heizwert". Er wird auf den Verpackungen als Brennwert bezeichnet. In der Tabelle (▷ B 1) kannst du ablesen, wie groß der Brennwert unterschiedlicher Nahrungsmittel ist. Die Werte beziehen sich jeweils auf eine Masse von 100 g. Das heißt, wenn z. B. 100 g mageres Schweinefleisch in unserem Körper „verbrannt" werden, wird eine Energie von 750 kJ frei.

Lebensmittel (je 100 g)	Brennwert (in kJ)
Feldsalat	58
Blumenkohl (gekocht)	75
Apfel	218
Speisequark (mager)	300
Kartoffeln (gekocht)	320
Eier	730
Schweinefleisch (mager)	750
Schinken (geräuchert)	600
Vollkornbrot	980
Weißbrot	1 100
Raffinadezucker	1 750
Margarine	3 100
Butter	3 300
Schweineschmalz	4 000

1 Energiegehalt verschiedener Lebensmittel

Wie viel Nahrung braucht der Mensch?

Natürlich ist der Energiebedarf eines Menschen abhängig von seinem Alter, seiner Größe, seinem Gewicht und auch von seiner Tätigkeit. Da Energie die Fähigkeit ist, Arbeit zu verrichten, muss jemandem, der viel „arbeitet" auch eine größere Energiemenge zugeführt werden. Wie viel Energie bei unterschiedlich schweren körperlichen Tätigkeiten benötigt wird, zeigt Bild 2.

Ein Jugendlicher braucht pro Tag etwa so viel Energie wie ein Erwachsener. Im Durchschnitt liegt der Wert bei ca. 10 000 kJ pro Tag für einen Erwachsenen. Der Wert erhöht sich, wenn man z. B. Sport treibt oder andere körperliche Tätigkeiten verrichtet.

Wird dem Körper zu viel Energie zugeführt, also mehr als er „verbrennt", wird der Überschuss in Fettdepots angelegt. Erhält der Körper zu wenig Energie, werden vorhandene Fettdepots abgebaut.

Tätigkeit	benötigte Energie je Stunde (in kJ)
Schlafen	250
Fernsehen	400
Autofahren	480
Staubsaugen	720
Gehen	800
Aufräumen	960

Sport	benötigte Energie je 30 min (in kJ)
Wandern	900
Gymnastik	900
Schwimmen	1 000
Tennis	1 000
Radfahren	1 400
Fußball	1 600

2 Energieverbrauch bei verschiedenen Tätigkeiten

1 Energie für Beleuchtung

3 Thermische Energie

Weltweiter „Energiehunger"

Durch Energie wird uns das Leben erleichtert. In der Dunkelheit wird elektrische Energie eingesetzt, um Licht zu erzeugen (▷ B 1). Wenn es kalt ist, benötigen wir Energie, um uns zu wärmen. Energie wird häufig genutzt, um uns den Alltag zu verschönern.

Beim Wort Energie denkst du sicherlich an Erdöl, Erdgas, Kohle, Sonne, elektrischen Strom, vielleicht auch an Stauseen oder Wind. Du hast schon erfahren, dass Energie auf der Erde immer knapper und teurer wird. Aufstrebende Länder wie China oder Indien haben einen gewaltigen „Energiehunger".

Energie – was ist das?

Energie ist die Fähigkeit, Arbeit zu verrichten, Licht auszusenden und Wärme abzugeben.

Energie ist also kein Stoff, sondern eine Eigenschaft von Körpern. Kohle z. B. ist ein Energieträger. Wenn sie verbrannt wird, wird Energie frei in Form von Wärme und Licht (▷ B 3).

Unterschiedliche Energieformen

Unterschiedliche Energieformen sind: mechanische Energie (Bewegungs-, Spann- und Höhenenergie; ▷ B 4; B 5), elektrische Energie, thermische Energie (Wärme; ▷ B 3) und chemische Energie. Energie

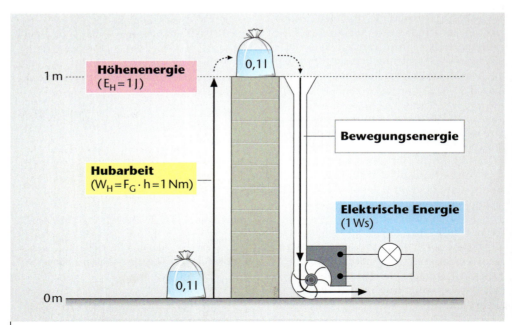

1 m — **Höhenenergie** ($E_H = 1\,J$)

Hubarbeit ($W_H = F_G \cdot h = 1\,Nm$)

0,1 l

Bewegungsenergie

Elektrische Energie (1 Ws)

0 m — 0,1 l

2 Hubarbeit – Höhenenergie – elektrische Energie

4 Bewegungsenergie beim Auto

5 Höhenenergie des Wassers

kann in verschiedene Formen umgewandelt werden. Wenn z. B. Benzin im Motor verbrennt, wird die chemische Energie in Bewegungsenergie umgewandelt, gleichzeitig wird der Motor heiß und ein kleiner „Generator" erzeugt Elektrizität für die Beleuchtung des Fahrzeugs.

Berechnung von Energie

Die Energie eines Körpers ist so groß wie die Arbeit, die er verrichten könnte oder wie die Arbeit, die bei der Energieübertragung an ihm verrichtet wurde.
In Bild 2 steht am Boden eine Plastiktüte mit 0,1 Litern Wasser, das entspricht einer Masse von 100 g. An diesem Wasser wird Hubarbeit verrichtet, wenn es auf die 1 Meter hohe Säule gehoben wird.

$$W_H = 1\,N \cdot 1\,m = 1\,Nm$$

An dem Wasser ist Hubarbeit von 1 Nm verrichtet worden. Dort oben besitzt das Wasser nun Höhenenergie. Diese Höhenenergie ist nach dem Energieerhaltungssatz so groß wie die am Wasser verrichtete Arbeit:

$$E_H = W_H = 1\,Nm = 1\,J$$

Auf der anderen Seite der Säule ist ein Fallrohr mit einer Turbine und einem Generator. Wenn das Wasser in das Fallrohr geschüttet wird, hat es Bewegungsenergie und treibt damit die Turbine an. Die Turbine dreht den Generator. So wird die Bewegungsenergie in elektrische Energie umgewandelt.

Du hast im Kapitel über elektrische Energie gelernt, dass 1 Ws = 1 J ist.

Wenn 1 Nm = 1 J ist, dann folgt daraus:

$$1\,Nm = 1\,J = 1\,Ws$$

Energieentwertung

Das Rechenbeispiel in Bild 2 ist idealisiert. Du hast beim Energieerhaltungssatz gelernt, dass Energie weder vernichtet noch aus dem Nichts entstehen kann, und dass Energie nicht verloren geht.
Energie wird aber oft entwertet. Das heißt, bei der Umwandlung bekommen wir nicht immer in vollem Maße die Energie, die wir haben wollen.
So wird in unserem Beispiel im Fallrohr, in der Turbine und im Generator durch Reibung Energie in Wärme umgewandelt und diese thermische Energie muss von der im Generator erzeugten elektrischen Energie abgezogen werden.

Aufgaben

1 Überlege dir zu jeder der folgenden Energieformen ein Beispiel: thermische Energie, chemische Energie, mechanische Energie, elektrische Energie.

2 Was besagt der Energieerhaltungssatz?

3 Im Text „Energieentwertung" steht: Das Beispiel in Bild 2 ist idealisiert. Was bedeutet dieser Satz?

4 Bilde eine Energieumwandlungskette. Beginne mit der thermischen Energie der Sonne.

1 Erdöl – eine der wichtigsten Energiequellen

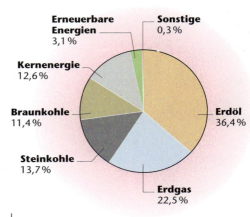

4 Primärenergieverbrauch in Deutschland (2005)

Pie chart labels:
- Erneuerbare Energien 3,1 %
- Sonstige 0,3 %
- Kernenergie 12,6 %
- Braunkohle 11,4 %
- Steinkohle 13,7 %
- Erdöl 36,4 %
- Erdgas 22,5 %

2 Gebündelte Sonnenstrahlen können Papier entzünden.

Primärenergien

Ständige Verfügbarkeit von Wärme und Licht, Erleichterung unserer Arbeit, komfortabler Austausch von Nachrichten, rasche, sichere Fortbewegung, ... – all das sind Wünsche, die sich der Mensch heute erfüllt hat.
Die Maschinen und Geräte, die bei der Erfüllung dieser Wünsche helfen, haben eines gemeinsam: Sie benötigen Energie. Woher nehmen wir diese Energie?

Jede Art von Energie hat ihren Ursprung in der Natur. Diese ursprünglichen, natürlichen Energieformen bezeichnet man als Primärenergien. Man kann drei Gruppen von Primärenergiequellen unterscheiden.

1. Unerschöpfliche Energiequellen

Die wichtigste Energiequelle für die Erde ist die Sonne (▷ B 2). An einem wolkenlosen Junitag beträgt die maximale Strahlungsleistung zur Mittagszeit ungefähr $1\,kW/m^2$. Diese Größe ist jedoch – abhängig von Ort, Wetterlage, Tages- und Jahreszeit – starken Schwankungen unterworfen. Eine weitere im erdgeschichtlichen Maßstab unerschöpfliche Energiequelle ist die Erdrotation (▷ B 3). In Verbindung mit der Sonne sowie der Anziehungskraft zwischen Erde und anderen Himmelskörpern verursacht die Erdrotation Wellen, Gezeiten und Winde. Schließlich steht uns die geothermische Energie aus dem Erdinneren (Erdwärme) zur Verfügung.

2. Regenerative Energiequellen

Heute nutzen wir verstärkt so genannte „regenerative", sich erneuernde, Energiequellen wie Windenergie, Gezeitenenergie, Biomasse und Wasserkraft (Laufwasser, Meerwasser). Auch die regenerativen Energiequellen sind unerschöpflich, doch sie stehen uns nicht ohne weiteres zur Verfügung. So ist z. B. die Windenergie nur dort sinnvoll nutzbar, wo der Wind regelmäßig und stark weht, an Meeresküsten oder auf Berggipfeln.
Hohe Anlage- und Nutzungskosten, eine derzeit noch nicht ausgereifte Technik oder Unbeständigkeit in der Erzeugung sind Gründe dafür, dass wir diese Energiequellen heute nur ergänzend zu den fossilen Energiequellen nutzen.

3. Fossile Brennstoffe

Die fossilen Brennstoffe Kohle, Erdöl (▷ B 1) und Erdgas bilden eine wichtige Grundlage unseres hohen Lebensstandards. Aber die begrenzten Vorräte, die in vielen Millionen Jahren entstanden sind, müssen geschont werden. Deshalb unternimmt man große Anstrengungen, um die Nutzung der regenerativen Energieträger zu verbessern. Dazu sind neue, kostengünstigere Techniken erforderlich. Gleichzeitig müssen wir lernen, mit Energie sparsamer umzugehen. Verbrauchsärmere

Labels: Erdrotation, Sonnenstrahlung, Anziehungskraft Erde-Mond, Erdumlaufbahn, Mondumlaufbahn

3 Das System aus Sonne, Erde und Mond stellt eine unerschöpfliche Energiequelle dar.

Motoren, bessere Gebäudeisolierung oder veränderte Lebensgewohnheiten können helfen, die fossilen Energiereserven zu schonen.

Alle Energie von der Sonne

Die chemische Energie, die in den fossilen Energieträgern Kohle, Erdöl, Erdgas, Torf oder Holz gespeichert ist, hat ihren Ursprung in der Energie der Sonne. Diese Brennstoffe entstanden vor Millionen von Jahren aus den Überresten von Pflanzen und Tieren. Diese wiederum waren erst durch die Energie der Sonne lebensfähig, die sie für ihre Wachstumsprozesse benötigten.

Sekundärenergien

Um die Primärenergien für unsere Zwecke nutzbar zu machen, werden sie zum größten Teil in Sekundärenergieformen umgewandelt (▷ B 5). So gewinnt man aus Erdöl die Sekundärenergieträger Heizöl, Dieselkraftstoff oder Benzin und aus Kohle Koks, Briketts oder Brenngase.
Aus Erdwärme oder Biomasse kann Fernwärme gewonnen werden. Und praktisch aus jeder Primärenergieform lässt sich elektrische Energie erzeugen.

Nutzenergie

Bei der Nutzung durch den Menschen erfolgen weitere Umwandlungsprozesse, die Sekundärenergie wird dabei in Nutzenergie umgewandelt. Wichtige Formen der Nutzenergie sind Wärme, Licht oder Bewegungsenergie.

▶ Jede Art von Energie hat ihren Ursprung in der Natur. Man unterscheidet Primärenergie, Sekundärenergie und Nutzenergie.

Aufgaben

1 Mit welchem Brennstoff wird bei dir zu Hause geheizt? Welche Vor- und Nachteile hat die Nutzung dieses Energieträgers gegenüber anderen?

2 Überlegt euch gemeinsam, wie man in Zukunft im Straßenverkehr Energie einsparen kann. Stellt eure Ergebnisse auf einem Plakat dar.

3 Du nutzt täglich häufig Elektrizität als Nutzenergie, z. B. beim Trocknen deiner Haare mit einem Haartrockner. Erkläre, wieso auch diese Energie ihren Ursprung in der Natur hat.

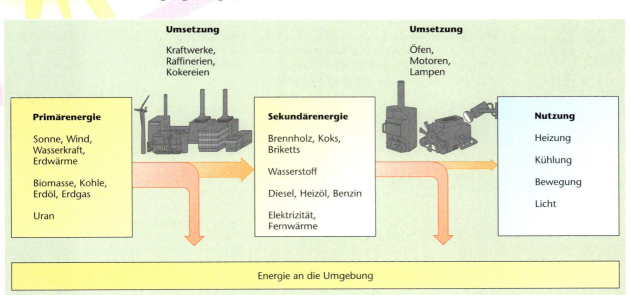

Primärenergie	Umsetzung Kraftwerke, Raffinerien, Kokereien	Sekundärenergie	Umsetzung Öfen, Motoren, Lampen	Nutzung
Sonne, Wind, Wasserkraft, Erdwärme Biomasse, Kohle, Erdöl, Erdgas Uran		Brennholz, Koks, Briketts Wasserstoff Diesel, Heizöl, Benzin Elektrizität, Fernwärme		Heizung Kühlung Bewegung Licht

Energie an die Umgebung

5 Die Umwandlung von Primärenergie in Nutzenergie

1 Ein modernes Wärmekraftwerk

Ein Modellversuch

Aus der Luft betrachtet sieht ein modernes Wärmekraftwerk ziemlich kompliziert aus (▷ B 1). Kühltürme, Schornsteine und viele Gebäude sind über ein großes Gelände verteilt. Doch die Funktionsweise eines solchen Kraftwerks kannst du dir mithilfe eines einfachen Modellversuches verdeutlichen.

In einem Teekessel wird Wasser mit einem Brenner erwärmt (▷ B 2). Das Wasser beginnt zu sieden und geht in den gasförmigen Zustand über. Der Wasserdampf wird auf ein kleines Turbinenrad geleitet und versetzt es in Drehung. Das Turbinenrad ist mit einem Dynamo verbunden, der die gewünschte Elektrizität erzeugt.

Die Funktionsweise eines Wärmekraftwerks

Die im Modellversuch beschriebenen Abläufe findest du auch in einem Wärmekraftwerk wieder – nur in einer ausgereifteren Technik. Als Brennstoff dienen Braunkohle, Steinkohle, Erdöl oder Erdgas. In einem Kernkraftwerk wird Uran als Brennstoff verwendet. Bei der Verbrennung dieser Stoffe bzw. durch die Spaltung des Urans wird sehr viel Wärme frei.

Im Dampferzeuger wird dadurch Wasser erwärmt (▷ B 3). Es beginnt unter hohem Druck zu sieden. Der dabei entstehende über 500 °C heiße Wasserdampf wird auf eine Turbine geleitet. Hier erfolgt die Umwandlung der Wärmeenergie des Dampfes in Bewegungsenergie. An die Turbine ist ein Generator angeschlossen, der die Bewegungsenergie in elektrische Energie umwandelt.

Der „abgearbeitete" Dampf aus der Turbine kühlt sich im Kondensator ab. Es entsteht wieder flüssiges Wasser, das zurück in den Dampferzeuger geleitet wird. So entsteht ein geschlossener Kreislauf.

Damit der Wasserdampf kondensiert, wird er von außen gekühlt. Früher verwendete man zur Kühlung überwiegend Flusswasser. Viele ältere Kraftwerke stehen deshalb an den großen Flüssen. Allerdings wurde das Flusswasser dadurch zu stark erwärmt. Heute übernehmen Kühltürme diese Aufgabe. Du kannst sie schon von weitem erkennen, sie sind ein typisches Merkmal eines Wärmekraftwerks (▷ B 1).

▶ In einem Wärmekraftwerk wird Wasserdampf zur Erzeugung der elektrischen Energie verwendet. Das Wasser durchläuft dabei einen geschlossenen Kreislauf.

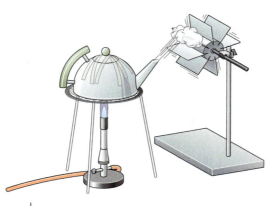

2 Das Modell eines Wärmekraftwerks

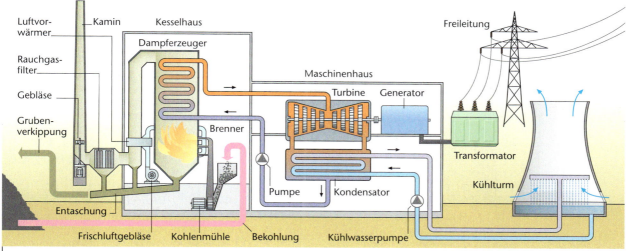

3 Schnitt durch ein Kohlekraftwerk (Wärmekraftwerk)

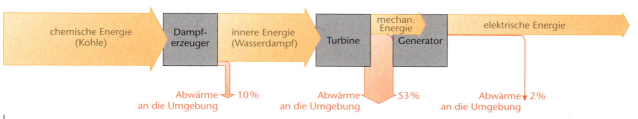

4 Energiefluss in einem Kohlekraftwerk (Wärmekraftwerk)

Erwünschte und unerwünschte Energieumwandlung

Die gewünschte Umwandlung von Wärme in elektrische Energie gelingt in einem Wärmekraftwerk nicht vollständig. Bei jedem Umwandlungsprozess wird Energie in Form von Abwärme frei, die für uns nicht nutzbar ist (▷ B 4).

In modernen Kraftwerken werden ca. 40 % der eingesetzten chemischen Energie in elektrische Energie umgewandelt. Die restlichen 60 % werden in Form von Wärme an die Umwelt abgegeben und tragen damit zur Erwärmung der Umgebung des Kraftwerks bei.

Braunkohle- und Steinkohlekraftwerke

Allein diese beiden Kraftwerksarten decken ungefähr die Hälfte des Strombedarfs in Deutschland ab.
In ihnen wird die fein gemahlene Kohle verbrannt und damit Wärme erzeugt. Die Leistung eines Braunkohlekraftwerks ist gewaltig: So erzeugt ein einziges Kraftwerk eine elektrische Leistung von 2700 MW. Das reicht aus, um zwei Großstädte einschließlich der angesiedelten Industrie mit Strom zu versorgen.

Pro Tag werden ca. 70 000 t Braunkohle in einem solchen Kraftwerk verbrannt. Dabei entstehen entsprechend große Mengen an Schadstoffen, vor allem Kohlenstoffdioxid (CO_2), Schwefeldioxid (SO_2), Stickstoffoxide (NO_X) und Aschestaub. Durch aufwändige Filteranlagen lassen sich die drei zuletzt genannten Schadstoffe entfernen oder zumindest reduzieren. Für das Kohlenstoffdioxid gibt es keine Filtermöglichkeit, dieses Gas gelangt ungehindert in die Atmosphäre. Man geht heute davon aus, dass das Kohlenstoffdioxid den Treibhauseffekt verstärkt und sich dadurch die durchschnittliche Temperatur auf der Erde erhöhen wird.

5 Grundlage unserer Stromversorgung

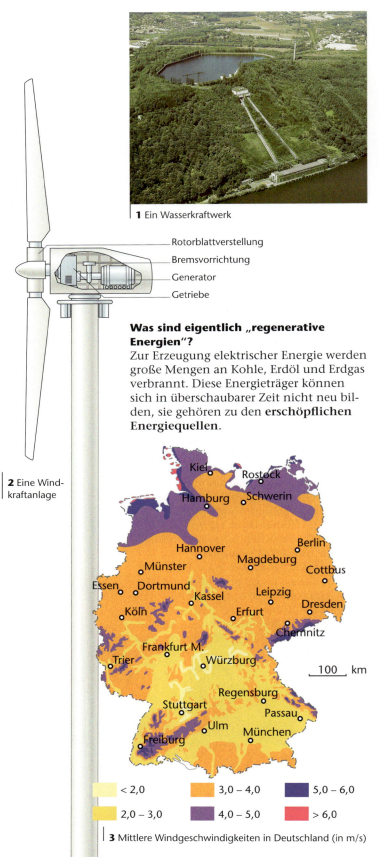

1 Ein Wasserkraftwerk

Rotorblattverstellung
Bremsvorrichtung
Generator
Getriebe

2 Eine Wind-
kraftanlage

Was sind eigentlich „regenerative Energien"?

Zur Erzeugung elektrischer Energie werden große Mengen an Kohle, Erdöl und Erdgas verbrannt. Diese Energieträger können sich in überschaubarer Zeit nicht neu bilden, sie gehören zu den **erschöpflichen Energiequellen**.

Es gibt andere Energieträger, die sich unter dem Einfluss der Sonne ständig erneuern. Das Wasser einer Talsperre wird immer wieder aufgefüllt und kann zur Stromerzeugung genutzt werden. Die Wasserkraft ist eine Quelle erneuerbarer und somit regenerativer Energie.

Bei der Nutzung regenerativer Energie werden weniger Schadstoffe freigesetzt, sie gilt deshalb als umweltfreundlicher als die Energie, die aus fossilen Brennstoffen gewonnen wird.

Alles fließt – Wasserkraft

Das Prinzip eines Wasserkraftwerks ist einfach: Das Wasser eines hochgelegenen Stausees (▷ B 1) oder eines Flusses wird durch Rohrleitungen auf eine in geringerer Höhe angebrachte Turbine geleitet. Diese wird in Bewegung gesetzt und treibt einen Generator zur Stromerzeugung an. Wasserkraftwerke geben während des Betriebes keine Schadstoffe ab. Zudem wandeln sie bis zu 90 % der Lageenergie des Wassers in elektrische Energie um und erzeugen wenig unerwünschte Abwärme. Die Wasservorräte in den Stauseen und den Flüssen sind in Deutschland allerdings zu gering, um die Wasserkraft weiter ausbauen zu können. In anderen Ländern wie Norwegen oder der Schweiz hat die Wasserkraft einen höheren Anteil an der Stromerzeugung als in Deutschland.

Die Nase im Wind – Windkraftwerke

Wind gibt es fast überall und die Idee, ihn zu nutzen, ist nicht neu. Seit vielen hundert Jahren treibt die Energie des Windes Mühlen und Segelboote an.

Zunehmend wird die Windenergie auch zur Erzeugung von elektrischer Energie eingesetzt. In modernen Windkraftanlagen treibt der Wind einen Rotor an, der – häufig über ein Getriebe – mit einem Generator verbunden ist (▷ B 2).

Die elektrische Energie, die ein Windkraftwerk erzeugt, ist stark abhängig von der Geschwindigkeit des Windes. Man geht davon aus, dass die mittlere Windgeschwindigkeit ca. 4 m/s betragen muss, damit ein Windkraftwerk wirtschaftlich arbeitet.

An den Küsten ist diese Bedingung erfüllt. Landeinwärts nimmt die durchschnittliche Windgeschwindigkeit generell ab (▷ B 3). Deshalb müssen im Binnenland höher gelegene Standorte gewählt werden, um die erforderlichen Windgeschwindigkeiten zu erreichen.

Kiel
Rostock
Hamburg
Schwerin
Hannover
Berlin
Magdeburg
Münster
Cottbus
Essen
Dortmund
Leipzig
Kassel
Dresden
Köln
Erfurt
Chemnitz
Frankfurt M.
Trier
Würzburg
100 km
Regensburg
Stuttgart
Passau
Ulm
München
Freiburg

< 2,0	3,0 – 4,0	5,0 – 6,0
2,0 – 3,0	4,0 – 5,0	> 6,0

3 Mittlere Windgeschwindigkeiten in Deutschland (in m/s)

Auf der Sonnenseite – Solarzellen

Taschenrechner sind standardmäßig damit ausgerüstet. Geräte mit einem geringen Strombedarf werden häufig durch Solarzellen versorgt. Sie erzeugen während des Betriebes keine belastenden Schadstoffe und gelten daher als umweltfreundliche Spannungsquellen.

Eine einzelne Solarzelle liefert nur eine geringe Spannung und eine geringe Stromstärke. Um höhere Leistungen zu erzeugen, schaltet man viele Solarzellen zu einem **Modul** zusammen. Durch mehrere Module kann ein Haushalt mit Elektrizität versorgt werden.

Kein Licht, keine Elektrizität?

Eine Solarzelle wandelt die Energie des Sonnenlichts direkt in elektrische Energie um (▷ V 1a). In der Nacht oder an einem bewölkten Tag können Solarzellen keine oder nur sehr wenig Elektrizität erzeugen. Wir verlangen jedoch zu jeder Tages- und Nachtzeit eine zuverlässige Elektrizitätsversorgung.

Gibt es eine Möglichkeit, die in den Sonnenstunden des Tages erzeugte elektrische Energie zu speichern, um sie bei Dunkelheit wieder abzugeben? Akkus sind dazu zu schwer und zu teuer. Man kann aber mithilfe des elektrischen Stromes Wasser in die Gase Wasserstoff und Sauerstoff zerlegen (▷ V 1b). Wasserstoff lässt sich für längere Zeiten speichern. Bei Bedarf wird er verbrannt und durch die entstehende Wärme kann wieder elektrische Energie gewonnen werden. Das „Abfallprodukt" dieser Verbrennung ist vor allem Wasser, die Umwelt wird nur wenig belastet. Auch die Verbrennungsmotoren von Autos lassen sich mit dem umweltfreundlicheren Wasserstoff betreiben.

Elektrizität aus Wasserstoff – Brennstoffzellen

Brennstoffzellen erzeugen Elektrizität aus Wasserstoff und Sauerstoff, indem sie die chemische Energie des Wasserstoffs direkt in elektrische Energie umwandeln (▷ V 1c). Bei dieser Reaktion entsteht nur reines Wasser. Dabei arbeiten Brennstoffzellen wirkungsvoller, leiser und umweltfreundlicher als konventionelle Kraftwerke. Brennstoffzellen gibt es für viele Aufgaben und Leistungen: Sie können sowohl Mobiltelefone als auch ganze Häuser mit Elektrizität versorgen.

Die ersten Elektroautos fahren bereits mit Brennstoffzellen. Vielleicht ist die Zeit nicht mehr fern, in der Autos nur noch Wasserdampf ausstoßen und jedes Haus seine eigene Elektrizität durch Brennstoffzellen erzeugt.

3 Solarbetriebener Parkautomat

Versuch

1 a) Schließe an eine Solarzelle einen kleinen Elektromotor an. Stelle eine helle Lichtquelle vor die Solarzelle und beobachte den Elektromotor.

b) Tausche den Elektromotor gegen einen Elektrolyseur aus. (Ein Elektrolyseur ist eine Vorrichtung zur Zerlegung des Wassers in Wasserstoff und Sauerstoff.) Beleuchte die Solarzelle etwa 5 Minuten mit der Lichtquelle und beobachte die Vorgänge im Elektrolyseur (▷ B 1).

c) Verbinde die beiden Gastanks des Elektrolyseurs über zwei kleine Schläuchen mit einer Brennstoffzelle. Schließe die Brennstoffzelle an den Elektromotor an.

Was kannst du beobachten, wenn du die Gaszufuhr öffnest (▷ B 2)?

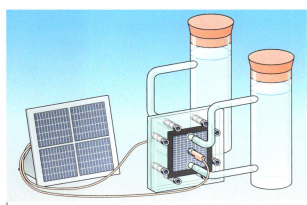

1 Versuchsaufbau zu V1b

2 Versuchsaufbau zu V1c

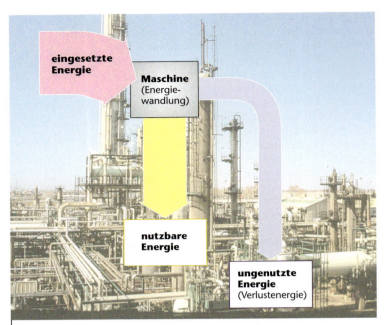

1 Die eingesetzte Energie kann nur teilweise in nutzbare Energie umgewandelt werden.

Aufgaben

1 Was bedeutet die Aussage: „Der Wirkungsgrad einer Leuchtstoffröhre beträgt 15 %.“

2 Erläutere, warum der Wirkungsgrad des Autos insgesamt bei 16 % liegt, der des Automotors aber bei 25 bis 35 %.

3 Einem Kraftwerk werden täglich 128 000 MJ chemische Energie in Form von Kohle zugeführt. Davon werden 46 500 MJ in elektrische Energie umgewandelt. Berechne den Wirkungsgrad.

▶ Den Quotient aus nutzbarer Energie und eingesetzter Energie nennt man Wirkungsgrad η.

$$\text{Wirkungsgrad} = \frac{\text{nutzbare Energie}}{\text{eingesetzte Energie}}$$

$$\eta = \frac{E_n}{E}$$

Ein Wirkungsgrad von 25 % bedeutet, dass nur ein Viertel der zugeführten Energie in die gewünschte Form der Nutzenergie umgewandelt wird.

Der Wirkungsgrad

Ob beim Auto, in einem Kraftwerk, beim Betrieb einer elektrischen Glühlampe, beim Kochen mit Strom oder Gas – immer wird Energie genutzt. Der Umfang der Energienutzung ist aber in jedem Fall begrenzt, denn nur ein Teil der eingesetzten Energie E wird in Nutzenergie E_n umgewandelt. Ein erheblicher Teil wird z. B. als Wärme an die Umgebung abgegeben (▷ B 1). Häufig wird die ungenutzte Energie als Verlustenergie bezeichnet.

Zur Angabe, welcher Anteil der eingesetzten Energie in die gewünschte nutzbare Energie umgewandelt wird, dient der Wirkungsgrad. Er wird meist in Prozent angegeben und mit dem griechischen Buchstaben η (Eta) bezeichnet.

Der Automotor als Energiewandler

Beim Automotor ist die Energiebilanz sehr ungünstig. Ein großer Teil der Energie, die im Treibstoff (Benzin oder Dieselöl) enthalten ist, kann nicht zum Fahren genutzt werden. Mehr als zwei Drittel der Energie werden in Form von Wärme und Abgasen abgegeben. Der Wirkungsgrad beträgt bei Benzinmotoren etwa 25 bis 35 % (▷ B 2). Alte Autos hatten sogar nur Wirkungsgrade von 5 bis 10 %.

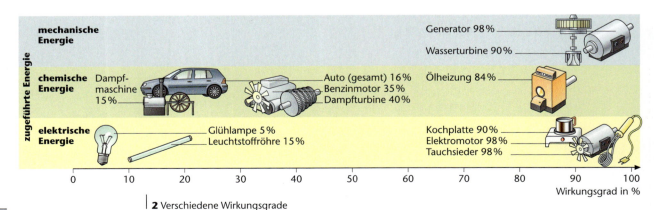

2 Verschiedene Wirkungsgrade

Strategie

Pro-und-Contra-Debatte

A. Debattieren – was ist das überhaupt?

Im Alltag, im Beruf und in der Politik wird viel debattiert: Im Bundestag, in Firmen und in der Schule z. B. in der SMV. Aber auch in deiner Familie debattierst du sicher häufig über verschiedene Themen. Beim Debattieren geht es grundsätzlich darum, ein Thema kontrovers, also von zwei verschiedenen Positionen aus, zu erörtern. Man spricht deshalb von einem Pro- und einem Contra-Standpunkt.

Um zielgerichtet debattieren zu können, müsst ihr bestimmte Gesprächsregeln einhalten.

B. Fünf Schritte auf dem Weg zur guten Debatte

1. Für die Pro-Contra-Debatte braucht ihr natürlich ein zündendes Thema, das überhaupt kontroverse Meinungen zulässt.

2. Unverzichtbar sind grundlegende Informationen über das Thema. Debattieren kann nur, wer über das entsprechende Wissen verfügt. Deshalb müsst ihr euch zuerst mit dem Thema beschäftigen, Informationen zusammentragen, Stellungnahmen einholen und Pro- und Contra-Argumente sammeln.

3. Teilt zwei Gruppen ein. Eine vertritt die Pro-, die andere die Contra-Argumente. Wählt einen Moderator, der darauf achtet, dass die Grundregeln eingehalten werden.

4. Jeder Redner hat eine bestimmte Redezeit, die könnt ihr selbst festlegen. Nach dem Pro-Argument kommt das Contra-Argument.

5. Einigt euch vorher darauf, ob ihr Zwischenfragen zulassen wollt.

Tipp

Einfrieren: Nach 10 Minuten wird die Debatte unterbrochen und ihr überlegt, was bisher gut oder weniger gut gelaufen ist.

C. Nach der Debatte

Erstellt nach der Debatte je ein Pro- und ein Contra-Plakat und hängt es im Klassenzimmer auf. Dann werden allen die Argumente noch einmal sichtbar.

Zum Schluss könnt ihr die Argumente noch gewichten. Das geht mit der „Punkte-Methode". Jeder erhält drei Klebepunkte und klebt sie zu den Argumenten, die er für besonders wichtig hält.

Grundregeln der Debatte

- Höre den anderen zu, weil du auch möchtest, dass man dir zuhört.

- Fasse dich kurz, weil du selbst auch an die Reihe kommen möchtest, wenn andere reden.
  Sprich in der „Ich-Form", statt in der „Man-Form".

- Vermeide „Seitengespräche" und Störungen, damit sich alle auf das Wesentliche konzentrieren können.

- Bleibe sachlich und vermeide persönliche Beleidigungen.
  Mache andere nicht lächerlich, weil du auch nicht vor anderen bloßgestellt werden möchtest.

DARÜBER LOHNT ES SICH ZU DEBATTIEREN

Erhöhung der Benzinpreise?
Der Benzinpreis muss auf 3 Euro pro Liter steigen, damit die Autofahrer endlich anfangen, Energie zu sparen.

Automatisierung?
Die zunehmende Automatisierung in der Arbeitswelt – Segen oder Fluch?

Erneuerbare Energien?
Deutschland sollte die gesamte Energieerzeugung auf Wind-, Wasser- und Sonnenenergie stützen und auf Erdöl, Erdgas, Kohle und Kernenergie verzichten.

Neue Gesetze?
Können neue Gesetze dazu beitragen, dass wir sparsamer mit unserer Energie umgehen?
Stell dir vor, es gäbe ein Gesetz, in dem vorgeschrieben wird, dass es in jedem Haushalt nur ein Fernsehgerät, ein Auto, ein Telefon und einen Computer geben darf.

Wärme – eine Energieform

 Schmelzen, Verdampfen, Kondensieren

Durch die Zufuhr von Energie kann sich die Temperatur eines Körpers erhöhen. Beim Erreichen der jeweiligen Schmelz- bzw. Siedetemperatur ändert sich der Aggregatzustand.

 Schmelz- und Erstarrungsenergie

Die Energie, die nötig ist, um 1 kg eine Stoffes zum Schmelzen zu bringen, bezeichnet man als spezifische Schmelzenergie. Beim Abkühlen gibt der Körper diese Energie wieder als Erstarrungsenergie ab.

 Verdampfungs- und Kondensationsenergie

Die Energie, die man benötigt, um 1 kg eines Stoffes zu verdampfen, bezeichnet man als spezifische Verdampfungsenergie. Beim Abkühlen gibt der Körper diese Energie wieder als Kondensationsenergie ab.

 Die spezifische Wärmekapazität

Die spezifische Wärmekapazität c gibt an, wie viel Energie nötig ist, um 1 kg eines Stoffes um 1 k zu erwärmen. Sie wird in der Einheit kJ / (kg · K) angegeben.

 Der Heizwert

Der Heizwert eines Brennstoffes gibt an, wie viel Energie beim Verbrennen von 1 kg bzw. 1 m^3 des Stoffes frei wird.

 Energieumwandlung

Energie kann weder vernichtet werden, noch kann sie aus dem Nichts entstehen. Sie kann nur umgeformt werden. Mechanische, thermische und elektrische Energie können miteinander verrechnet werden:

$$1\,J = 1\,Nm = 1\,Ws$$

Stoff	spezifische Wärme-kapazität c in kJ/(kg·K)
Aluminium	0,896
Blei	0,129
Eisen	0,452
Glas	0,799
Kupfer	0,385
Silber	0,237
Wasser	4,18
Luft	1,005

1 Spezifische Wärmekapazität

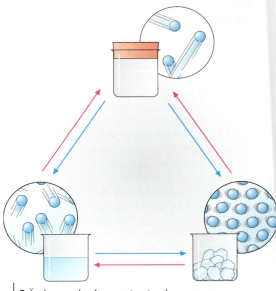

3 Änderung des Aggregatzustandes

 Energie

Jede Art von Energie hat ihren Ursprung in der Natur. Man unterscheidet Primär-, Sekundär- und Nutzenergie. Energie kann von einer Form in eine andere umgewandelt werden.

 Erzeugung elektrischer Energie

Elektrische Energie ist die wichtigste Sekundärenergieform. Sie kann aus verschiedenen Primärenergieträgern gewonnen werden. In Wärmekraftwerken wird beispielsweise durch die Verbrennung von Kohle Wasserdampf erzeugt. Dieser treibt einen Generator zur Stromerzeugung an. Wasser- und Windkraftanlagen nutzen die Lage- und Bewegungsenergie von Wasser und Wind. Diese Energiequellen sind unerschöpflich bzw. sie erneuern sich wieder. Man bezeichnet sie deshalb als regenerative oder erneuerbare Energiequellen.

 Der Wirkungsgrad η

$$\text{Wirkungsgrad} = \frac{\text{nutzbare Energie}}{\text{eingesetzte Energie}}$$

$$\eta = \frac{E_n}{E}$$

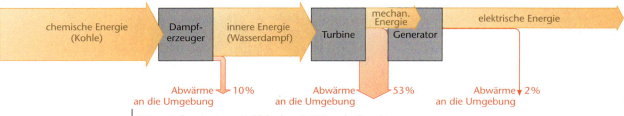

2 Energiefluss in einem Kohlekraftwerk (Wärmekraftwerk)

Aufgaben

1 Was passiert mit den Teilchen (Atomen bzw. Molekülen) eines festen Körpers, wenn er erwärmt wird?

2 Erläutere das Diagramm in Bild 5: Schmelz- und Erstarrungsenergie von 1 kg Wasser.

3 Warum wird z.B. kalte Milch, die mit Wasserdampf aufgeschäumt wird, heiß?

4 Erkläre die beiden Begriffe Verdampfungs- und Kondensationsenergie.

5 Um wie viel Kelvin haben sich 3 kg Blei erwärmt, wenn man eine Wärmemenge von 200 kJ zugeführt hat?

6 Was versteht man unter dem Heizwert von Brennstoffen?

7 2 Liter (kg) Wasser von 25 °C werden mit je 100 g Holz, Braunkohle und Steinkohle erwärmt. Berechne die Endtemperatur für den Idealfall, dass die gesamte Energie des Energieträgers auf das Wasser übergeht.
(jeweiliger Heizwert:
Holz: 15 000 kJ/kg
Braunkohle: 20 000 kJ/kg
Steinkohle: 29 000 kJ/kg)

8 Auf der Verpackung einer Tafel Vollmilchschokolade (100 g) steht der Aufdruck „Brennwert 1100 kJ". Ein Erwachsener benötigt bei leichter körperlicher Tätigkeit am Tag 10 000 kJ. Ist es sinnvoll, sich am Tag von 10 Tafeln Schokolade zu ernähren? Begründe.

9 Warum kann man sagen: Jede Art von Energie hat ihren Ursprung in der Natur? Erkläre dies an Beispielen.

10 Man unterscheidet Primärenergieträger, Sekundärenergieträger und Nutzenergie. Fertige eine Tabelle an und ordne die Beispiele den drei Begriffen zu: Steinkohle, Benzin, Wasserenergie, elektrischer Strom, Erdöl, Erdwärme, Windenergie, Licht, Holz, Brikett, Bewegung, Braunkohle

11 Welche Energieumwandlung erfolgt bei einem Taschenrechner mit Solarzellen?

12 Welche Energieumwandlungen laufen bei einer Waschmaschine ab?

13 Nenne mindestens 6 Beispiele, wie man im Haushalt Energie sparen kann.

14 Stell dir vor, du könntest dir ein „Energiespar-Umweltschutz-Haus" bauen. Wie soll es aussehen?
Beachte bei der Planung, dass in allen Räumen, aber auch bei der Außengestaltung Aspekte des Energiesparens und des Umweltschutzes zum Tragen kommen. (Erkundige dich z. B. im Internet, welche gesetzlichen Vorschriften unbedingt beachtet werden müssen.)

15 Welche Maßnahmen müsste eine Stadt beim Neubau einer Schule beachten, damit später möglichst keine Energie verschwendet wird?

16 Geysire sind heiße Quellen, die aus unterirdischen Wasserreservoirs gespeist werden. Recherchiere im Internet:
a) In welchen Gebieten der Erde kommen sie gehäuft vor?
b) Wodurch kommt die „Springbrunnenwirkung" zustande?
c) Wie wird die Energie der Geysire an einigen Orten genutzt?
Erstellt in Gruppen jeweils ein Plakat zum Thema Geysire.

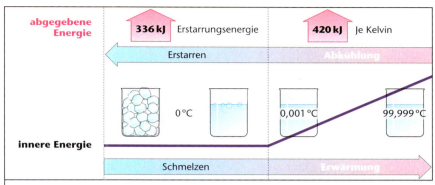

5 Zu Aufgabe 2

4 Zu Aufgabe 11

6 Zu Aufgabe 12

Radioaktivität und Kernenergie

Nur selten wird uns bewusst, dass wir ständig allen möglichen Strahlungen ausgesetzt sind:
beim Fernsehen, beim Telefonieren mit Mobiltelefonen, beim Röntgen, beim Aufenthalt im Freien usw. Auch Strahlung aus radioaktiven Quellen umgibt uns tagtäglich.

Für viele Menschen ist das Wort Strahlung ein Reizwort. Insbesondere, wenn es um den Bereich Radioaktivität geht, sind die Meinungen sehr unterschiedlich.
Das folgende Kapitel soll über Radioaktivität und Kernenergie informieren. Dabei werden die Gefahren, aber auch die nutzbringenden Wirkungen, z.B. in der Medizin oder Technik, dargestellt.

$^{1}_{0}n$ $^{235}_{92}U$

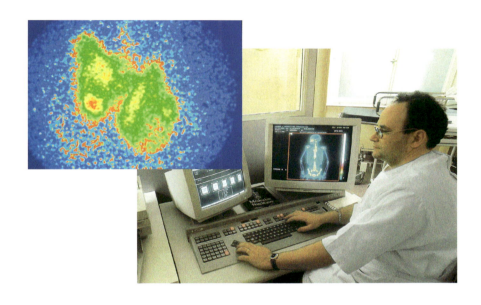

1 DEMOKRIT VON ABDERA

2 ERNEST RUTHERFORD

3 Apparatur zum Nachweis des Atomkerns

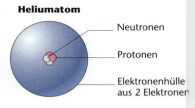

Heliumatom

Neutronen

Protonen

Elektronenhülle aus 2 Elektronen

$_2^4 \text{He}$

4 Aufbau des Heliumatoms

Die kleinsten Teilchen

Die beiden ersten Menschen, von denen man sicher weiß, dass sie eine regelrechte Atomtheorie entwickelten, waren die griechischen Naturphilosophen LEUKIPP (480–420 v. Chr.) und DEMOKRIT VON ABDERA (470–360 v. Chr).

Sie erklärten, dass jeder Stoff in immer kleinere Teilchen zerteilbar ist, solange bis man ihn auf seine kleinsten Teilchen zurückgeführt hat. Diese kleinsten Teilchen, die nicht mehr teilbar sind, nannten sie Atome.

Die Entdeckung des Atomkerns

Erst über 2000 Jahre nach DEMOKRIT wurde entdeckt, dass Atome einen inneren Aufbau besitzen.

Der Physiker ERNEST RUTHERFORD (▷ B 2) (1871–1937) und seine Mitarbeiter HANS GEIGER (1882–1945) und ERNEST MARSDEN (1888–1970) untersuchten die Durchlässigkeit von Metallfolien. Sie ließen positiv geladene Teilchen auf eine Goldfolie treffen (▷ B 3).

Die meisten dieser Teilchen durchquerten die Goldfolie ungehindert, so als wäre diese gar nicht vorhanden.

RUTHERFORD folgerte daraus, dass die Atome keine massiven Kugeln sein konnten. Nur einige wenige Teilchen wurden in dem Experiment aus ihrer Bahn abgelenkt, so als wären sie auf etwas „hartes", undurchdringbares gestoßen. RUTHERFORD folgerte, dass dieser undurchdringbare Teil winzig klein sein musste, da er nur selten getroffen wurde. RUTHERFORD hatte den Atomkern entdeckt. Weil die positiv geladenen Teilchen von diesem Kern abgestoßen wurden, kam er zu dem Ergebnis, dass der Atomkern ebenfalls positiv geladen sein musste. RUTHERFORD (1914):

Höhe ca. 200 m

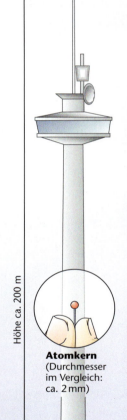

Atomkern
(Durchmesser im Vergleich: ca. 2 mm)

5 Größenvergleich Elektronenhülle und Atomkern

„I supposed that the atom consisted of a positively charged nucleus of small dimensions in which practically all the mass of the atom was concentrated. The nucleus was supposed to be surrounded by a distribution of electrons to make the atom electrically neutral …"

Atomkern und Atomhülle

Erst Jahre später konnte der Aufbau des Atoms weiter enträtselt werden. Man fand heraus, dass der **Atomkern** aus zwei Arten von Teilchen besteht: Protonen und Neutronen. Protonen sind elektrisch positiv geladen, Neutronen sind elektrisch neutral. Protonen und Neutronen nennt man auch Nukleonen (nucleus, lat.: der Kern). Alle Nukleonen haben etwa die gleiche Masse.

Um den Kern herum bewegen sich negativ geladene Elektronen. Sie bilden die Atomhülle (▷ B 4). Die Masse eines Elektrons ist jedoch viel kleiner als die eines Protons.

Die Anzahl der Elektronen ist gleich der Anzahl der Protonen im Kern. Atome sind daher elektrisch neutral.

Die Kernladungszahl

Die Anzahl der Protonen im Kern nennt man Kernladungszahl Z.

Untersucht man die Atome der chemischen Elemente, so stellt man fest:

▶ Alle Atome eines Elementes haben die gleiche Kernladungszahl.

So haben z. B. alle Aluminiumatome 27 Protonen im Kern. Atome, die 31 Protonen im Kern besitzen, gehören zum Element Phosphor. Heute kennt man 112 Elemente. Sie alle unterscheiden sich in ihrer Kernladungszahl.

Das Periodensystem der Elemente

Periodensystem der Elemente

Die Elemente werden im Periodensystem angeordnet. Dabei werden sie von 1 bis 112 durchnummeriert.
Der Ordnungsnummer im Periodensystem entspricht die Kernladungszahl.
Aluminium z. B. trägt die Ordnungszahl 13. Man findet Aluminium daher an der 13. Stelle im Periodensystem.

▶ Der Ordnungszahl im Periodensystem entspricht die Kernladungszahl Z.

Die Nukleonen

Obwohl ein chemisches Element nur aus Atomen mit der gleichen Kernladungszahl besteht, hat man nachgewiesen, dass sich Atome eines Elementes in ihrer Masse unterscheiden können. Grund für die Unterschiede in der Masse ist eine unterschiedliche Zahl von Neutronen.
So haben **alle** Wasserstoffatome 1 Proton im Kern. Die Kernladungszahl von Wasserstoff ist Z = 1. Der Großteil der Wasserstoffatome hat kein Neutron. Es gibt aber auch Wasserstoffatome, die ein oder zwei Neutronen besitzen (▷ B 3). Die Neutronenzahl wird mit N bezeichnet.

Die Summe aus Kernladungszahl Z und Neutronenzahl N nennt man Nukleonenzahl A. Die Nukleonenzahl gibt also die Anzahl aller Kernteilchen (Nukleonen) an.

Isotope

Atome eines Elementes, die sich in ihrer Neutronenzahl unterscheiden, nennt man Isotope (griech. isos: gleich und topos: stelle). Chemische Elemente sind stets Gemische aus unterschiedlichen Isotopen. Um die Zusammensetzung eines Elements anzugeben, wird eine besondere Schreibweise benutzt. Sie ist in Bild 1 gezeigt.

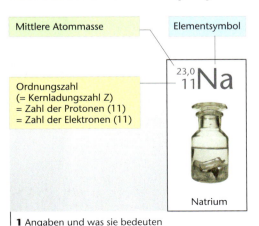

Mittlere Atommasse

Elementsymbol

$^{23,0}_{11}Na$

Ordnungszahl
(= Kernladungszahl Z)
= Zahl der Protonen (11)
= Zahl der Elektronen (11)

Natrium

1 Angaben und was sie bedeuten

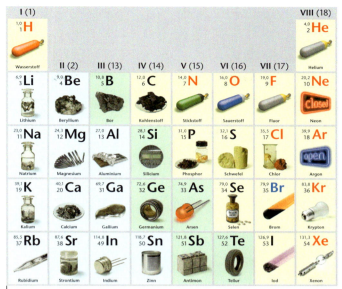

I (1)							VIII (18)
$^{1,0}_{1}H$ Wasserstoff							$^{4,0}_{2}He$ Helium
	II (2)	III (13)	IV (14)	V (15)	VI (16)	VII (17)	
$^{6,9}_{3}Li$ Lithium	$^{9,0}_{4}Be$ Beryllium	$^{10,8}_{5}B$ Bor	$^{12,0}_{6}C$ Kohlenstoff	$^{14,0}_{7}N$ Stickstoff	$^{16,0}_{8}O$ Sauerstoff	$^{19,0}_{9}F$ Fluor	$^{20,2}_{10}Ne$ Neon
$^{23,0}_{11}Na$ Natrium	$^{24,3}_{12}Mg$ Magnesium	$^{27,0}_{13}Al$ Aluminium	$^{28,1}_{14}Si$ Silicium	$^{31,0}_{15}P$ Phosphor	$^{32,1}_{16}S$ Schwefel	$^{35,5}_{17}Cl$ Chlor	$^{39,9}_{18}Ar$ Argon
$^{39,1}_{19}K$ Kalium	$^{40,1}_{20}Ca$ Calcium	$^{69,7}_{31}Ga$ Gallium	$^{72,6}_{32}Ge$ Germanium	$^{74,9}_{33}As$ Arsen	$^{79,0}_{34}Se$ Selen	$^{79,9}_{35}Br$ Brom	$^{83,8}_{36}Kr$ Krypton
$^{85,5}_{37}Rb$ Rubidium	$^{87,6}_{38}Sr$ Strontium	$^{114,8}_{49}In$ Indium	$^{118,7}_{50}Sn$ Zinn	$^{121,8}_{51}Sb$ Antimon	$^{127,6}_{52}Te$ Tellur	$^{126,9}_{53}I$ Iod	$^{131,3}_{54}Xe$ Xenon

2 Die Hauptgruppen des Periodensystems der Elemente

Das Element Uran

Das Element Uran hat die Ordnungszahl 92. Alle Atome des Elements Uran enthalten 92 Protonen im Kern und 92 Elektronen in der Hülle.
Man kann jedoch nicht auf die Anzahl der Neutronen im Kern und damit auf die Nukleonenzahl schließen.
In den Uranvorräten, die in der Natur vorkommen, treten z. B. die Isotope

$$^{235}_{92}U \text{ und } ^{238}_{92}U \text{ auf.}$$

Die Masse eines U-238-Atomkerns ist größer als die eines U-235-Kerns.
Ein U-238-Atomkern enthält drei Neutronen mehr als ein U-235-Kern.
Im Periodensystem findet man den auf der Erde vorhandenen Durchschnittswert („mittlere Atommasse", ▷ B 1).

Ionen

Atome sind nach außen elektrisch neutral, weil die Anzahl der Elektronen mit der Protonenzahl übereinstimmt.
Es kann jedoch passieren, dass Elektronen aus der Hülle abgegeben werden. Das „Restatom" enthält mehr Protonen als Elektronen und ist deshalb positiv geladen. Solche Teilchen nennt man positiv geladene Ionen oder Kationen.
Es gibt auch negativ geladene Ionen (Anionen). Sie entstehen, wenn ein Atom Elektronen von außen aufnimmt. Die Anzahl der Elektronen ist dann größer als die Protonenzahl.

Wasserstoffkern

$^{1}_{1}H$

Deuteriumkern

$^{2}_{1}H$

Tritiumkern

$^{3}_{1}H$

3 Verschiedene Wasserstoffkerne

Technik: Verbrecherjagd mit Neutronen

Wer war der Tote?

Ein grausamer Fund stellte die Polizei in Bayern vor ein Rätsel.
Eine bis zur Unkenntlichkeit entstellte Leiche wurde entdeckt. Trotz intensiver Nachforschungen konnte die Identität des Toten nicht geklärt werden. Keine Vermisstenmeldung stimmte mit den Merkmalen der Leiche überein.

Eine neue Untersuchungsmethode brachte schließlich den Erfolg und den Mörder hinter Schloss und Riegel.
Mithilfe der Isotopenanalyse konnte der frühere Aufenthaltsort des Mannes bestimmt werden. Er lebte in Italien. Der Name des Opfers konnte ermittelt und so das Umfeld des Mannes untersucht werden. Der Täter war ein ehemaliger Freund des Toten.

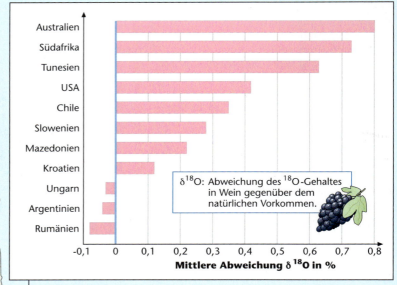

$\delta^{18}O$: Abweichung des ^{18}O-Gehaltes in Wein gegenüber dem natürlichen Vorkommen.

1 Isotopenverhältnisse können die Herkunft verraten.

Neutronen jagen Verbrecher

Jeder Mensch nimmt über die Luft und das Wasser den darin enthaltenen Sauerstoff auf. Alle Sauerstoffatome haben 8 Protonen. Die Anzahl der Neutronen ist jedoch verschieden. Es gibt Sauerstoffatome mit 8 Neutronen (O-16-Isotop), 9 Neutronen (O-17-Isotop) und mit 10 Neutronen (O-18-Isotop).

Über ein Haar oder eine Gewebeprobe eines Menschen kann die Isotopenzusammensetzung der Sauerstoffatome bestimmt werden. Entscheidend ist, dass die Häufigkeit der einzelnen Sauerstoff-Isotope an jedem Ort auf der Welt verschieden ist. In Italien z. B. kommt das Sauerstoff-Isotop mit 10 Neutronen etwas häufiger vor als in Deutschland. Mit einer „Isotopen-Karte" für Sauerstoff kann nun die ermittelte Isotopenzusammensetzung einer Region zugewiesen werden. Mit großer Wahrscheinlichkeit hat die Person in dieser Region zuletzt längere Zeit gelebt.

Kommt der Wein wirklich aus Deutschland?

Auch die Herkunft von Nahrungsmitteln kann anhand der Isotopenzusammensetzung bestimmt werden ($\triangleright$ B 1).
Bei der Herstellung von Wein, Fruchtsäften und anderen Getränken wird Wasser zugesetzt. Bestimmt man die Isotopenzusammensetzung des Sauerstoffs und des Wasserstoffs, kann die Herkunft des Getränks einer bestimmten Gegend zugeordnet werden. Weinpanschern kann so in Zukunft ihre Betrügerei eindeutig nachgewiesen werden.

Aufgabe

1 Informiere dich im Internet über Anwendungen der Isotopenanalyse. Stelle die Ergebnisse deiner Klasse vor.

2 Isotope bringen Verbrecher zu Fall.

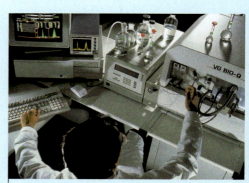

3 Modernes Isotopenanalyselabor

Strategie

Sich mit einem Physikthema näher beschäftigen

Eine Idee steht am Anfang

Einer der wichtigsten Meilensteine in der Geschichte der Physik war die Entdeckung der Kernspaltung. Otto Hahn (1879–1968) hat für diese Entdeckung den Nobelpreis für Chemie erhalten. Seine langjährige Mitarbeiterin Lise Meitner (1878–1968) wurde jedoch nicht berücksichtigt. Du empfindest das vielleicht als ungerecht und willst mehr über Lise Meitner erfahren. In einem Gespräch mit deiner Physiklehrerin vereinbarst du, dass du über Lise Meitner und ihre wissenschaftliche Tätigkeit eine Hausarbeit schreiben wirst.

Wie kannst du vorgehen?

Bevor du mit der Arbeit beginnst, solltest du dir über das Thema klar werden. Deine Physiklehrerin oder dein Physiklehrer unterstützen dich dabei bestimmt gerne. Vielleicht musst du das Thema eingrenzen, wenn dir nicht so viel Zeit zur Verfügung steht.

Literaturarbeit oder ...

Bei einer reinen Literaturarbeit musst du zuerst schriftliche Informationen sammeln und aufbereiten. Die bekommst du aus Lexika, Wörterbüchern, Fachbüchern, Zeitschriften oder aus dem Internet. Belege deine Angaben anhand mehrerer Quellen.

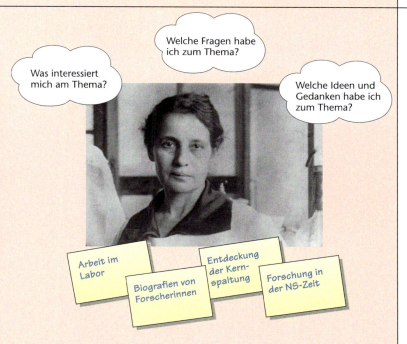

Was interessiert mich am Thema?

Welche Fragen habe ich zum Thema?

Welche Ideen und Gedanken habe ich zum Thema?

Arbeit im Labor

Biografien von Forscherinnen

Entdeckung der Kernspaltung

Forschung in der NS-Zeit

... Forschungsarbeit?

Deine Facharbeit kann aber auch Versuche umfassen. Formuliere zuerst deine Fragen, plane Versuche dazu und stelle Vermutungen über Ergebnisse an. Führe die Versuche dann durch. Nur so kannst du deine Vermutungen überprüfen. Alle Ergebnisse musst du genau protokollieren und auswerten. Lass dich von deinem Physiklehrer oder deiner Physiklehrerin beraten.

Inhalte ordnen – mit einer Gliederung

Formuliere nun eine Gliederung für deine Hausarbeit. Denke dabei an Einleitung, Hauptteil und Zusammenfassung. Dein geschriebener Text sollte verständlich und lebendig formuliert sein. Wende Fachbegriffe richtig an.

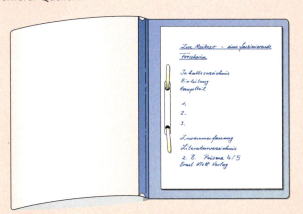

Auch das Äußere ist wichtig

- Lege eine ansprechende Mappe oder einen Ordner an.
- Damit deine Arbeit auf den ersten Blick interessant wirkt, solltest du das Deckblatt sorgfältig gestalten, z. B. mit einem aussagekräftigen Foto zum Thema.
- Verwende für das Inhalts- und Literaturverzeichnis je ein getrenntes Blatt.
- Schreibe mit dem PC oder mit leserlicher Handschrift.
- Lockere die Seiten mit Fotos oder eigenen Zeichnungen auf.
- Versieh deine Arbeit mit deinem Namen und deiner Unterschrift. Damit versicherst du, sie selbst erstellt zu haben.

Geschichte: Die Entdeckung der Radioaktivität

HENRI BECQUEREL

Die Eigenschaften von Atomen wurden überall auf der Welt von Wissenschaftlern genauer untersucht.

Da Atome so klein sind, dass man sie selbst unter den besten Mikroskopen nicht sichtbar machen konnte, musste man sich damit begnügen, Stoffe zu untersuchen und daraus auf die Eigenschaften von Atomen zu schließen.

1 HENRI BECQUEREL

Der französische Physiker ANTOINE HENRI BECQUEREL (1852–1908) untersuchte unter anderem Uransalze. Er legte ein Stück Uransalz auf eine unbelichtete Fotoplatte, die in schwarzes Papier eingewickelt war. Nach dem Entwickeln der Fotoplatte zeigten sich die Umrisse des Uransalz-Brockens (▷B2). Die Platte war durch die Verpackung hindurch belichtet worden.

2 Originalfotoplatte von BECQUEREL

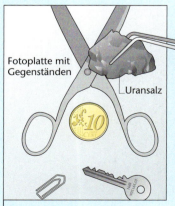

Fotoplatte mit Gegenständen

Uransalz

3 Eine Variation von BECQUERELS Versuch

4 Das Ehepaar PIERRE und MARIE CURIE

HENRI BECQUEREL berichtet 1896 vor der Französischen Akademie der Wissenschaften: „*One can confirm very simply that the rays emitted by this substance pass through not only sheets of black paper but also various metals, for example a plate of aluminium and a thin sheet of copper.*"

HENRI BECQUEREL hatte eine neue Art von Strahlung entdeckt. Sie wurde nicht durch technische Geräte erzeugt, sondern entstand im Uransalz.

MARIE und PIERRE CURIE

Die polnische Physikerin und Chemikerin MARIE SKLODOWSKA (1867–1934) lernte den französischen Physiker PIERRE CURIE (1859–1906) kennen und heiratete ihn. Gemeinsam untersuchten sie die von BECQUEREL neu entdeckte Strahlung.

MARIE CURIE vermutete, dass die Strahlung von den Uran-Atomen ausgehen müsste. Sie bestätigte, dass andere Elemente, die sie aus dem Uransalz trennen konnte, keine Strahlung abgaben.

Für weitere Experimente beschaffte sich das Ehepaar CURIE große Mengen Pechblende, ein Uranerz. Auch hier hatte man die neue Strahlung festgestellt.

Bei ihren Versuchen machten die CURIES eine erstaunliche Entdeckung: Reines Uran, das sie aus der Pechblende isoliert hatten, strahlte weniger stark als das restliche Erz. Es musste noch ein anderer Stoff außer Uran die neu entdeckte Strahlung abgeben.

5 Das Element Radium leuchtet.

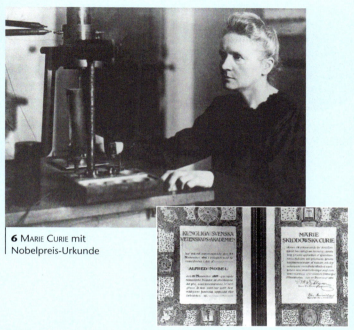

6 MARIE CURIE mit Nobelpreis-Urkunde

Die Entdeckung von Radium

PIERRE und MARIE CURIE arbeiteten mit den damals vorhandenen einfachen Mittel, um den Stoff aus der Pechblende zu isolieren, der die starke Strahlung abgab. Diese Arbeit beschäftigte sie über Monate. Schließlich hatten sie Erfolg: Sie konnten eine winzige Menge eines bis dahin unbekannten Stoffes aus der Pechblende isolieren. Die Strahlung des geheimnisvollen Stoffes war so stark, dass im Dunkeln ein Leuchten sichtbar war (▷ B 5). Deshalb nannte MARIE CURIE den neu entdeckten Stoff Radium (radium, lat. das Strahlende).

Weitere Forschungsergebnisse

PIERRE und MARIE CURIE konnten neben Uran und Radium weitere radioaktive Elemente isolieren. So fanden sie Radioaktivität bei Thorium. Ein weiteres neues Element benannten sie nach dem Geburtsland von MARIE „Polonium".

Auch in der Folgezeit untersuchte das Ehepaar CURIE intensiv die Eigenschaften der von den Atomen ausgehenden Strahlungen.

Ihre Forschungsergebnisse wurden belohnt: Im Jahr 1903 erhielt das Ehepaar CURIE gemeinsam mit HENRI BECQUEREL den Nobelpreis für Physik. MARIE CURIE erhielt 1911 einen weiteren Nobelpreis für ihre Forschungen im Bereich Chemie.

Zu Ehren der CURIES wurde später ein stark radioaktives Element als Curium bezeichnet.

Folgen

MARIE und PIERRE CURIE kannten die Wirkungen der neuen Strahlungen auf den menschlichen Körper noch nicht. So können gesunde Körperzellen zerstört werden, wenn sie starker Strahlung ausgesetzt werden.

PIERRE und MARIE CURIE zeigten schon nach einigen Monaten der Arbeit mit radioaktiven Stoffen zahlreiche Anzeichen radioaktiver Schäden. Der sorglose Umgang mit den radioaktiven Präparaten führte zu Verbrennungserscheinungen am ganzen Körper, aber vor allem an den Händen. Schmerzen in Armen und Beinen, Appetitlosigkeit, Nachlassen der Sehkraft, Lungenerkrankung – all dies waren Zeichen der bis dahin noch nicht bekannten Strahlenkrankheit.

MARIE CURIE hatte über viele Jahre mit radioaktiven Stoffen gearbeitet. Sie starb im Alter von 66 Jahren, fast völlig blind, an Leukämie.

Aufgabe

1 Fertige ein Referat über das Leben und die wissenschaftliche Arbeit der MARIE CURIE an.

1 Nebelspuren eines radioaktiven Präparats

3 Nachweis mithilfe einer Nebelkammer

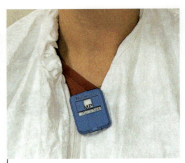

4 In strahlenbelasteter Umgebung muss ein Dosimeter getragen werden.

2 Zeichen für Radioaktivität

Der Nachweis

Strahlung aus radioaktiven Quellen kann man nicht hören, nicht sehen und nicht fühlen. Ein Nachweis der Strahlung gelingt nur durch die Wirkungen, die sie verursacht.

Filme werden belichtet

BECQUEREL entdeckte die Radioaktivität anhand einer Fotoplatte, die durch die Verpackung hindurch belichtet wurde. Auch heute nutzt man diese Wirkung z. B. bei Filmdosimetern (▷ B 4). Die Strahlung durchdringt dabei Blech, Plastik und Papier und belichtet ein Stück Film. Nach Entwicklung kann man erkennen, ob die Person, die das Dosimeter getragen hat, Strahlung ausgesetzt war.

> Strahlung aus radioaktiven Quellen schwärzt Fotoplatten, Filme oder Fotopapier.

Die Nebelkammer

In einer Nebelkammer (▷ B 3) befindet sich Luft in einem Glasgehäuse. Die Luft ist mit Wasserdampf gesättigt. In das Gehäuse wird ein radioaktives Präparat eingesetzt. Ausgehend vom Präparat werden Nebelspuren sichtbar. Ähnlich wie ein Flugzeug, hinter dem Kondensstreifen entstehen können, hinterlässt die Strahlung, die vom Präparat ausgeht, Nebelspuren (▷ B 1).

> Strahlung aus radioaktiven Quellen hinterlässt in einer Nebelkammer Spuren.

Ionisierung

In Versuch 1 (▷ B 5) trifft die Strahlung des Radium-Präparats auf Luftmoleküle und „löst" Elektronen aus ihnen heraus. Es entstehen positiv geladene Ionen und frei bewegliche Elektronen. Die Luft wird **ionisiert**.

Die negativ geladenen, frei beweglichen Elektronen werden zur positiven Elektrode hin beschleunigt. Sie stoßen auf ihrem Weg mit anderen Atomen zusammen, aus denen sie weitere Elektronen herauslösen. Dieser Vorgang heißt **Stoßionisation**. Der Rückgang des Zeigerausschlags am Elektroskop zeigt an, dass sich die Metallplatten entladen.

> Strahlung aus radioaktiven Quellen kann Ionen erzeugen.

Versuch

1 ▷ Ein Kondensator aus zwei Metallplatten wird aufgeladen, indem man die Platten kurz mit den Polen einer Hochspannungsquelle in Verbindung bringt. Ein Elektroskop zeigt den Ladungszustand an. Zwischen den Platten steht ein Radium-Präparat (▷ B 5). Die Zeitdauer der Entladung wird gemessen. Der Versuch wird ohne Präparat wiederholt.

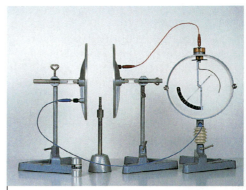

5 Zu Versuch 1

6 HANS GEIGER

7 WALTHER MÜLLER

8 Strahlenmessung mit Geiger-Müller-Zählrohr

Das Geiger-Müller-Zählrohr

Die ersten Zählrohre wurden um 1930 von HANS GEIGER (1882–1945) und seinem Assistenten WALTHER MÜLLER (1905–1979) entwickelt. Nach seinen beiden Erfindern (▷B6, B7) heißt es **Geiger-Müller-Zählrohr**. Im Alltag ist die Bezeichnung **Geigerzähler** gebräuchlich.

Der Hauptbestandteil des Geigerzählers ist ein mit Edelgas gefülltes Metallrohr, das Zählrohr (▷B9). Es ist vorne durch eine sehr dünne Folie verschlossen, sodass die Strahlung nahezu ungehindert eindringen kann.
Ins Innere des Rohres ragt ein Metalldraht. Zwischen diesem Metalldraht und dem Metallrohr liegt eine Spannung von 500 V an. Der Metalldraht ist mit dem positiven Pol verbunden, das Metallrohr mit dem negativen. Dringt durch die Folie Strahlung in das Rohr, wird das Gas ionisiert: Elektronen werden aus den Gasmolekülen herausgelöst. Diese Elektronen werden zum positiv geladenen Draht hin beschleunigt. Auf ihrem Weg erzeugen sie durch Stoßionisation neue freie Elektronen und Ionen. Diese ionisieren weitere Moleküle.

Es kommt zu einer Elektronenlawine. Kurzzeitig fließt Strom. Dieser kurze Stromstoß wird elektronisch verstärkt und über einen Lautsprecher als akustisches Signal ausgegeben. Ein Knacken wird hörbar. Man spricht dann von einem Impuls.
Je mehr Impulse in einer bestimmten Zeit zu hören sind, desto mehr Strahlung ist vorhanden.

▶ Mit dem Geiger-Müller-Zählrohr (kurz: Geigerzähler) kann man die Stärke einer radioaktiven Quelle bestimmen.

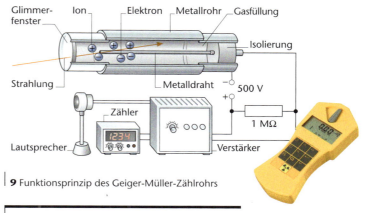

9 Funktionsprinzip des Geiger-Müller-Zählrohrs

Aufgaben

1 Erkundige dich, in welchen Bereichen regelmäßig Messungen der Radioaktivität vorgenommen werden (▷B11).

2 Welche Möglichkeiten gibt es, Radioaktivität nachzuweisen?

3 Erkläre den Vorgang der Stoßionisation beim Geiger-Müller-Zählrohr.

10 Moderner Geigerzähler

11 Zu Aufgabe 1

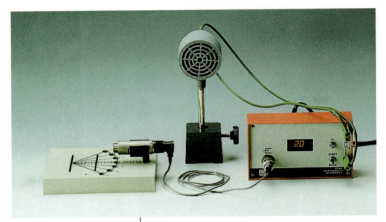

1 Messung des Nulleffekts

Radioaktivität in der Schule?

In einem Klassenraum wird ein Geigerzähler aufgestellt, ohne dass sich ein
radioaktives Präparat in der Nähe befindet
(▷ B 1). Für eine Minute werden die Impulse gezählt. Es wird eine schwache Strahlung registriert, der wir ständig ausgesetzt
sind, hier z. B. 20 Impulse pro Minute.

▶ Ein Zählrohr zeigt auch ohne radioaktives Präparat Strahlung an. Man
spricht vom Nulleffekt.

Kosmische Strahlung (Höhenstrahlung)

Ein Teil der Strahlung, die den Nulleffekt
ausmacht, kommt von der Sonne.
Trifft diese Strahlung auf die Lufthülle der
Erde, so wird sie abgeschwächt. Nur ein
Teil gelangt bis zur Erdoberfläche. 1 500
bis 2 000 m über Meereshöhe ist sie doppelt so stark wie in Meereshöhe.
Bei einem Flug in 9 000 bis 10 000 m Höhe
sind Passagiere und Besatzungsmitglieder
einer noch stärkeren Strahlung ausgesetzt.

Terrestrische Strahlung

Der größere Teil der Strahlung kommt
aus natürlichen radioaktiven Substanzen,
die im Erdboden (Terra) vorhanden sind.
Deshalb spricht man von terrestrischer
Strahlung.

niedrig — erhöht

100 km

3 Radioaktive Belastung durch Umgebungsstrahlung

Der Gehalt an radioaktiven Stoffen hängt
dabei stark von der Bodenart ab

Wer im Schwarzwald auf Gesteinsböden
mit hohen Anteilen an Uran und Radium
lebt, ist einer stärkeren Strahlung ausgesetzt als jemand, der auf dem kalkreichen
Boden der Alpenvorlandes lebt (▷ B 3).
Bestimmte Gesteine und Baustoffe geben
mehr Strahlung ab als andere. Hohe Radioaktivität registriert man beispielsweise
bei Materialien wie Granit, Gips, Schla-
cken und Bimsstein.
Holz, Ziegel oder Beton weisen eine geringere Radioaktivität auf (▷ B 2).

Kosmische und terrestrische Strahlung
nennt man auch **Umgebungsstrahlung**.

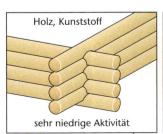

Holz, Kunststoff

sehr niedrige Aktivität

Sandstein, Kalkstein

niedrige Aktivität

Ziegel, Beton

mittlere Aktivität

Schlackenstein, Bimsstein, Gips

hohe Aktivität

2 Die Radioaktivität verschiedener Materialien ist unterschiedlich hoch.

Werkstatt

Radioaktivität wird gemessen

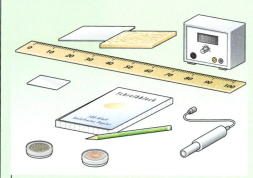

1 Versuchsmaterialien

Material
Ein Zählrohr mit hoher Nachweisempfindlichkeit, Glühstrumpf in Dose, Kaliumchlorid in Dose, Kunstdünger in Dose, Maßstab (100 cm), ein Block (100 Blatt), eine Aluminiumplatte, ein Holzbrettchen, eine kleine Glasscheibe

Nulleffekt
Zum Vergleich der folgenden Messergebnisse ist es nötig, zunächst die Nullrate zu bestimmen. Stelle das Zählrohr im Physikraum auf. Miss eine Minute lang die Impulse.
Notiere das Ergebnis.
Wiederhole die Messung mindestens fünf Mal und berechne den Mittelwert.
Dieser Wert ist die Nullrate.

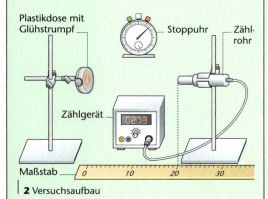

2 Versuchsaufbau

Glühstrümpfe
a) Bringe einen Glühstrumpf in seiner Verpackung oder in einer Plastikdose 20 cm vor dem Zählrohr an (▷ B 2).

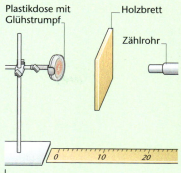

3 Abschirmung

b) Zähle die Impulse pro Minute.
c) Vergleiche das Messergebnis mit der zuvor gemessenen Nullrate.

Abstand halten
Wiederhole das Experiment und verändere dabei die Entfernung zwischen Zählrohr und Glühstrumpf (z. B. 15 cm, 10 cm, 5 cm, …).

Notiere die Messergebnisse und stelle sie anschließend grafisch dar. Bild 4 zeigt ein Diagramm, das du in dein Heft übertragen kannst.
Formuliere das Ergebnis.

Abschirmung
Was geschieht, wenn du nacheinander ein einzelnes Blatt Papier, 100 Blatt Papier, eine Aluminiumplatte, ein Holzbrettchen (▷ B 3) und eine Glasscheibe zwischen den Glühstrumpf und das Zählrohr hältst? Miss und notiere die Ergebnisse.

5 Glühstrumpf

Verschiedene Materialien
Du kannst nun verschiedene Stoffe untersuchen (z. B. Kunstdünger, Kaliumchlorid oder andere) (▷ B 6). Frage deinen Lehrer oder deine Lehrerin, welche anderen Materialien in deiner Schule für diesen Versuch benutzt werden können.

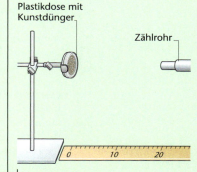

6 Strahlungsmessung bei Kunstdünger

Beachte, dass der Abstand zwischen Zählrohr und Präparat bei allen Messungen gleich ist und die Messzeit nicht verändert wird.

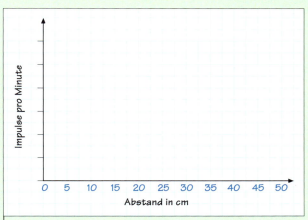

4 Diagramm für die Versuchsauswertung

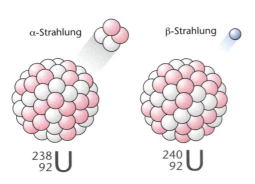

α-Strahlung   β-Strahlung

$^{238}_{92}$U $^{240}_{92}$U

2 Beispiele für Uranisotope

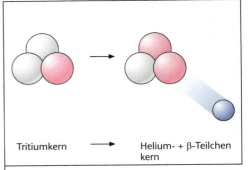

Tritiumkern   →   Helium- + β-Teilchen
kern

4 Umwandlung eines Neutrons in ein Proton und Elektron.

$^{238}_{92}$U

$^{234}_{90}$Th

1 α-Strahlung

Der Ursprung der Strahlung

So wie viele Elemente hat auch Uran verschiedene Isotope. Einige von ihnen sind nicht stabil. Sie sind radioaktiv, d.h. ihre Atomkerne wandeln sich ohne äußeren Einfluss in andere Atomkerne um und geben dabei Strahlung ab. Man unterscheidet drei Arten von Strahlung.

α-Strahlung

Alpha-Strahlung besteht aus Teilchen, die den Kern mit großer Geschwindigkeit verlassen (▷B 2). Ein α-Teilchen besteht aus 2 Protonen und 2 Neutronen. Da auch der Kern eines Heliumatoms ($^4_2$He) aus 2 Protonen und 2 Neutronen besteht, kann man sagen: α-Strahlung besteht aus Heliumkernen.
α-Teilchen sind zweifach positiv geladen. Ihre Reichweite in Luft beträgt nur wenige Zentimeter. Aber schon durch ein einziges Blatt Papier kann man α-Strahlung aufhalten.
Die Spuren von α-Strahlung kann man in der Nebelkammer sichtbar machen (▷B 3).

▶ α-Strahlung besteht aus Heliumkernen, d.h. 2 Protonen und 2 Neutronen.

3 Nebelkammeraufnahme

β-Strahlung

Auch Beta-Strahlung besteht aus Teilchen, die den Kern mit sehr hoher Geschwindigkeit verlassen. β-Teilchen sind Elektronen. Das überrascht, denn bisher war von Elektronen nur im Zusammenhang mit der Atomhülle die Rede. Es ist jedoch möglich, dass sich im Kern eines radioaktiven Atoms spontan ein Neutron in ein Proton und ein Elektron umwandelt (▷B 4).
Die Masse eines Elektrons (eines β-Teilchens) ist noch kleiner als die eines α-Teilchens (2 Protonen und 2 Neutronen) und hat außerdem eine höhere Geschwindigkeit. Dadurch ist die Reichweite in Luft größer als die von α-Teilchen. β-Strahlung kann in Luft eine Reichweite von mehreren Metern haben.
Will man β-Strahlung abschirmen, reicht ein Blatt Papier nicht mehr aus. Man benötigt mindestens 100 Blatt Papier oder ein 4 bis 5 mm dickes Aluminiumblech.

▶ β-Strahlung besteht aus schnellen Elektronen, die bei der Umwandlung eines Neutrons in ein Proton entstehen.

γ-Strahlung

Gamma-Strahlung besteht nicht aus Teilchen. Bei der Umwandlung radioaktiver Elemente wird Energie frei, die in Form von elektromagnetischer Strahlung, ähnlich dem Licht oder der Röntgenstrahlung, abgegeben wird. γ-Strahlung tritt deshalb meist in Verbindung mit α- und β-Strahlung auf. γ-Strahlung ist elektrisch neutral. Ihre Reichweite in Luft beträgt mehrere Kilometer. γ-Strahlung kann nur durch sehr dicke Blei- oder Betonschichten abgeschirmt werden.

▶ Bei γ-Strahlung handelt es sich nicht um Teilchen, sondern um energiereiche elektromagnetische Strahlung.

Elementumwandlungen

α-, β-, γ-Strahlung im elektrischen Feld

Die Tabelle (▷ B 2) zeigt einen Vergleich der Eigenschaften der 3 Strahlungsarten. Ein weiterer Unterschied zwischen den 3 Arten wird deutlich, wenn man die radioaktive Strahlung eines Radiumpräparates durch ein starkes elektrisches Feld schickt (▷ B 1). Es kommt zu einer Aufspaltung der 3 Strahlungsarten. Die γ-Strahlung wird nicht abgelenkt, während α- und β-Strahlung in unterschiedliche Richtungen abgelenkt werden. Außerdem wird die β-Strahlung stärker abgelenkt als die α-Strahlung, da Elektronen eine kleinere Masse haben als Heliumkerne.

Radioaktiver Zerfall

Was geschieht mit dem Atomkern, wenn er α- oder β-Strahlung abgibt?
Der Kern gibt entweder Heliumkerne oder Elektronen ab. Man spricht bei dem Vorgang auch vom Kernzerfall. In beiden Fällen ändert sich die Anzahl der Protonen im Kern. Das bedeutet, dass der Atomkern eines anderen Elementes entsteht.

α-Zerfall

Sendet ein Uranatom beispielsweise ein α-Teilchen aus, so verlassen 2 Protonen und 2 Neutronen den Kern.
Von den ursprünglich 92 Protonen des Urankerns bleiben nur noch 90 übrig. Ein Kern mit 90 Protonen gehört zum Element Thorium. Von den insgesamt 238 Nukleonen (Kernteilchen) haben 4 den Kern verlassen. So besitzt der entstandene Thoriumkern 234 Nukleonen.

β-Zerfall

Thorium-234 (90 Protonen) ist ein β-Strahler. Im Kern wandelt sich ein Neutron in ein Proton und ein Elektron um. Das Elektron verlässt den Kern. Der neue Kern (91 Protonen) hat nun ein zusätzliches Proton. Ein Kern mit 91 Protonen gehört zum Element Protactinium.

Bezeichnung	α	β	γ
Art der Strahlung	**Heliumkerne** (Teilchen)	**Elektronen** (Teilchen)	**energiereiche elektromagnetische Wellen** (ähnlich der Röntgenstrahlung)
Ladung	zweifach positiv	negativ	neutral
Abschirmung	• 4–8 cm Luftschicht • 1 Blatt Papier	• mehrere Meter Luftschicht (je nach Strahler) • 100 Blatt Papier • 4–5 mm dickes Aluminiumblech	• meterdicke Betonwände • dicke Bleiwände

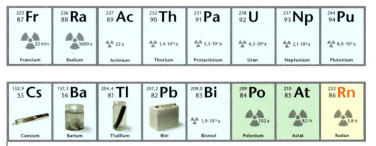

Papier — Aluminiumblech — Bleiblock

2 Die drei Strahlungsarten im Vergleich

Aufgaben

1 Warum werden α- und β-Strahlung in einem elektrischen Feld abgelenkt, γ-Strahlung dagegen nicht?

2 Ra-226 gibt ein α-Teilchen ab. Beschreibe ausführlich, was geschieht.

3 Polonium-218 kann entweder ein α-oder β-Teilchen abgeben. Erläutere in beiden Fällen, welches Element entsteht.

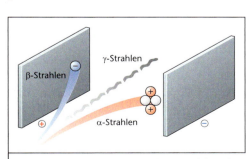

1 Ablenkung von α- und β-Strahlung im elektrischen Feld

3 Zu den Aufgaben

$^{223}_{87}$Fr	$^{226}_{88}$Ra	$^{227}_{89}$Ac	$^{232}_{90}$Th	$^{231}_{91}$Pa	$^{238}_{92}$U	$^{237}_{93}$Np	$^{244}_{94}$Pu
22 min	1600 a	22 a	1,4·10¹⁰ a	3,3·10⁴ a	4,5·10⁹ a	2,1·10⁶ a	8,0·10⁷ a
Francium	Radium	Actinium	Thorium	Protactinium	Uran	Neptunium	Plutonium

$^{132,9}_{55}$Cs	$^{137,3}_{56}$Ba	$^{204,4}_{81}$Tl	$^{207,2}_{82}$Pb	$^{209,0}_{83}$Bi	$^{209}_{84}$Po	$^{210}_{85}$At	$^{222}_{86}$Rn
				1,9·10¹⁹ a	102 a	8,1 h	3,8 d
Caesium	Barium	Thallium	Blei	Bismut	Polonium	Astat	Radon

Von der Hälfte die Hälfte

Radioaktive Elemente wandeln sich unter Aussendung von α-Strahlung oder β-Strahlung in einen anderen Stoff um. Wann ein einzelner Atomkern zerfällt kann nicht vorausgesagt werden. Es kann in den nächsten Sekunden oder erst in vielen Jahren sein.

Betrachtet man aber eine große Anzahl von Atomen, dann zerfällt in gleichen Zeitabschnitten ungefähr immer der gleiche Prozentsatz der noch vorhandenen Atomkerne des Ausgangselements.

So wandeln sich in einer Zeitspanne von 1600 Jahren die Hälfte der Radiumatomkerne um. Durch Aussendung eines α-Teilchens werden sie zum Element Radon. Nach weiteren 1600 Jahren haben sich von den noch vorhandenen Radiumatomen wieder die Hälfte in Radon umgewandelt (▷ B 1) usw.

Trägst du die Anzahl der Radiumatome und die Zeit in ein Koordinatensystem ein, erhältst du eine Zerfallskurve (▷ B 2). Diese Kurve sieht für jedes radioaktive Element ähnlich aus.

▶ Die Zeitspanne, in der jeweils die Hälfte eines radioaktiven Stoffes zerfallen ist, wird Halbwertszeit genannt.

Zeit	Anzahl der Radiumatome
0	1000
nach 1600 Jahren	500
nach 3200 Jahren	250
nach 4800 Jahren	125

1 Anzahl der Radiumatome

Radioaktives Element	Halbwertszeit
Polonium-214	$1{,}64 \cdot 10^{-4}$ Sekunden
Bismut-214	19,9 Minuten
Radon-222	3,825 Tage
Radium-226	$1{,}6 \cdot 10^{3}$ Jahre
Plutonium-239	$2{,}411 \cdot 10^{4}$ Jahre
Uran-235	$7{,}038 \cdot 10^{8}$ Jahre
Uran-238	$4{,}468 \cdot 10^{9}$ Jahre
Thorium-232	$1{,}405 \cdot 10^{10}$ Jahre

3 Halbwertszeiten

Es gibt Isotope, bei denen die Hälfte der ursprünglichen Atome schon nach Bruchteilen von Sekunden zerfallen sind. Bei anderen dauert es unvorstellbar lange (▷ B 3).

Aufgaben

1 Was sagt die Halbwertszeit über ein radioaktives Element aus?

2 Eine radioaktive Versuchsprobe enthält 24 000 000 Atome. Wie viele Atomkerne sind nach drei Halbwertszeiten zerfallen?

3 In einem Reagenzglas befindet sich eine radioaktive Flüssigkeit. Diese zerfällt mit einer unbekannten Halbwertszeit. Um die Halbwertszeit experimentell zu bestimmen, misst man mit einem Zählgerät die Impulse nach jeweils 1 Minute. Für den Versuch ergeben sich die Messwerte in Bild 4.
Bestimme die Halbwertszeit dieses Stoffes.
Überprüfe dein Ergebnis für mehrere Messwerte aus der Tabelle.

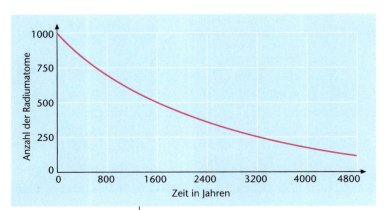

2 Zerfallskurve von Radium

Zeit in Minuten	Impulse pro Minute (Nulleffekt abgezogen)
1	990
2	700
3	495
4	350
5	248
6	175
7	124
8	88
9	62
10	44

4 Zu Aufgabe 3

Zerfallsreihen

Bei der Umwandlung eines radioaktiven Elements entsteht in den meisten Fällen wieder ein Element, das radioaktiv ist. Auch aus diesem Element entsteht durch Kernumwandlung ein anderes Element usw. Man erhält eine Zerfallsreihe.

In Bild 1 ist die Zerfallsreihe für das Uranisotop U-238 dargestellt. Die Atomkerne wandeln sich durch Aussendung von α-Strahlung in Thorium um. Thorium ist ein β-Strahler. Ein Neutron wandelt sich in ein Proton und ein Elektron um. Es entsteht Protactinium. Diese Zerfallsreihe setzt sich bis zum Blei fort. Pb-206 ist nicht mehr radioaktiv. Im Laufe von Milliarden von Jahren nehmen so die Uranvorräte der Erde ab und die Bleivorräte werden immer größer.
Insgesamt kennt man vier Zerfallsreihen: Th-232, U-235, U-238 und Np-237. Die Np-237-Zerfallsreihe endet als einzige nicht bei Blei, sondern bei Thallium (Tl-205).

Altersbestimmung mithilfe radioaktiver Strahlung – die C-14-Methode

Lebende Pflanzen und Tiere nehmen ständig über die Luft und die Nahrung das radioaktive Kohlenstoffisotop C-14 auf. Stirbt ein Lebewesen, so nimmt es keinen Kohlenstoff mehr auf. Ab diesem Moment

Linke Zerfallsreihe (Bild 1):

$^{238}_{92}U \xrightarrow{\alpha} {}^{234}_{90}Th \xrightarrow{\beta} {}^{234}_{91}Pa \xrightarrow{\beta} {}^{234}_{92}U \xrightarrow{\alpha} {}^{230}_{90}Th \xrightarrow{\alpha} {}^{226}_{88}Ra \xrightarrow{\alpha} {}^{222}_{86}Rn \xrightarrow{\alpha} {}^{218}_{84}Po \xrightarrow{\alpha} {}^{214}_{82}Pb \xrightarrow{\beta} {}^{214}_{83}Bi \xrightarrow{\beta} {}^{214}_{84}Po \xrightarrow{\alpha} {}^{210}_{82}Pb \xrightarrow{\beta} {}^{210}_{83}Bi \xrightarrow{\beta} {}^{210}_{84}Po \xrightarrow{\alpha} {}^{206}_{82}Pb$

1 Die Zerfallsreihe für U-238

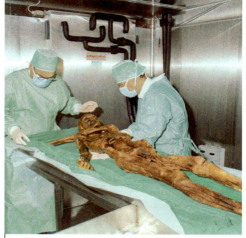

3 Bei mumifizierten Toten kann das Alter mit der C-14-Methode bestimmt werden

verringert sich durch radioaktiven Zerfall der Anteil an C-14-Atomen. In jedem Gramm kohlenstoffhaltiger lebender Materie zerfallen rund 16 radioaktive Kohlenstoffisotope pro Minute. Da die Halbwertszeit von C-14 bekannt ist, kann aus der Radioaktivität toter Materie auf das Alter geschlossen werden.
Die Halbwertszeit von C-14 beträgt 5 730 Jahre. Zerfallen in einem Gramm toter Materie nur noch 8 C-14-Atome pro Minute, dann ist die Substanz 5 730 Jahre alt. Sind es nur noch 4 Zerfälle pro Gramm und Minute, beträgt das Alter zwei Halbwertszeiten, das sind 11 460 Jahre.

Rechte Zerfallsreihe (Aufgabe 2):

$^{237}_{93}Np \xrightarrow{\alpha} {}^{233}_{91}Pa \xrightarrow{?} {}^{233}_{92}U \xrightarrow{\alpha} ? \xrightarrow{\alpha} ? \xrightarrow{?} {}^{225}_{89}Ac \xrightarrow{\alpha} ? \xrightarrow{\alpha} ? \xrightarrow{?} {}^{213}_{83}Bi \xrightarrow{\beta} ? \xrightarrow{?} {}^{209}_{82}Pb \xrightarrow{?} {}^{209}_{83}Bi \xrightarrow{\alpha} ?$

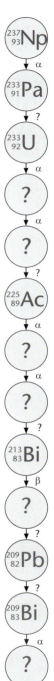

Gold	Au	79
Quecksilber	Hg	80
Thallium	Tl	81
Blei	Pb	82
Bismut	Bi	83
Polonium	Po	84
Astat	At	85
Radon	Rn	86
Francium	Fr	87
Radium	Ra	88
Actinium	Ac	89
Thorium	Th	90
Protactinium	Pa	91
Uran	U	92

2 Zu Aufgabe 1

Aufgaben

1 Th-232 ist radioaktiv. Stelle die Zerfallsreihe für Thorium auf. Berechne unter Berücksichtigung des jeweiligen Zerfalls aus dem alten Element das neue. Verwende dazu die Tabelle in Bild 2. Thorium ist zu Beginn ein α-Strahler. Das neue Element wandelt sich durch Aussendung von β-Strahlung um. Das entstandene Element sendet β-Strahlung aus. Danach wandelt sich das Element durch Aussendung von α-Strahlung um. Das geschieht 4-mal hintereinander. Schließlich folgt ein β-Zerfall. Das neue Element sendet α-Strahlung aus. Das vorletzte Element wandelt sich unter Aussendung von β-Strahlung in ein nicht mehr radioaktives Element um.

2 In der Abbildung rechts siehst du eine Zerfallsreihe. Übertrage sie in dein Heft und fülle die Lücken aus.

Die Aktivität

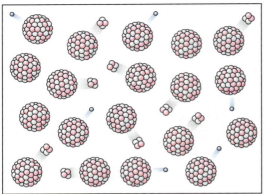

Kernumwandlungen
$N = 15$

Zeit: $t = 3\,\text{s}$

Aktivität $A = \dfrac{N}{t} = 5\,\text{Bq}$

1 Die Aktivität gibt die Anzahl der Kernumwandlungen pro Zeit an.

Zerfallen in einer bestimmten Menge einer radioaktiven Substanz
15 Atomkerne in 3 Sekunden, so beträgt die Aktivität:

Aktivität $A = \dfrac{\text{Zahl der Kernumwandlungen}}{\text{Zeit}}$

$A = \dfrac{15}{3\,\text{s}}$

$A = 5\,\text{Bq}$

Aktivität

Verschiedene radioaktive Strahlungsquellen geben unterschiedlich viel Strahlung ab. Um festzustellen, wie stark eine radioaktive Substanz strahlt, hat man die Größe Aktivität festgelegt. Die Aktivität ist der Quotient aus der Anzahl der Kernumwandlungen und der gemessen Zeit. Zu Ehren des französischen Physikers HENRI BECQUEREL (1852–1908) ist die Einheit der Aktivität das Becquerel (Bq).

▶ Aktivität $= \dfrac{\text{Kernumwandlungen}}{\text{Zeit}}$

Zerfallen in einer bestimmten Menge einer radioaktiven Substanz
80 Atomkerne in 40 Sekunden, so beträgt die Aktivität:

Aktivität $A = \dfrac{\text{Zahl der Kernumwandlungen}}{\text{Zeit}}$

$A = \dfrac{80}{40\,\text{s}}$

$A = 2\,\text{Bq}$

3 Beispiel zur Aktivität

Das Formelzeichen für die Aktivität ist A.

Die Angabe der Aktivität eines Stoffes reicht für die Beurteilung der Schädlichkeit der Strahlung allerdings noch nicht aus.

Spezifische Aktivität

Bei der Angabe der Aktivität eines radioaktiv strahlenden Körpers bzw. Stoffes ist dessen Masse zu berücksichtigen. Es ist ein Unterschied, ob ein Tanklastzug oder eine Tasse voll Milch eine Aktivität von 500 Bq aufweist (▷ B 2).
Wird die Aktivität auf die Masse bezogen, so wird dies als spezifische Aktivität bezeichnet.

▶ Spezifische Aktivität $= \dfrac{\text{Aktivität}}{\text{Masse}}$

Die Einheit der spezifischen Aktivität ist Becquerel pro Kilogramm (Bq/kg), das zugehörige Formelzeichen ist a.
Bild 4 zeigt ein Beispiel für die Berechnung der spezifischen Aktivität.

Masse	10 000 kg (Milch-Tankwagen)	10 kg (Milchkanne)	1 kg (Milchtüte)	0,1 kg (Tasse Milch)
Aktivität	$A = 500\,\text{Bq}$	$A = 500\,\text{Bq}$	$A = 500\,\text{Bq}$	$A = 500\,\text{Bq}$
Spezifische Aktivität: $a = \dfrac{\text{Aktivität } A \text{ in Bq}}{\text{Masse in kg}}$	$a = \dfrac{500\,\text{Bq}}{10\,000\,\text{kg}}$ $a = 0{,}05\,\dfrac{\text{Bq}}{\text{kg}}$	$a = \dfrac{500\,\text{Bq}}{10\,\text{kg}}$ $a = 50\,\dfrac{\text{Bq}}{\text{kg}}$	$a = \dfrac{500\,\text{Bq}}{1\,\text{kg}}$ $a = 500\,\dfrac{\text{Bq}}{\text{kg}}$	$a = \dfrac{500\,\text{Bq}}{0{,}1\,\text{kg}}$ $a = 5000\,\dfrac{\text{Bq}}{\text{kg}}$

2 Die spezifische Aktivität berücksichtigt die Masse der radioaktiven Substanz.

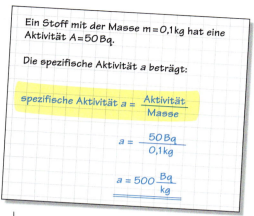

Ein Stoff mit der Masse m = 0,1 kg hat eine Aktivität A = 50 Bq.

Die spezifische Aktivität a beträgt:

spezifische Aktivität $a = \dfrac{\text{Aktivität}}{\text{Masse}}$

$a = \dfrac{50\,\text{Bq}}{0,1\,\text{kg}}$

$a = 500\,\dfrac{\text{Bq}}{\text{kg}}$

4 Spezifische Aktivität *a*

5 Reaktor in Tschernobyl

Geigerzähler beim Einkauf?

Seit dem Reaktorunfall 1986 in Tschernobyl sind die Menschen verunsichert, was die radioaktive Belastung von Lebensmitteln betrifft. Immer wieder werden Lebensmittel auf Radioaktivität untersucht (▷ B 6). Eine korrekte Angabe muss die Aktivität bezogen auf die Masse, also die spezifische Aktivität angeben. Ferner muss das radioaktive Element, das für die Strahlung verantwortlich ist, genannt werden. Die Angabe: „Von der Milch sollten nicht mehr als 500 Becquerel ausgehen", ist daher nicht ausreichend.

Deutsches Mineralwasser kann eine spezifische Aktivität von bis zu 0,6 Becquerel pro Kilogramm aufweisen. Je nach dem Urangehalt des Gesteins kann das Mineralwasser über die Uranzerfallsreihe mit Ra-226 belastet sein. Pflanzliche und tierische Nahrungsmittel weisen ebenfalls eine gewisse Radioaktivität auf. Ursache ist die Aufnahme von belasteten Nährstoffen. Das durch den Reaktorunfall in Tschernobyl freigesetzte radioaktive Cäsium

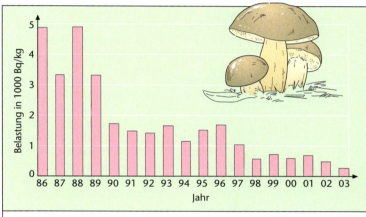

6 Cäsiumbelastung von Maronenröhrlingen (Umweltinstitut München e. V.)

belastet auch weiterhin die oberen Bodenschichten. So können Pilze, Beeren und Wildfleisch in Teilen Mitteleuropas weiter erhöhte Strahlenwerte aufweisen.

▶ Über die Nahrungskette kommt es bei Tieren und Pflanzen zu einer Aufnahme radioaktiver Stoffe.

Aufgaben

1 Was wird durch die Anzahl der Kernumwandlungen pro Zeit angegeben?

2 Welche Einheit hat die Aktivität?

3 Ein radioaktiver Strahler hat eine Aktivität von 3000 Bq. Wie viele Kernumwandlungen finden in 2 Minuten statt?

4 Ein Cäsium-137-Präparat hat eine Aktivität von 4 000 000 Bq. Welche spezifische Aktivität erhält man, wenn dieses Präparat in 1 Tonne Wasser gelöst wird?

5 „Im Wildfleisch wurden 2000 und mehr Becquerel nachgewiesen." Ist diese Angabe vollständig? Begründe deine Antwort.

6 Eine radioaktives Präparat hat eine spezifische Aktivität von 16 000 Bq/kg. 8 g dieses Präparates werden in 10 Liter (ca. 10 Kilogramm) Wasser gleichmäßig verteilt. Welche Aktivität hat das Wasser?

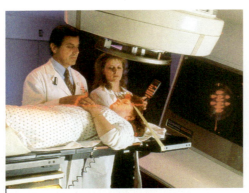

1 Vorbereitung einer Strahlentherapie

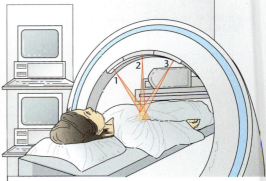

3 Bestrahlung eines Krebstumors

Kampf dem Krebs

Strahlung aus radioaktiven Quellen hat eine breite Anwendung in der Medizin (▷ B 1). Die drei Strahlungsarten werden in der Diagnostik und in der Therapie zahlreicher Krankheiten eingesetzt, besonders aber im Kampf gegen Krebs.

Die Diagnose

Ein weit verbreitetes Verfahren in der **Nuklearmedizin** ist die **Szintigraphie**. Hierbei wird ein schwach radioaktives Material mit möglichst kurzer Halbwertszeit in den Körper eingebracht. Man wählt Substanzen, die sich in bestimmten Organen ablagern. Die Aufzeichnung der vom Organ abgegebenen Strahlung ermöglicht die Aufzeichnung eines zweidimensionalen Bildes des Organs.

Bild 2 zeigt die Aufzeichnung einer Schilddrüsenszintigraphie. Hierbei werden z. B. die Radionuklide Iod-131 oder Iod-123 benutzt. Dem Patienten wird eine bestimmte Menge des radioaktiven Stoffes verabreicht. Innerhalb einiger Stunden wird es zum größten Teil durch die Schilddrüse aufgenommen.

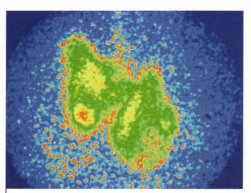

2 Szintigramm: Das Farbmuster hilft dem Arzt bei der Diagnose.

Das von der Schilddrüse aufgenomme radioaktive Iod sendet Strahlen aus. Diese werden mit einem Detektor aufgezeichnet. Das **Szintigramm** zeigt dem Arzt die Lage und die Größe der beiden Schilddrüsenlappen.

Bei Leberuntersuchungen wird Au-198 angewendet. Zur Untersuchung der Bauchspeicheldrüse eignet sich Se-75.

Strahlentherapie

Anhand der Szintigramme kann ein Arzt Rückschlüsse auf die Funktion eines Organs ziehen oder z. B. auch Tumore erkennen. Mit dem gleichen Verfahren wie bei der Szintigraphie kann z. B. auch ein Tumor der Schilddrüse therapiert werden. Radioaktives Jod wird fast ausschließlich in der Schilddrüse gespeichert. Die vom Jod ausgehende Beta-Strahlung hat im Körper nur eine geringe Reichweite und wirkt deshalb praktisch nur auf die Schilddrüse ein. Auf diese Weise kann ein Tumor lokal zerstört werden.

Auch die Bestrahlung von Krebstumoren von außen ist möglich. Bild 3 zeigt, wie krankes Gewebe im Körperinneren bestrahlt wird. Krebszellen sind empfindlicher gegen Strahlung als gesunde Zellen. Die gesunden Zellen sollen trotzdem möglichst wenig geschädigt werden. Deshalb bestrahlt man die Krebsgeschwulst aus unterschiedlichen Richtungen. Dabei dreht sich entweder der Strahler über dem Körper oder der Körper wird unter dem Strahler hinwegbewegt.

Entkeimung

Eine weitere Anwendung von Strahlung in der Medizin ist die Sterilisation (Entkeimung) medizinischer Instrumente oder Verbandsmaterialien. Dabei werden Bakterien oder Viren durch eine hohe Strahlendosis abgetötet.

Radioaktivität in Natur und Technik

Die empfindlichsten und schnellsten **Feuer-** und **Rauchmelder** werden mit einer kleinen Menge radioaktiver Stoffe betrieben.

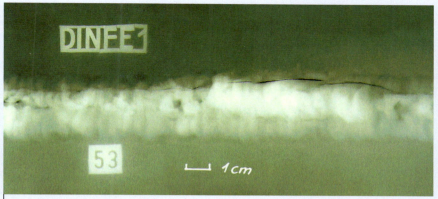

1 Schweißnaht

Geologen nutzen radioaktive Stoffe. Versetzt man Regenwasser mit radioaktiven Stoffen, dann kann man verfolgen, wie sich das Wasser in den unterschiedlichen Schichten des Erdbodens ausbreitet.

Um bestimmte Kunststoffe beständiger gegen große Hitze oder gegen Chemikalien zu machen, setzt man sie einer β-Strahlung aus. Dieses Verfahren der **Kunststoffveredlung** ist besonders geeignet für Kunststoffrohre bzw. Ummantelungen für Heißwasserleitungen und Elektrokabel.

Strahlung aus radioaktiven Quellen kann lebende Zellen abtöten. Deshalb kann man diese Strahlung zur **Konservierung von Lebensmitteln** einsetzen. Dabei werden Schimmelpilze und Fäulnisbakterien abgetötet. Die Lebensmittel bleiben länger haltbar.
Die Methode ist jedoch nicht unumstritten. Die bestrahlten Lebensmittel werden zwar nicht selbst radioaktiv. Sie ändern aber ihren Gehalt an Nährstoffen. Es wird noch untersucht, inwieweit die Bestrahlung Folgen für die Gesundheit des Menschen haben kann.

Strahlung aus radioaktiven Quellen wird auch eingesetzt, um neue **Pflanzenarten** zu **züchten**. Durch gezieltes Bestrahlen werden Mutationen erzeugt. Auch das Pflanzenwachstum und der Pflanzenstoffwechsel können mithilfe radioaktiver Stoffe untersucht werden.
Die radioaktiven Stoffe werden von der Pflanze aufgenommen und können mit einer Art Geigerzähler von außen beobachtet werden. So kann z. B. die Aufnahme von Düngemitteln oder anderen Nährstoffen untersucht und verbessert werden.

Zur **Qualitätskontrollen** in Walzwerken ist es nötig, dass hergestellte Bleche, Folien oder Papiere stets die gleiche Dicke haben. Deshalb wird hier während der Produktion ständig die Dicke

der erzeugten Stoffe untersucht, z. B. indem Bleche mit β- oder γ-Strahlung durchstrahlt werden. Ein Messgerät zeichnet die Strahlung auf. Ein Regler vergleicht die Messwerte mit einem vorgegebenen Sollwert. Wird dieser über- oder unterschritten, wird der Abstand der Walzen automatisch korrigiert.

Schweißnähte können mithilfe von γ-Strahlung geprüft werden. In Bild 1 ist die Aufnahme einer solchen Messung zu sehen. Ein Experte kann beurteilen, ob die Naht hält.

Zur **Werkstoffprüfungen** bringt man Werkstücke vor einen Film und bestrahlt sie von der anderen Seite mit einem radioaktiven Stoff. Je nachdem, wie dick das Material ist und ob es Risse oder Löcher enthält, zeigt der Film unterschiedliche Schwärzungen.

„Wir strahlen"

Der Mensch nimmt mit den Nahrungsmitteln, der Atemluft und dem Trinkwasser in geringen Mengen radioaktive Stoffe auf. Sie führen zur inneren Strahlenbelastung, auch **Eigenstrahlung** genannt.

Am Beispiel der α-Strahlung wird der Unterschied von innerer und äußerer Strahlenbelastung deutlich. Wirkt α-Strahlung von außen auf den Menschen, so dringt sie nur in die äußeren Hautschichten ein. In das Körperinnere dringt sie nicht vor. Eine einfache Abschirmung mit Papier oder ein Abstand von ca. 10 cm zur Strahlungsquelle verhindert, dass die α-Strahlung die Haut trifft.

Wird der α-Strahler aber mit der Nahrung aufgenommen, fehlt die Abschirmung. Die Strahlung kann auf die inneren Organe einwirken. Wegen der stark ionisierenden Wirkung von α-Strahlung kann es zu ernsthaften Krankheiten kommen.

Nahrungskette – Belastungspfade

Pflanzen nehmen über die Blätter und den Boden Nährstoffe, Wasser und Luft auf. Damit können auch radioaktive Substanzen in die Pflanzen gelangen. Über die Nahrung nimmt der Mensch diese Stoffe auf (▷ B 2).

Von besonderer Bedeutung ist der „Weide-Kuh-Milch-Pfad". Radioaktives Iod-131 gelangt über das Gras und die Kuh in die Milch. Da Kleinkinder relativ viel Milch trinken, erhalten sie einen besonders hohen Iod-131-Anteil. Iod lagert sich in der Schilddrüse ab. Eine mögliche Folge ist eine gestörte Hormonbildung.

Schnittpunkt

Umwelt: Bestrahlung von Lebensmitteln

Übersetzungshilfe

Hast du schon einmal beim Einkaufen von Lebensmitteln auf die Zutaten und sonstigen Kennzeichnungen geachtet?

Wenn die Lebensmittel im Ausland gekauft worden sind, kann man die Angaben vielleicht nicht verstehen, weil man die Sprache nicht beherrscht.

Weißt du was damit gemeint ist, wenn auf einer spanischen Gemüseverpackung **„irradiado"** oder **„tratado con radiación ionizante"** steht? Auf einer französischen Geflügelpackung könnte vielleicht vermerkt sein **„traité par rayonnements"** oder **„traité par ionisation"**.

Auf einer deutschen Verpackung würde stehen **„bestrahlt"** oder **„mit ionisierenden Strahlen behandelt"**.

Die Bestrahlung von Lebensmitteln mit Strahlung aus radioaktiven Quellen ist gesetzlich geregelt. Nur getrocknete Gewürze dürfen in Deutschland bestrahlt werden. In ungefähr der Hälfte der EU-Mitgliedsstaaten ist es erlaubt, bestimmte Nahrungsmittel zu bestrahlen. Nach Deutschland dürfen auf diese Weise behandelte Waren nicht importiert werden.

Zum Einsatz kommen die Gammastrahler Cobalt-60 und Cäsium-137. Die bestrahlten Lebensmittel werden dabei selbst nicht radioaktiv.

Warum wird bestrahlt?

Bakterien, Schimmelpilze, Ungeziefer bei Gewürzen oder in Getreide, Salmonellen in Geflügel und Fisch werden mit der Bestrahlung abgetötet. Die Reifedauer von Obst und Gemüse wird hinausgezögert. Die Lagerzeiten können dadurch verlängert werden. Das kann allerdings zur Folge haben, dass die in den Produkten enthaltenen Vitamine zum Teil schon abgebaut sind, bevor sie beim Verbraucher zum Verzehr kommen.

Verkeimtes Flüssig-Ei kann durch Bestrahlung wieder in den Handel gelangen, weil Bakterien abgetötet wurden.

Schädlichkeit

Über die gesundheitsschädigenden Wirkungen bestrahlter Lebensmittel gehen die Meinungen auseinander. Langzeitwirkungen sind noch nicht ausgiebig erforscht worden.

Aufgabe

1 Recherchiere Argumente für und gegen die Bestrahlung von Lebensmitteln (Internet …).

Anreicherung

Erhöht sich in der Schilddrüse der Iod-131-Anteil, dann kann die Schilddrüse erkranken. Kommt es zu einer vermehrten Aufnahme radioaktiver Isotope z. B. von Strontium oder Cäsium, dann kann eine Anreicherung dieser radioaktiven Isotope die Folge sein.

Künstliche Strahlungsquellen

Der Mensch ist noch weiteren radioaktiven Strahlungsquellen ausgesetzt. Für diese Strahlungsquellen sind wir Menschen selbst verantwortlich. Wir können uns diesen Strahlungsquellen zum Teil aber auch entziehen. Zur Heilung von Krebs kann Strahlung eingesetzt werden. Die radioaktive Strahlungsquelle wird von außen auf den Tumor im Körperinneren gerichtet. Die Strahlung dringt in den Körper ein und zerstört den Tumor.
Eine andere Tumortherapie ist die Bor-Neutroneneinfang-Therapie. Ein bestimmtes Bor-Isotop, das besonders gut Neutronen einfängt, wird über chemische Verbindungen in den Körper gebracht. Diese chemischen Verbindungen lagern sich im Krebsgewebe ab. Wird nun von außen das Tumorgewebe mit Neutronen beschossen, so fängt das zuvor eingebrachte Bor-Isotop diese Neutronen ein. Durch den Neutroneneinfang wird das Bor-Isotop radioaktiv. Es sendet α-Strahlung aus. Da α-Strahlung in menschlichem Gewebe nur eine sehr geringe Reichweite hat, wird nur der Tumor zerstört. Gesunde Zellen werden nicht beeinträchtigt. Bei dieser

Therapie wird eine innere Strahlungsquelle von außen „angeschaltet".
Bei allen Strahlungstherapien steht der heilende Erfolg gegenüber einer Strahlenbelastung im Vordergrund.
Kernkraftwerke, die Kernwaffenversuche der 60er-Jahre und der Reaktorunfall in Tschernobyl erhöhen ebenfalls die Strahlungsbelastung.
Aus dem Erdboden und den Baumaterialien für Häuser entweichen ständig in kleinen Mengen radioaktive Stoffe. Besonders häufig ist dabei das Edelgas Radon (Rn-222). Es wird vom Menschen über die Atemluft aufgenommen. Bei schlecht gelüfteten Wohnungen kann die Radonkonzentration in der Atemluft ansteigen.

▶ Der Mensch ist überall und zu jeder Zeit radioaktiver Strahlung ausgesetzt. Die Größe der Belastung hängt von der Umgebung und den Lebensgewohnheiten ab.

Aufgaben

1 Warum besitzt der Mensch eine Eigenstrahlung?

2 Erkläre die Begriffe: äußere und innere Bestrahlung, äußere und innere Strahlungsquelle, natürliche und künstliche Strahlungsquelle.

3 Beschreibe eine Nahrungskette, bei der radioaktive Stoffe in den menschlichen Körper gelangen können.

a) chemische Verbindung mit Bor-Isotopen

gesundes Gewebe

Tumor

Blutbahn

b) Neutronen-Beschuss

gesundes Gewebe

Tumor

α-Strahlung

1 Neutroneneinfangtherapie

2 Belastungspfade

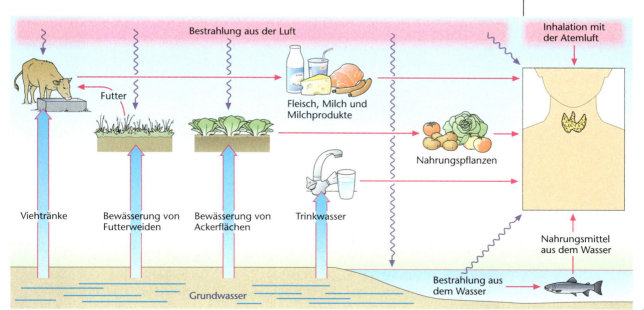

Bestrahlung aus der Luft — Inhalation mit der Atemluft

Futter

Fleisch, Milch und Milchprodukte

Nahrungspflanzen

Viehtränke — Bewässerung von Futterweiden — Bewässerung von Ackerflächen — Trinkwasser

Nahrungsmittel aus dem Wasser

Bestrahlung aus dem Wasser

Grundwasser

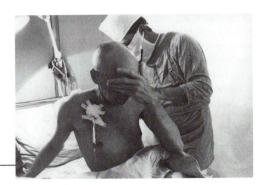

1 Strahlenopfer

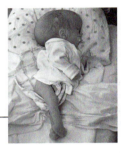
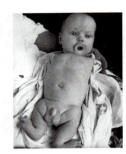

2 Strahlenopfer mit genetischen Schäden

Strahlenschäden

Beim Umgang mit radioaktiven Stoffen ist größte Sorgfalt angebracht, da sie eine schädigende Wirkung haben können. Trifft von diesen Stoffen ausgehende Strahlung auf lebende Zellen, so wird Energie auf die Moleküle der Zellen übertragen. Es können Wassermoleküle oder die DNS betroffen sein. Da eine Zelle zum größten Teil aus Wasser besteht, werden sehr oft Wassermoleküle von der Strahlung getroffen. Dabei werden die Molekülstrukturen verändert. In der Folge kann es zu Stoffwechselstörungen in der Zelle kommen.

Trifft Strahlung auf die DNS-Moleküle, dann kann entweder eine Körperzelle oder eine Keimzelle betroffen sein. Ist eine Körperzelle betroffen, dann wird möglicherweise der Mechanismus zum Bau von neuen Körperzellen gestört. Krankheiten können die Folge sein.

Früh- und Spätschäden durch Strahlung

Frühschäden bei einer Strahlenerkrankung können Übelkeit, Hautrötung, Erbrechen, Durchfall, Haarausfall und Geschwüre sein. Schwere Krankheiten wie Unfruchtbarkeit, Schädigung des Knochenmarks und Krebs können ebenfalls auftreten. Diese Krankheiten können in sehr kurzer Zeit oder erst Jahre später auftreten. Eine Zuordnung zu einem bestimmten radioaktiven Bestrahlungsfall ist so nicht mehr möglich.

Genetische Schäden

Es kann sein, dass Strahlung die DNS einer Keimzelle trifft (▷B 3). Die DNS ist die Trägerin der Erbinformationen. Wird die DNS geschädigt, kann es zu einer Veränderung der Erbinformationen in den Chromosomen der Keimzelle kommen.
Solche Veränderungen der Erbinformationen werden in der Fachsprache der Biologen Mutationen genannt. Diese genetischen Schäden werden vererbt und wirken sich deshalb bei den nachfolgenden Generationen aus.

▶ Strahlung aus radioaktiven Quellen kann lebende Zellen schädigen. Genetische Schädigungen werden an die nächsten Generationen weitergegeben.

Keine Abhärtung gegen Strahlung

Ob wir mit dem Handy telefonieren, Radio hören oder uns in der Sonne bräunen, immer sind wir von Strahlung umgeben. Dabei handelt es sich bei den genannten Beispielen um elektromagnetische Strahlung. Auch das sichtbare Licht, ultraviolette Strahlung und Infrarotstrahlung sind elektromagnetische Strahlung, ebenso die Gammastrahlung und die Röntgenstrahlung.
Gegen viele dieser Strahlungen musst du dich schützen. Gegen die ultraviolette Strahlung schützt du dich z. B. mit einer Sonnenbrille und Sonnencreme. Auch gegen die Strahlung aus radioaktiven Quellen ist Schutz möglich. Gegen α-Strahlung helfen ein Mundschutz, Handschuhe oder ein Abstand von 10 cm zur Strahlungsquelle.

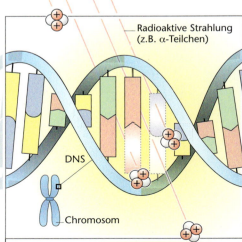

3 Besonders gefährdet – die Erbinformation der DNS.

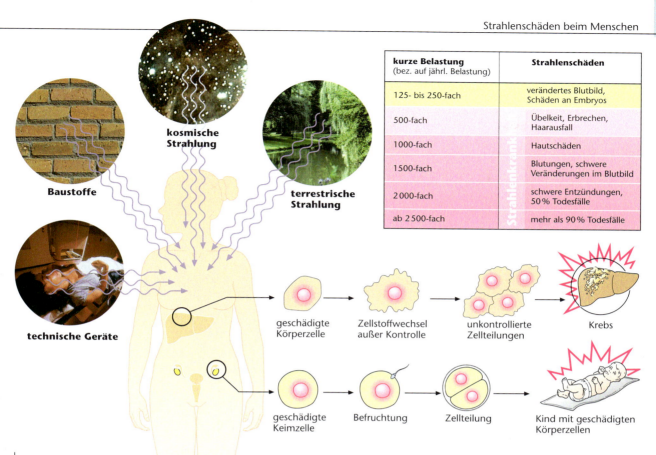

kurze Belastung (bez. auf jährl. Belastung)	Strahlenschäden
125- bis 250-fach	verändertes Blutbild, Schäden an Embryos
500-fach	Übelkeit, Erbrechen, Haarausfall
1000-fach	Hautschäden
1500-fach	Blutungen, schwere Veränderungen im Blutbild
2000-fach	schwere Entzündungen, 50 % Todesfälle
ab 2500-fach	mehr als 90 % Todesfälle

4 Alltägliche Strahlenbelastung

Um dich gegen die β-Strahlung wirkungsvoll zu schützen, benötigst du mindestens eine 4 mm dicke Aluminiumschicht oder einen Abstand von mindestens 10 Meter zur Strahlungsquelle.

Mit dicken Bleischichten kannst du dich gegen Gammastrahlung schützen.

Wenn es zu einer radioaktiven Bestrahlung kommt, dann sollte die Bestrahlungsdauer möglichst kurz sein.

Eine Abhärtung gegen α-, β- oder γ-Strahlung gibt es nicht. Man kann sich an diese Strahlungsarten auch nicht gewöhnen.

Strahlenbelastung – Strahlenschäden

Der Mensch ist ständig einer radioaktiven Strahlungsbelastung ausgesetzt (▷ B 4). Diese Umgebungsstrahlung kommt von der Strahlung aus dem Weltall und der terrestrischen Strahlung.

Die Strahlungsbelastung kann je nach den persönlichen Lebensgewohnheiten kleiner oder größer sein.

Nimmt man die natürliche durchschnittliche Strahlungsbelastung pro Jahr in der Bundesrepublik Deutschland als Bezugsgröße, so ergeben sich folgende Faktoren. Bei 30 Flugstunden in 10 km Höhe steigt die Strahlungsbelastung um den Faktor 1,04. Wohnt eine Person in Natursteinbauten, so kann sich die Strahlungsbelastung verdoppeln (Faktor 2).

Ist die Umgebungsstrahlung 80-mal größer als die natürliche durchschnittliche Strahlungsbelastung eines Bundesbürgers, dann gehen die Wissenschaftler heute davon aus, dass eine hohe Wahrscheinlichkeit besteht, an Krebs zu erkranken.

Erhält eine Person in kurzer Zeit das 400fache der jährlichen natürlichen Strahlungsbelastung, kommt es zu einer Strahlenkrankheit. Der Krankheitsverlauf beginnt mit Appetitlosigkeit, Kopfschmerzen, Übelkeit und Erbrechen. In den folgenden Tagen kann es zu inneren Blutungen, blutigen Durchfällen und Haarausfall kommen.

Aufgaben

1 Welche Wirkung kann radioaktive Bestrahlung auf Zellen haben?

2 Nenne Früh- und Spätschäden am menschlichen Körper aufgrund radioaktiver Bestrahlung.

3 Warum sind genetische Schäden besonders schwerwiegend?

Geschichte: Die Kernspaltung wird entdeckt

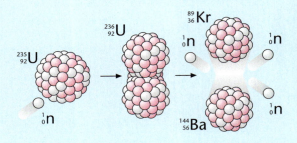

$$^{235}_{92}U + {}^{1}_{0}n \rightarrow {}^{236}_{92}U \rightarrow {}^{89}_{36}Kr + {}^{144}_{56}Ba + 3 \cdot {}^{1}_{0}n + \text{Energie}$$

1 Kernspaltung von Uran-235

3 OTTO HAHN und FRITZ STRASSMANN

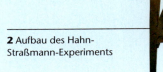

2 Aufbau des Hahn-Straßmann-Experiments

Eine Entdeckung und ihre Folgen

Berlin 1938: Die beiden Chemiker OTTO HAHN (1879–1968) und FRITZ STRASSMANN (1902–1980) führten Versuche durch, bei denen sie durch Beschuss von Uranatomen mit Neutronen neue, massereichere Elemente erzeugen wollten (▷ B 2). Mit großem Erstaunen stellten sie bei ihren Experimenten fest, dass keine massereichen Atome entstanden. Stattdessen entstanden Elemente mit kleineren Ordnungszahlen, Barium und Krypton. OTTO HAHN schickte die Ergebnisse an seine langjährige Mitarbeiterin, die Physikerin LISE MEITNER (1878–1968). Diese hatte als Jüdin nach 1933 wie viele andere jüdische Wissenschaftler Deutschland verlassen. Sie arbeitete nun in Schweden. Als sie die Ergebnisse erhielt, folgerte sie, dass es sich um eine **Kernspaltung** handeln musste. Die beschossenen Urankerne mussten in zwei Teile zerbrochen sein: *„It seems therefore possible that the uranium nucleus has only small stability of form, and may, after neutron capture, divide itself into two nuclei of roughly equal size."* Sie berechnete auch die dabei freigesetzte Energie.

Nobelpreis für OTTO HAHN

OTTO HAHN erfuhr als Kriegsgefangener in England aus dem Radio, dass ihm der Nobel-Preis für Chemie für 1944 verliehen worden war. Erst nach dem Krieg und nach seiner Entlassung aus der Kriegsgefangenschaft konnte er den Preis 1946 in Stockholm entgegennehmen.

Eine neue Energiequelle

Schnell erkannte man, dass man mit der Kernspaltung eine neue, große Energiequelle schaffen konnte. Jeder gespaltene Urankern liefert 2 bis 3 neue Neutronen (▷ B 1), die wiederum 2 bis 3 Urankerne spalten können. Dann hat man 4 bis 9 Neutronen, die Urankerne spalten können usw.

Diese Kettenreaktion zwischen Urankernen läuft so schnell ab, dass in Sekundenbruchteilen ungeheure Energiemengen frei werden.

Auswirkungen auf die Politik

Die damaligen Kriegsgegner Deutschlands, vor allem Briten und Amerikaner, befürchteten, dass deutsche Wissenschaftler eine neue Waffe bauen könnten.

Die USA begannen daher eine **Atombombe** zu entwickeln.

Dem in den USA lebenden Italiener ENRICO FERMI war es schon 1942 gelungen, eine „Uranbatterie", eine Art ersten Kernreaktor, zu bauen: Er hatte dabei eine künst-

4 Atombombenexplosion

5 Das zerstörte Hiroshima

liche Kettenreaktion mithilfe von Neutronen in Gang gesetzt. Diese Entwicklung war eine wesentliche Grundlage für die Herstellung der Atombombe.

Die Entwicklung der Atombombe

Der dänische Physiker Niels Bohr, Enrico Fermi und der Amerikaner Robert Oppenheimer gehörten zu den führenden Wissenschaftlern in den USA. Gemeinsam mit zahlreichen anderen aus Europa geflohenen Wissenschaftlern gelang ihnen in einer einsamen Berglandschaft in Los Alamos im US-Staat New Mexiko der Bau einer Test-Atombombe. Sie wurde am 16. Juli 1945 zur Explosion gebracht. Die Sprengkraft und Hitze waren so gewaltig, dass Steinoberflächen schmolzen und noch in fast 20 km Entfernung Beobachter durch die Druckwelle umgerissen wurden. Die Amerikaner besaßen nun die mächtigste Waffe, die bis dahin gebaut worden war.

Die Folgen

Noch während seiner Gefangenschaft erfuhr Otto Hahn, dass am 6. August 1945 eine Atombombe die japanische Stadt Hiroshima vernichtet hatte (▷ B 5). Drei Tage später zerstörte die zweite Atombombe den größten Teil der japanischen Stadt Nagasaki.
Hunderttausende Menschen kamen bei den Explosionen ums Leben. Noch mehr Menschen starben oder erkrankten an den Folgen der Freisetzung radioaktiver Stoffe. Schädigungen des Erbgutes führten in der Nachkommenschaft der Überlebenden zu erheblichen gesundheitlichen Schäden. Noch heute sterben Nachfahren der Opfer an den Spätfolgen der ersten Atombombenexplosionen.

Als Entdecker der Kernspaltung fühlte sich Otto Hahn mitverantwortlich für die möglichen Folgen eines weltweiten Aufrüstens mit Atomwaffen. Auch andere Wissenschaftler, z. B. Robert Oppenheimer, warnten vor dem weiteren Ausbau der Atomwaffen. Sie fanden jedoch kein Gehör. Das Wettrüsten zwischen Ost und West begann.

Proteste gegen Atomwaffen

Nach Ende des 2. Weltkrieges wurden viele Jahre lang Atombomben versuchsweise zur Explosion gebracht.
Diese Tests fanden zwar in einsamen Gegenden statt (in Wüstengebieten, in Sibirien und auf Inseln im Pazifischen Ozean). Doch die freigesetzten radioaktiven Stoffe wurden durch Wind und Regen auf der gesamten Erdoberfläche verteilt. Überall kam es zu Protesten gegen die Verseuchung mit radioaktiven Schadstoffen.

Forderungen nach einer Beendigung aller Atomtests wurden laut. Aber erst 1963 wurde das Teststoppabkommen für Atomwaffen von den USA, Großbritannien und der Sowjetunion abgeschlossen; Frankreich und China haben das Abkommen später unterzeichnet.

Proteste gegen friedliche Nutzung der Kernenergie

Die Angst vor den Gefahren radioaktiver Strahlung führte dazu, dass viele Menschen auch gegen die friedliche Nutzung der Kernenergie protestierten. Unfälle in Kernkraftwerken und deren Folgen schienen ihnen Recht zu geben.
Inzwischen haben mehrere Länder beschlossen, die friedliche Nutzung der Kernenergie aufzugeben.

6 Nils Bohr

1 Labor einer Forschungseinrichtung mit Neutronenquelle

Neue Elemente

Nachdem 1932 der Engländer JAMES CHADWICK (1891–1974) das Neutron entdeckt hatte, erkannte der italienische Physiker ENRICO FERMI (1901–1954) schnell den Nutzen der Neutronen für den Beschuss von Atomkernen. Da Neutronen elektrisch neutral sind, dringen sie leicht in den Atomkern ein. α-Teilchen dagegen werden wegen ihrer zweifach positiven

Uran	U	92
Neptunium	Np	93*
Plutonium	Pu	94
Americium	Am	95*
Curium	Cm	96*
Berkelium	Bk	97*
Californium	Cf	98*
Einsteinium	Es	99*
Fermium	Fm	100*
Mendelevium	Md	101*
Nobelium	No	102*
Lawrencium	Lw	103*
Kurtschatowium	Ku	104*
Hahnium	Ha	105*
Seaborgium	Sg	106*
Bohrium	Bh	107*
Hassium	Hs	108*
Meitnerium	Mt	109*

* Elemente, die ausschließlich künstlich erzeugt worden sind.

2 Transurane

Ladung vom Kern abgestoßen. Sie sind daher als Beschussmaterial weniger geeignet. Wissenschaftler begannen Elemente (z. B. Uran) mit Neutronen zu beschießen. Es kam zu Kernumwandlungen, ein vom Urankern eingefangenes Neutron wandelt sich z. B. im Kern in ein Proton und ein Elektron um. Das Elektron verlässt den Kern. Das neue Element hat somit 93 Protonen und ist deshalb schwerer als Uran. Es hat den Namen Neptunium.

Alle Elemente mit einer Protonenzahl, die größer als 92 ist, werden Transurane genannt (▷ B 2).

Kernspaltung

Auch OTTO HAHN (1879–1968), LISE MEITNER (1878–1968) und FRITZ STRASSMANN (1902–1980) versuchten neue Elemente zu erzeugen, deren Kerne schwerer als Urankerne sind.

Durch den Neutronenbeschuss von Uran, erhielten die Wissenschaftler zu ihrem großen Erstaunen jedoch keine schwereren Elemente. Stattdessen fanden sie Elemente, die leichter waren. So konnten sie kleine Mengen Barium nachweisen. Barium hat nur 56 Protonen, ist also wesentlich leichter als Uran.

Sie vermuteten, dass der Urankern durch den Beschuss mit Neutronen zerplatzt war. Tatsächlich konnten sie kurze Zeit später das zweite Bruchstück nachweisen: Der Urankern (92 Protonen) war in Barium (56 Protonen) und Krypton (36 Protonen) gespalten worden.

Durch genauere Untersuchungen und Berechnungen fanden die Wissenschaftler heraus, dass lediglich das Uranisotop U-235 gespalten worden war, das nur zu einem sehr kleinen Prozentsatz im Natururan vorkommt.

▷ Uran kommt in der Natur immer als Isotopengemisch vor: Uran-238 zu 99,275 %, Uran-235 zu 0,72 % und Uran-234 zu 0,005 %.

Spaltprodukte

Bei der Spaltung von Uran-235 entstehen verschiedene Spaltprodukte. Zusätzlich werden 2 oder 3 Neutronen freigesetzt (▷ B 4). Im Bild 5 siehst du weitere Spaltmöglichkeiten.

Dabei wird gleichzeitig eine große Menge an Energie freigesetzt, und zwar in Form von Bewegungsenergie der Spaltprodukte und der Neutronen sowie in Form von Gammastrahlung.

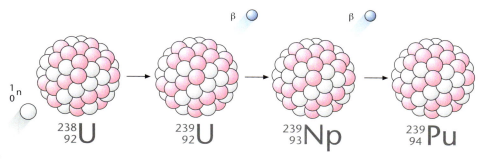

| **3** Kernumwandlung

Auf die Geschwindigkeit kommt es an

Uranisotope lassen sich mit Neutronen besonders leicht spalten. Erstaunlicherweise spalten aber nicht alle Neutronen die Uranisotope gleich gut. Es kommt auf die Geschwindigkeit der Neutronen an. Mit langsamen Neutronen, sie haben eine Geschwindigkeit von ca. 2 km/s, lässt sich besonders gut das Uranisotop mit der Nukleonenzahl 235 spalten.
Uran-238 lässt sich nur mit sehr schnellen Neutronen (mindestens 20 000 km/s) spalten.

Mehr Energie und mehr Neutronen

Bei der Spaltung von Urankernen werden folgende Beobachtungen gemacht:
1. Uran-235 kann durch langsame Neutronen besonders gut gespalten werden.
2. Bei der Spaltung von Uran wird mehr Energie frei, als zum Beschuss mit Neutronen aufgewendet werden muss.
3. Für jede einzelne Uranspaltung wird nur ein Neutron gebraucht. Es werden aber 2 bis 3 Neutronen frei. Diese Neutronen können weitere Spaltungen verursachen.

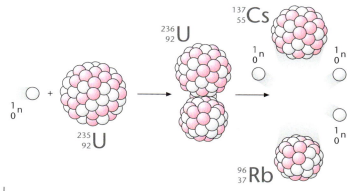

| **4** Spaltung von U-235 in Cäsium und Rubidium

$${}^{235}_{92}U + {}^{1}_{0}n \longrightarrow {}^{147}_{60}Nd + {}^{86}_{32}Ge + 3\,{}^{1}_{0}n$$

$${}^{235}_{92}U + {}^{1}_{0}n \longrightarrow {}^{89}_{36}Kr + {}^{144}_{56}Ba + 3\,{}^{1}_{0}n$$

$${}^{235}_{92}U + {}^{1}_{0}n \longrightarrow {}^{85}_{34}Se + {}^{148}_{58}Ce + 3\,{}^{1}_{0}n$$

$${}^{235}_{92}U + {}^{1}_{0}n \longrightarrow {}^{103}_{42}Mo + {}^{131}_{50}Sn + 2\,{}^{1}_{0}n$$

$${}^{235}_{92}U + {}^{1}_{0}n \longrightarrow {}^{137}_{53}I + {}^{96}_{39}Y + 3\,{}^{1}_{0}n$$

$${}^{235}_{92}U + {}^{1}_{0}n \longrightarrow {}^{137}_{55}Cs + {}^{96}_{37}Rb + 3\,{}^{1}_{0}n$$

$${}^{235}_{92}U + {}^{1}_{0}n \longrightarrow {}^{90}_{36}Kr + {}^{144}_{56}Ba + 2\,{}^{1}_{0}n$$

$${}^{235}_{92}U + {}^{1}_{0}n \longrightarrow {}^{135}_{52}Te + {}^{98}_{40}Zr + 3\,{}^{1}_{0}n$$

$${}^{235}_{92}U + {}^{1}_{0}n \longrightarrow {}^{133}_{51}Sb + {}^{101}_{41}Nb + 2\,{}^{1}_{0}n$$

$${}^{235}_{92}U + {}^{1}_{0}n \longrightarrow {}^{129}_{51}Sb + {}^{104}_{41}Nb + 3\,{}^{1}_{0}n$$

| **5** Spaltmöglichkeiten von U-235

Aufgaben

1 Rhodium kann sich durch Neutronenbeschuss in Palladium umwandeln. Vervollständige die Reaktionsgleichung. Verwende dabei das Periodensystem.

$${}^{103}_{45}Rh + {}^{1}_{0}n \longrightarrow {}^{104}_{?}Pd + e^-$$

2 Uran-235 kann durch Neutronenbeschuss gespalten werden. Vervollständige die Reaktionsgleichungen. Verwende dabei das Periodensystem.

$${}^{235}_{92}U + {}^{1}_{0}n \longrightarrow {}^{143}_{54}Xe + {}^{90}_{?} + 3\cdot{}^{1}_{0}n$$

$${}^{235}_{92}U + {}^{1}_{0}n \longrightarrow {}^{147}_{57}La + {}^{87}_{?} \underline{} + \underline{}$$

| **6** Nur nicht zu schnell, sonst klappt die Spaltung nicht.

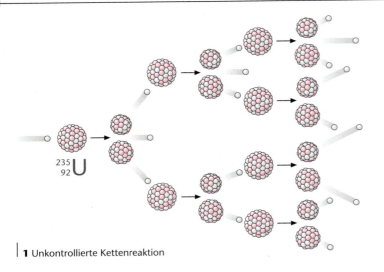

$^{235}_{92}$U

1 Unkontrollierte Kettenreaktion

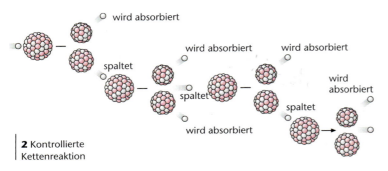

wird absorbiert

spaltet

wird absorbiert

wird absorbiert

spaltet

wird absorbiert

wird absorbiert

spaltet

2 Kontrollierte Kettenreaktion

Kettenreaktion
Stelle dir eine Reihe von hintereinander aufgestellten Dominosteinen vor.

Wird der erste Stein in Richtung des nächsten Steines gekippt, fällt ein Stein nach dem anderen um. Eine Kettenreaktion ist in Gang gekommen.
Übertragen wir dieses Modell auf unsere Neutronen bei der Kernspaltung.

Kontrollierte Kettenreaktion
Für die kontrollierte Kettenreaktion kann das Domino-Modell als Anschauung dienen. Jedes Steinchen wirft immer nur ein anderes um. Man könnte sagen, das Umkippen der Steine geht ganz gleichmäßig

und geregelt vor sich. Bei der kontrollierten Kettenreaktion funktioniert es ähnlich. Wie du weißt, werden bei jeder Uranspaltung im Durchschnitt 2 bis 3 Neutronen frei. Für eine Spaltung wird aber nur 1 Neutron benötigt. Die übrigen Neutronen muss man einfangen, damit es zu einer kontrollierten Kettenreaktion kommt (▷ B 2).

Unkontrollierte Kettenreaktion
Spaltet jedes der 2 bis 3 Neutronen wieder einen Urankern, dann wächst die Zahl der Spaltungen schnell an (▷ B 1). In Bruchteilen von Sekunden wird so eine riesige Energiemenge freigesetzt. Das geschieht z. B. bei einer Atombombe.

Kritische Masse
Neutronen, die bei einer Uranspaltung freigesetzt werden, können einen Uranblock durch dessen Oberfläche verlassen, bevor sie eine Spaltung verursachen. Verlassen mehr Neutronen das Uran als neue durch Spaltung hinzukommen, kommt keine Kettenreaktion zustande (▷ B 3).

Ob eine Kettenreaktion möglich ist, hängt von der Form und Masse des Uranblocks ab. Die Mindestmasse, ab der eine Kettenreaktion möglich ist, nennt man kritische Masse. Sie beträgt für reines Uran-235 in Kugelform ca. 50 kg. Eine Kugel mit dieser Masse hat ungefähr einen Durchmesser von ca. 17 cm.

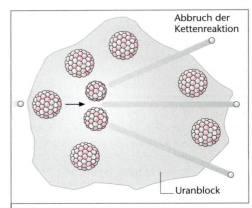

Abbruch der Kettenreaktion

Uranblock

3 Ist die kritische Masse nicht erreicht, dann bricht die Kettenreaktion ab.

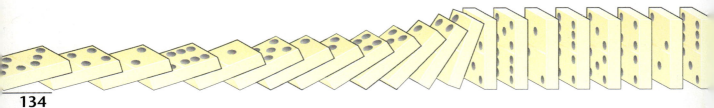

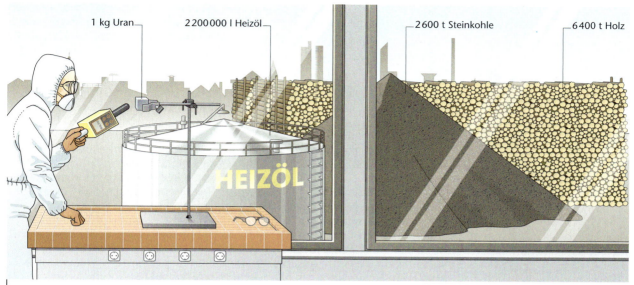

4 Um auf die Energie zu kommen, die bei der Spaltung von 1 kg U-235 frei wird, benötigt man große Mengen konventioneller Brennstoffe.

Keine Kettenreaktion im Natur-Uran

Im Natururan kann es aus zwei Gründen zu keiner Kettenreaktion kommen. Zunächst muss ein Anfangsneutron für die erste Spaltung vorhanden sein. Dieses Neutron kann der Höhenstrahlung oder einem Spontanzerfall eines Urankerns, was sehr selten ist, entstammen. Dieses Anfangsneutron muss jedoch die richtige Geschwindigkeit besitzen, um Uran-235 spalten zu können. Normalerweise ist die Geschwindigkeit aber zu groß.

Ein weiteres Problem sind die Uran-238-Kerne. Sie absorbieren freie Neutronen, bevor diese einen Uran-235-Kern spalten können (▷ B 5). Aufgrund der großen Zahl von Uran-238-Kernen ist die Wahrscheinlichkeit nämlich sehr gering, dass ein Neutron auf einen Uran-235-Kern trifft. So kommen auf einen U-235-Kern ca. 142 U-238-Kerne.

Freigesetzte Energie

Die bei der Spaltung von 1 kg Uran-235 freigesetzte Energie entspricht 23 000 000 kWh. Das entspricht ca. der Energie, die bei der Verbrennung von 2 600 t Steinkohle, 6 400 t Holz oder 2 200 000 l Heizöl frei wird.

Mit dieser Energiemenge könnte man 1 000 Einfamilienhäuser ein Jahr lang beheizen.

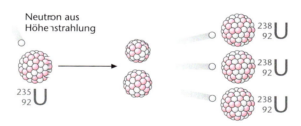

5 Kernspaltung mithilfe der Höhenstrahlung

Aufgaben

1 Mit welchen Neutronen lässt sich Uran-235 besonders gut spalten?

2 Warum kann im Natururan keine Kettenreaktion von selbst ablaufen?

3 Was versteht man unter der kritischen Masse?

1 Kernkraftwerk

Vergleich von Wärmekraftwerken

In konventionellen Kraftwerken wird Wasser durch Verbrennen von Kohle, Öl oder Gas verdampft. In Kernkraftwerken geschieht dies mithilfe der Kernspaltung. Die Herstellung des Wasserdampfs erfolgt im Reaktorgebäude (▷B 2).

Ein weiterer Unterschied zwischen einem Kernkraftwerk und einem konventionellen Kraftwerk ist die Art der Umweltbelastung.

Bei der Verbrennung fossiler Brennstoffe entsteht viel Kohlendioxid. Kohlendioxid wird von Wissenschaftlern für den Treibhauseffekt und somit für die Veränderung des Weltklimas verantwortlich gemacht. Zudem können bei der Verbrennung Schwefel- und Stickstoffverbindungen in die Luft entweichen. Diese Verbindungen werden für den sauren Regen mitverantwortlich gemacht.

Bei Kernkraftwerken gelangt immer etwas Radioaktivität in die Umwelt. Diese Belastung ist jedoch sehr gering. Die viel größere Schwierigkeit ist die Beseitigung der benutzten radioaktiven Stoffe. Diese bleiben für sehr lange Zeit hoch radioaktiv.

Aufbau von Kernkraftwerken

Im Reaktorgebäude befindet sich das Reaktordruckgefäß. Es enthält die Brennelemente mit dem Kernbrennstoff, die in Wasser eintauchen. Im Druckbehälter wird durch Kernspaltungen Energie freigesetzt. Dadurch erhitzt sich das Wasser auf Temperaturen von über 300 °C. Der hohe Druck im Druckbehälter verhindert das Sieden des Wassers. Das heiße Wasser wird durch den Wärmetauscher geleitet und fließt von dort aus zurück in den Druckbehälter (Primärkreislauf).

Im Wärmetauscher überträgt das heiße Wasser einen Teil seiner Energie auf das Wasser in einem zweiten, unabhängigen Kreislauf (Sekundärkreislauf). Das Wasser im Wärmetauscher verdampft und treibt so eine Turbine an, die mit einem Generator gekoppelt ist. Dieser wandelt die mechanische Energie der Turbine in elektrische Energie um. Nachdem der Dampf Energie abgegeben hat, wird er an wassergekühlten Rohren vorbeigeleitet, kondensiert wieder zu Wasser und gelangt zurück in den Wärmetauscher. Das dabei in den Rohren erwärmte Wasser wird in Kühltürmen wieder abgekühlt.

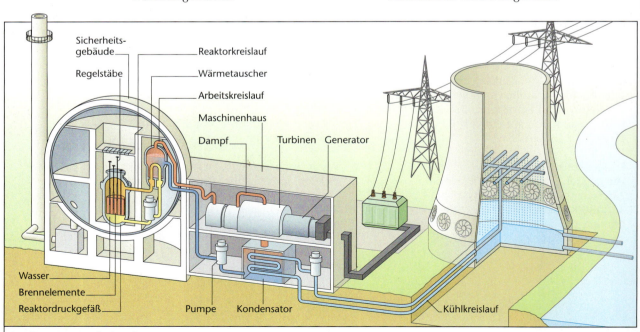

2 Aufbau eines Kernkraftwerks

Brennstoff-
tablette

ca. 10 mm

ca. 10 mm

Brennstab mit
350 Brennstoff-
tabletten
(Höhe ca. 4 m)

Brennelement mit
200 Brennstäben
(Höhe ca. 4,5 m)

Regel-
stäbe

Brenn-
stäbe

3 Aufbau eines Brenn-
elements

4 Geöffneter Reaktorkern

Tabletten im Reaktordruckbehälter

Das Uran wird in Tablettenform gepresst.
Diese Brennstofftabletten befinden sich
in den **Brennstäben**. Ungefähr 200 Brenn-
stoffstäbe werden zu einem **Brennelement**
zusammengefasst (▷ B 3). Hunderte von
Brennelementen bilden den Reaktorkern,
der vom Reaktordruckgefäß umgeben ist.

Spaltvorgänge

Bei der Spaltung eines Uran-235-Kerns
werden 2 bis 3 Neutronen frei.
Weil U-238 Neutronen einfängt, muss die
Wahrscheinlichkeit erhöht werden, dass
ein Neutron auf einen U-235-Kern trifft.
Dies geschieht dadurch, dass der Anteil
von U-235 von 0,7 % auf 2 bis 4 % erhöht
wird.
Man sagt, das Uran wird angereichert.

Gut moderiert

Da Uran-235 besonders gut von langsamen Neutronen gespalten wird, müssen
die Neutronen abgebremst werden. Dies
geschieht mit einer Bremssubstanz, dem
so genannten **Moderator**. In vielen Reak-
tortypen ist dies normales Wasser, das die
Brennstäbe umgibt (▷ B 5). Eine andere
Möglichkeit ist Graphit. Die Brennstäbe
müssen einen so kleinen Durchmesser haben, dass die Neutronen möglichst schnell
den Brennstab verlassen können, bevor
sie von Uran-238 absorbiert werden. Dann
müssen sie im Wasser abgebremst werden
um schließlich wieder in einen Brennstab
zu gelangen und weitere Spaltungen vor-
zunehmen.
Fehlt der Moderator, nimmt die Zahl der
Kernspaltungen ab. Der Reaktor setzt immer weniger Energie frei. Er „schaltet" sich
von selbst ab.

Regelstäbe

Damit die kontrollierte Kettenreaktion
gesteuert werden kann, befinden sich
zwischen den Brennstäben die Regelstäbe.
Diese bestehen aus Bor oder Cadmium.
Beide Stoffe haben die Eigenschaft Neutronen einzufangen. Befinden sich die Stäbe
zwischen den Brennstäben, kommt die
Kettenreaktion zum Erliegen.

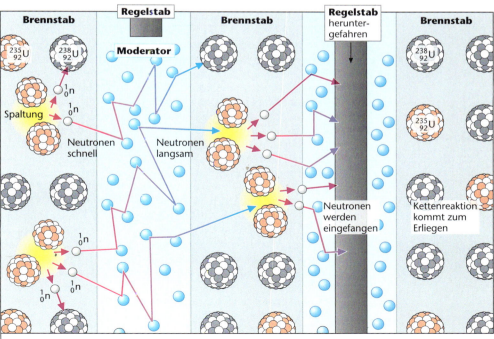

5 Der Moderator bremst die Neutronen ab, die Regelstäbe steuern die Anzahl der Kernspaltungen.

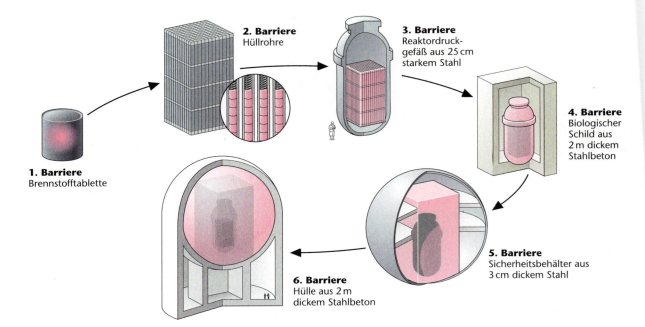

1 Sicherheitsbarrieren eines Kernkraftwerks

Sicherheitsbarrieren

Ein Kernkraftwerk muss so gesichert sein, dass im Normalbetrieb weder Strahlung noch radioaktive Stoffe in die Umwelt gelangen. Gleiches muss auch für den Fall eines Reaktorunfalls, eines technischen Defekts oder eines Bedienungsfehlers durch das Kraftwerkspersonal gelten. Sogar die Möglichkeit terroristischer bzw. kriegerischer Angriffe ist zu berücksichtigen.

Im Kernkraftwerk gibt es mehrere Sicherheitsbarrieren (▷ B 1). Die erste ist die Brennstofftablette selbst. Das Uranoxid als Kernbrennstoff ist so in Tablettenform gepresst, dass die Spaltprodukte eingeschlossen bleiben. Als zweite Barriere dient der Brennstab. In ihm sind die Brennstofftabletten gasdicht eingeschlossen. Spätestens das die Brennstäbe umspülende Wasser schirmt die α- und die β-Strahlung ab. Als dritte Sicherung dient das Reaktordruckgefäß. Es besteht aus bis zu 25 cm starkem Stahl und lässt nur sehr wenig γ-Strahlung hindurch. Umgeben werden das Reaktordruckgefäß und der Dampferzeuger von einer bis zu 2 m dicken Stahlbetonabschirmung (vierte Sicherheitsbarriere). Damit werden fast die gesamte Gammastrahlung sowie die frei werden den Neutronen abgeschirmt.

Der gesamte kerntechnische Teil des Kraftwerks wird von einer Kugel aus 3 cm dickem Stahl umgeben. Diese fünfte Sicherheitsbarriere ist so dimensioniert, dass bei einem Störfall das verdampfende Kühlmittel aufgenommen werden kann.
Auch dieser Sicherheitsbehälter ist von einer 2 m dicken Stahlbetonhülle umgeben. Sie soll den Reaktor gegen Einwirkungen von außen sichern.

▶ Die Freisetzung radioaktiver Stoffe und deren Strahlung wird durch eine mehrstufige Sicherheitsbarriere verhindert.

Doppelt hält besser

Alle wichtigen Systeme sind in einem Kernkraftwerk mehrfach vorhanden und arbeiten unabhängig voneinander. Ein beträchtlicher Schaden entstünde durch den Bruch einer Hauptkühlleitung. Selbst im Fall der sofortigen Notabschaltung des Reaktors würde in den Brennstäben eine große Wärmemenge entstehen. Aus diesem Grund gibt es mehrere Notkühlsysteme mit ausreichenden Wasservorräten.

Aufgaben

1 Beschreibe die verschiedenen Sicherheitsbarrieren, die das Austreten radioaktiver Stoffe verhindern sollen.

2 Warum sind in einem Kernkraftwerk sicherheitstechnische Systeme mehrfach vorhanden?

3 Warum gibt es in einem Kernkraftwerk ein Notkühlsystem?

1 Zerstörtes Reaktorgebäude

2 Aufräumungsarbeiten

3 Verbreitung der Radioaktivität durch Luftströmungen

„Schickt alle Feuerwehren"
„Hallo Iwankowo, wir brauchen eure Hilfe in Pripjat (Vorort der ukrainischen Hauptstadt Kiew)! Hallo?"
„Ja, wir hören euch."
„Wir brauchen euch am Atomkraftwerk. Das Dach von Block 3 und 4 brennt."
„Okay. Wir sind schon unterwegs."
„Schickt alle Feuerwehren."

Das Unvorstellbare geschieht!
Am 26. April 1986 passiert in Tschernobyl der bislang schwerste Atomunfall im Bereich der zivilen Nutzung der Kernenergie. Der Reaktorkern des Block 4 heizt sich so stark auf, dass das Reaktorgebäude explodiert. Was war geschehen?

Der Reaktor sollte zur alljährlichen Überprüfung abgeschaltet werden. Beim Herunterfahren der Reaktorleistung wollte man noch einen Test durchführen. Reicht die Rotationsenergie des Generators aus, um bei einem Stromausfall im Netz die Notkühlung so lange aufrecht zu erhalten, bis die Notstromaggregate angesprungen sind? Durch das Abschalten entsprechender Sicherheitseinrichtungen wurde die gewünschte Ausgangssituation hergestellt. Bei dem Experiment nahm plötzlich die Zahl der Kernspaltungen zu. Die Notabschaltung war außer Betrieb gesetzt wor-

den. Die Temperatur stieg schlagartig an, die Brennstäbe schmolzen und das Wasser in den Druckröhren verdampfte. Eine Explosion zerstörte das Gebäude und sprengte das Dach weg. Da das Druckgefäß und der Sicherheitsbehälter fehlten, gelangten radioaktive Stoffe bis in eine Höhe von 2 km und verteilten sich über Europa (▷ B 3).

„Wir haben getan, was wir konnten"
Die kaum gegen die Strahlung geschützten Feuerwehrleute konnten die Brände nach einigen Stunden unter Kontrolle bringen. Sie durften nur kurze Zeit arbeiten, denn am Unglücksort herrschte eine sehr hohe Strahlungsbelastung. Die radioaktive Belastung in einer Stunde war 4000-mal so groß wie die jährliche natürliche Strahlungsbelastung eines Bundesbürgers.

Evakuierung
Erst zwei Tage nach dem schrecklichen Unfall wurden alle Bewohner im näheren Umkreis des Reaktors evakuiert. Das zerstörte Kraftwerk wurde einbetoniert. Das Gebiet ist heute noch gesperrt und unbewohnbar, weil noch eine erhöhte Strahlenbelastung gemessen wird. Die Zahl der durch die Reaktorkatastrophe verursachten Todesfälle ist bis heute unbekannt.

Wind aus dem Osten
Mit dem Wind wurden radioaktive Stoffe (vor allem J-131 und Cs-137) über ganz Europa verteilt. Auch die Bundesrepublik wurde zum Teil verseucht. Gemüse auf den Feldern musste untergepflügt oder vernichtet werden. Bauern wurden angewiesen die Kühe mit Heu und nicht mehr mit frischem Gras zu füttern.

Umwelt: Entsorgung – Endlagerung – Wiederaufbereitung

Wohin mit radioaktiven Abfällen?

Wenn Brennelemente 2 bis 3 Jahre im Reaktor waren, müssen sie ausgetauscht werden. Ein „ausgebranntes" Brennelement besteht aus etwa 1 % Uran-235, 94 % Uran-238, 4 % Spaltprodukten und 1 % Plutonium und anderen Transuranen. Für die geordnete Beseitigung, die Entsorgung, kommen zwei Wege in Frage:
– die Wiederaufarbeitung der abgebrannten Brennelemente und
– die direkte Endlagerung.

2 Castorbehälter im Zwischenlager Gorleben

Die Wiederaufarbeitung ausgebrannter Brennstäbe

Die Radioaktivität ist bei der Entnahme der Brennstäbe aus den Reaktoren immer noch sehr hoch. Aus diesem Grund müssen sie zunächst etwa 1 Jahr in großen, mit gekühltem Wasser gefüllten Becken gelagert werden. Diese Abklingbecken stehen direkt neben den Reaktoren (▷ B 1). Erst dann sind sie soweit abgekühlt und ihre Aktivität ist auf weniger als ein Hundertstel des ursprünglichen Wertes abgeklungen, dass ihr Transport zu einer Wiederaufbeitungsanlage möglich ist. Durch Verträge mit Frankreich und Großbritannien war vereinbart, dass von diesen Ländern Brennelemente zur Wiederaufarbeitung angenommen werden. Doch diese Verträge liefen bereits im Jahr 2005 aus.

Was geschieht mit den ausgebrannten Brennstäben?

Die Abgabe der abgebrannten Brennelemente zur Wiederaufarbeitung nach Frankreich und Großbritannien musste Mitte 2005 beendet werden.

Neue Gesetze legten fest, dass abgebrannte Brennelemente seitdem am Standort ihres Entstehens, d. h. auf dem Gelände der Kernkraftwerke, sicher zwischenzulagern sind. Dies muss solange erfolgen, bis die Voraussetzungen für eine sichere Endlagerung geschaffen sind.

In Ausnahmefällen, falls eine Zwischenlagerung an den Kraftwerksstandorten aus technischen Gründen nicht möglich ist, stehen zwei betriebsbereite Zwischenlager in Ahaus (▷ B 2) und Gorleben zur Verfügung.
Auch stillgelegte Reakoren bieten Lagermöglichkeiten.

In den kommenden Jahren sind alle Kernkraftwerkstandorte verpflichtet, Zwischenlager zu errichten.

Die Endlagerung

Für die Endlagerung schwach- und mittelradioaktiver Abfälle wurde im Jahr 2007 ein Eisenerzlager im Bereich der Schachtanlage Konrad (Niedersachsen) genehmigt. Die Inbetriebnahme soll spätestens im Jahr 2013 erfolgen.

Zur Zeit stehen wir in Deutschland vor der Aufgabe, ein Endlager für hochradioaktive Abfälle zu finden.

Der Salzstock in Gorleben könnte für die Endlagerung geeignet sein. Die Eignung wird seit 2000 wissenschaftlich überprüft. Wenn die Überprüfung in den nächsten Jahren abgeschlossen würde, könnte ein Endlager im Salzstock Gorleben im Jahr 2025 in Betrieb genommen werden.

1 Abklingbecken für Brennelemente

1 Der ehemalige Kühlturm des Kraftwerks in Kalkar im Freizeitpark.

2 Kernforschungsanlage Jülich

Großreinemachen in Jülich

Der Atomforschungsreaktor soll nun doch ganz abgebaut und nicht nur „sicher eingeschlossen" werden. Bund und Land streiten um die Finanzierung des Projekts.

Free-Climbing im Kühlturm eines Kernkraftwerks

Ein Hotelzimmer im Reaktorgebäude, mit der Achterbahn über das Gelände des Kraftwerks…

Das hört sich unglaublich an? Am Niederrhein, in der Nähe der Stadt Kalkar, ist das alles möglich.

1972 beschlossen Deutschland, Belgien und die Niederlande den gemeinsamen Bau eines „schnellen Brutreaktors". Ein Jahr später begann der Bau bei Kalkar. Nach einer Bauzeit von 12 Jahren war der Reaktor betriebsbereit. Bis dahin waren 4 Milliarden Euro in den Bau investiert worden. Doch aus politischen Gründen ging das Kraftwerk niemals ans Netz. Erst im Jahr 1995 kaufte ein Niederländer die teuerste Bauruine Deutschlands. Er baute sie in ein Freizeit- und Erholungszentrum um. Heute ist das Gelände am Rhein ein beliebtes Ziel für Rad- und Wandertouristen (▷ B 1).

Ein Vorbild für andere stillgelegte Kernkraftwerke?

Nicht nur in Deutschland ist es geplant, langfristig aus der Kernenergie auszusteigen, auch andere Länder haben ähnliche Pläne. Damit könnten viele Kernkraftwerke überflüssig werden. Sie müssen stillgelegt werden. Könnte die Nutzung des Reaktors in Kalkar Vorbild für die Nutzung stillgelegter Kraftwerke sein? Diese Frage kann man klar verneinen. Der Reaktor in Kalkar war niemals in Betrieb. Er hat nie radioaktives Material enthalten.

Kernkraftwerke, die einmal in Betrieb waren, können dagegen auch nach ihrer Stilllegung nicht mehr anders genutzt werden.

Der Abbau eines Reaktors

Seit 1992 sollte der Forschungsreaktor in der Kernforschungsanlage Jülich komplett stillgelegt sein. Zuerst war geplant, ihn bis zu einem späteren Abriss „sicher einzuschließen". Doch auch 10 Jahre später konnte dieses Ziel nicht erreicht werden (▷ B 2). Die zunächst geplanten Kosten von 39 Millionen Euro hatten bis dahin schon 190 Millionen erreicht. Nachdem zuerst mit einem Zeitraum von 4 Jahren gerechnet wurde, kam der Bundesrechnungshof zu dem Ergebnis, dass mindestens 18 Jahre zu erwarten wären. Inzwischen plant man nicht mehr den Einschluss des Reaktors, sondern einen kompletten Abbau. Man spricht vom Projekt „Grüne Wiese". Nach Schätzungen des Bundesrechnungshofes wird dieses zusätzliche Kosten von 300 Millionen Euro verschlingen – darin eingeschlossen sind der komplette Abriss und die Kosten für die Endlagerung der radioaktiven Abfälle.

Der Forschungsreaktor ist nur ein kleines Kraftwerk. Du kannst dir vorstellen, dass die Kosten zur Stilllegung eines großen Kernkraftwerkes um ein Vielfaches höher sind.

Schlusspunkt

Radioaktivität und Kernenergie

▶ **Die Entdeckung der Radioaktivität**
HENRI BECQUEREL entdeckte im Jahr 1896 eine Strahlung, die vom Uransalz ausging.

▶ **Nachweisverfahren**
Man kann Strahlung aus radioaktiven Quellen z. B. mit dem Geiger-Müller-Zählrohr, in einer Nebelkammer oder durch Schwärzung von Fotopapier nachweisen.

▶ **Radioaktivität ist überall**
Selbst wenn kein radioaktives Präparat in der Nähe ist, ermittelt man mit einem Zählrohr eine gewisse Impulsrate. Das ist der Nulleffekt.
Ursache für diese so genannte Umgebungsstrahlung sind kosmische und terrestrische Strahlungsquellen.

▶ **α-, β-, γ- Strahlung**
Man unterscheidet drei Arten von Strahlung, die bei der Umwandlung von Atomkernen entstehen können:

α-Strahlung besteht aus Heliumkernen (▷ B 1), die den Kern eines radioaktiven Elementes mit großer Geschwindigkeit verlassen.

β-Strahlung besteht aus Elektronen (▷ B 2). Auch sie verlassen den Kern mit sehr großer Geschwindigkeit. Ihre Reichweite in Luft ist größer als die von α-Strahlung.

Gibt ein Kern α- oder β-Strahlung ab, so kommt es zu einer Kernumwandlung.
γ- Strahlung besteht nicht aus Teilchen. Es handelt sich um elektromagnetische Strahlung, etwa wie Licht.

▶ **Halbwertszeit**
Die Halbwertszeit ist die Zeit, in der jeweils die Hälfte der Atome eines radioaktiven Stoffes zerfallen sind.

▶ **Aktivität**

$$\text{Aktivität} = \frac{\text{Kernumwandlungen}}{\text{Zeit}}$$

Die Einheit der Aktivität ist das Becquerel (1 Bq).

2 β-Strahlung

1 α-Strahlung

▶ **Strahlenschäden**
α-, β-, und γ-Strahlung können lebende Zellen schädigen. Mögliche Folgen sind Frühschäden (z. B. Übelkeit, Hautrötung, Geschwüre), Spätschäden (wie z. B. Krebs) und genetische Schäden durch Veränderung der Erbinformationen. Genetische Schäden können an spätere Generationen weitergegeben werden.

Schutz vor Strahlenschäden:
– Abstand von der Strahlungsquelle
– kurze Bestrahlungszeiten
– Abschirmung gegen die Strahlungen

▶ **Kernspaltung und Kettenreaktion**
Durch Beschuss mit einem Neutron wird z. B. ein Uran-235-Kern in zwei leichtere Spaltprodukte sowie zwei oder drei Neutronen zerlegt (▷ B 3). Gleichzeitig wird viel Energie frei.
Die Neutronen können weitere Spaltungen auslösen. Dadurch kann die Zahl der Kernspaltungen innerhalb kurzer Zeit lawinenartig ansteigen (Kettenreaktion).

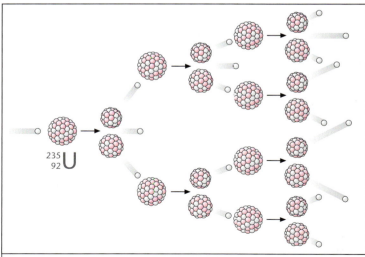

3 Unkontrollierte Kettenreaktion

Im Kernkraftwerk

Im Druckbehälter wird durch Kernspaltung Enegie freigesetzt. Dadurch wird Wasser auf Temperaturen von über 300 °C erhitzt. Das Wasser siedet nicht, weil im Druckbehälter ein sehr großer Druck besteht. Das heiße Wasser wird durch den Wärmetauscher geleitet. Dort übeträgt sich die Energie auf Wasser in einem zweiten Kreislauf (Sekundärkreislauf) Dieses Wasser verdampft und der Dampf treibt eine Turbine an, die mit einem Generator gekoppelt ist. Dieser wandelt die mechanische Energie in elektrische Energie um.

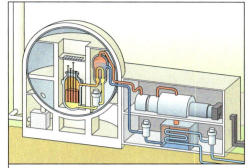

4 Sicherheitsgebäude

Freigesetzte Energie

Die bei der Spaltung von Uran freigesezte Energie ist sehr groß. Um auf die Energie zu kommen, die bei der Spaltung von 1 kg Uran-235 frei wird, benötigt man 2600 t Steinkohle, 6400 t Holz oder 2 200 000 l Heizöl. Mit dieser Energiemenge könnte man etwa 1000 Einfamilienhäuser ein Jahr lang beheizen.

Aufgaben

5 Zu Aufgabe 8

1 Was sagt die folgende Schreibweise über den Aufbau eines Atoms aus? $^{235}_{92}$U

2 Was versteht man unter den Isotopen eines Elements?

3 Vergleiche ausführlich die Atome C-12 und C-14.

4 Wer gilt als Entdecker der Radioaktivität? Wie und wann entdeckte er die neue Strahlung?

5 Nenne Möglichkeiten, wie man Strahlung von radioaktiven Stoffen nachweisen kann. Welche Eigenschaften werden bei den verschiedenen Nachweismethoden genutzt?

6 Beschreibe den Aufbau und die Funktionsweise eines Geigerzählers anhand von Bild 6.

7 In einer Schule im Schwarzwald und in einer Schule in Duisburg wird gleichzeitig der Nulleffekt gemessen. Die Schüler im Schwarzwald erhalten einen Messwert von 24 Impulsen pro Minute. Die Duisburger messen nur 17 Impulse pro Minute.
a) Erkläre, wie es zu diesem Unterschied kommen konnte.
b) Ist es möglich, dass bei einer erneuten Messung an den beiden Orten genau das gleiche Messergebnis erzielt wird? Begründe.

8 a) Erkläre den Begriff Umgebungsstrahlung.
b) Wieso sind Passagiere und Besatzungsmitglieder bei Flügen in großer Höhe einer stärkeren Strahlung ausgesetzt als Menschen am Boden in Meereshöhe?
c) Erkundige dich im Internet oder in Büchern, an welchen Orten auf der Erdoberfläche die terrestrische Strahlung besonders hoch ist. Begründe dies.

9 Was haben α- und β-Strahlung gemeinsam? Wodurch unterscheiden sie sich?

10 Was geschieht, wenn ein radioaktiver Kern α-Strahlung abgibt?

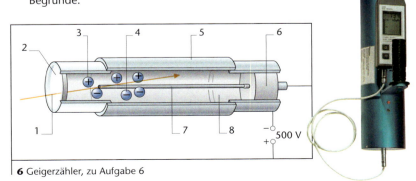

6 Geigerzähler, zu Aufgabe 6

7 Demokrit

8 John Dalton

9 Marie Curie

Name	Jahr	Ereignis
Demokrit	zw. 460 v. Chr. und 370 v. Chr.	Die Welt ist aus Atomen aufgebaut.
John Dalton	1808	
Henri Becquerel	1896	
Marie und Pierre Curie	1898	
Ernest Rutherford	1911	
Hans Geiger, Walther Müller	1928	
Otto Hahn, Fritz Straßmann, Lise Meitner	1938	
Niels Bohr, Enrico Fermi, Robert Oppenheimer	1945	

10 Zu Aufgabe 22

11 Ernest Rutherford

12 Fritz Strassmann

13 Robert Oppenheimer

11 Was geschieht, wenn ein radioaktiver Kern β-Strahlung abgibt?

12 Wie kann man sich gegen α- und β-Strahlung schützen?

13 Ein Urankern U-238 gibt α-Strahlung ab. Welches Atom entsteht? Erkläre den Vorgang ausführlich.

14 Welche Strahlungsarten führen zu einer Elementumwandlung?

15 $^{239}_{94}$Pu ist ein α-Strahler. Welches Element entsteht beim radioaktiven Zerfall?

16 Erkläre den Begriff Halbwertszeit anhand eines Beispiels aus der Tabelle in Bild 14.

17 Das radioaktive Kohlenstoffisotop C-14 hat eine Halb-wertszeit von 5730 Jahren. Beschreibe die so genannte C-14-Methode zur Altersbestimmung kohlenstoffhaltiger, toter Materie.

18 a) Welche Halbwertszeit hat Cäsium-134?
b) Zeichne ein Diagramm, in dem der radioaktive Zerfall einer beliebigen Ausgangsmasse von Cs-134 über einen Zeitraum von 150 Jahren dargestellt wird.

19 a) Was versteht man unter der Aktivität eines radioaktiven Stoffes?
b) Ein Stoff hat eine Aktivität von 20 Bq. Was heißt das?

20 In einigen europäischen Ländern dürfen Lebensmittel mit Strahlung aus radioaktiven Quellen behandelt werden.
a) Welche Wirkungen erzielt man mit der Bestrahlung?
b) Warum ist diese Art der Bestrahlung nicht in allen Ländern zugelassen?

21 Auch der menschliche Körper gibt α-, β-, und γ-Strahlung ab.

Radioaktives Element	Halbwertszeit
Polonium-214	$1{,}64 \cdot 10^{-4}$ Sekunden
Bismut-214	19,9 Minuten
Radon-222	3,825 Tage
Radium-226	$1{,}6 \cdot 10^3$ Jahre
Plutonium-234	$2{,}411 \cdot 10^4$ Jahre
Uran-235	$7{,}038 \cdot 10^8$ Jahre
Uran-238	$4{,}468 \cdot 10^9$ Jahre
Thorium-232	$1{,}405 \cdot 10^{10}$ Jahre

14 Zu Aufgabe 16

a) Wie gelangen radioaktive Substanzen in den Körper?
b) Welche Organe des menschlichen Körpers sind vermehrt einer Bestrahlung ausgesetzt?

22 Ordne den folgenden Namen und Jahreszahlen das jeweilige Ereignis zu, das im Rahmen der Entwicklung der Atomforschung von Bedeutung war. Stelle dazu eine Tabelle auf (▷ B 10).

23 Auf der Schlusspunktseite im Bild 3 siehst du den Beginn einer unkontrollierten Kettenreaktion bei U-235 Kernen.
a) Beschreibe ausführlich den Ablauf.
b) Was würde geschehen, wenn eine solche Reaktion in einer ausreichend großen Masse, der so genannten kritischen Masse, reinen Urans-235 einsetzen würde?
c) Warum kann in Natur-Uran keine Kettenreaktion ablaufen?

24 Bei einer unkontrollierten Kettenreaktion wird Energie frei. Erkundige dich, um welche Energieformen es sich dabei handelt.

25 Bild 15 zeigt, wie eine Kettenreaktion kontrolliert abläuft. Technisch wird eine solche Kettenreaktion in einem Kernkraftwerk eingesetzt.
a) Welche Funktion haben dabei die Regelstäbe aus Bor oder Cadmium?
b) Welche Bedeutung kommt dem Moderator Wasser zu?

16 Reaktor in Tschernobyl

26 Warum müssen die Brennstäbe aus Kernkraftwerken regelmäßig gegen neue ausgetauscht werden?

27 Welche Schäden können α-, β- und γ-Strahlung beim Menschen hervorrufen?

28 Nenne einige Anwendungen radioaktiver Stoffe und ihrer Strahlung in der Medizin.

29 Wie kann man sich beim Umgang mit radioaktiven Stoffen vor möglichen Schäden schützen?

30 Auf die Frage: „Wohin mit radioaktiven Abfällen?" kam vor Jahren der Vorschlag, sie mit Raketen ins Weltall zu schießen.
Warum wurde dieser Vorschlag nicht in die Tat umgesetzt?

31 Wie wird Radioaktivität zur Qualitätskontrolle bei Werkstoffen, z. B. bei der Herstellung von Blechen, genutzt?

17 Transport radioaktiver Stoffe

32 Ziehe Erkundigungen ein über die Entwicklung der Kernenergienutzung in Deutschland seit 1970. Welchen Anteil hatte die Kernenergie in den Jahren 1970, 1980, 1990, 2000 und heute am Gesamtenergiebedarf in Deutschland? Welche Entwicklung ist für die Zukunft zu erwarten?
Trage die Ergebnisse in ein Diagramm ein.

33 1986 gab es in Tschernobyl den bisher folgenschwersten Unfall in einem Kernkraftwerk. Schreibe einen Bericht über das Ereignis.
Hier einige Stichpunkte für deine Arbeit: Erkundige dich, wo Tschernobyl liegt. Was genau geschah dort am 25. April 1986? Was war die Ursache für diesen schwerwiegenden Atomunfall?
Welche Folgen hatte der Unfall für die Menschen, die in der Umgebung des Kraftwerks lebten, für die ersten Helfer (Feuerwehrleute, Kraftwerkspersonal u. a.)?
Wann und wie wurde der Unfall in den angrenzenden Ländern bekannt? Welche Folgen hatte der Unfall für die Menschen in Deutschland und in anderen Ländern?

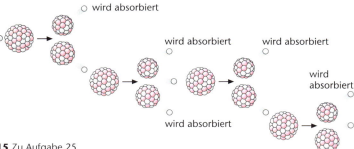

15 Zu Aufgabe 25

Elektrische
Leitungsvorgänge

Wodurch entsteht das Leuchten in einer Leuchtstofflampe?
Woher kommen die Leuchtpunkte in einem Fernsehgerät?
Wie funktioniert eine Leuchtdiode?

Bei all diesen Erscheinungen fließt elektrischer Strom – allerdings in unterschiedlichen Stoffen.

Dass Metalle gute elektrische Leiter sind, zeigt sich bei einer Glühlampe.
In dieser fließt elektrischer Strom durch einen Metalldraht und bringt diesen zum Glühen. Ganz anders dagegen bei einer Leuchtstofflampe: Hier fließt der elektrische Strom in einem Gas und regt dieses zum Leuchten an.

Bei Dioden, Solarzellen und anderen elektronischen Bauteilen wird oft Silicium verwendet. Silicium ist ein fester Stoff mit besonderen elektrischen Eigenschaften.

In diesem Kapitel wirst du die elektrischen Leitungsvorgänge in verschiedenen Stoffen vergleichen und erfahren, welche unterschiedlichen Anwendungen sich daraus ergeben.

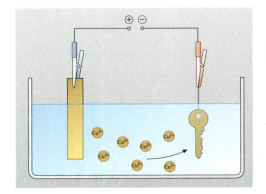

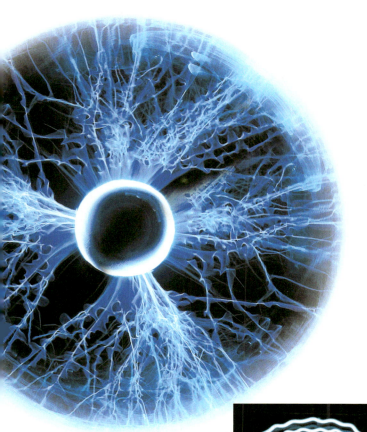

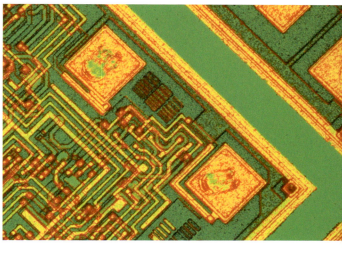

Voraussetzungen für elektrischen Strom

Elektrische Geräte werden in allen Bereichen unseres Lebens verwendet. Damit sie funktionieren, muss elektrischer Strom fließen.

Wenn sich geladene Teilchen in eine gemeinsame Richtung bewegen, bezeichnet man dies als elektrischen Strom. Die Teilchen transportieren elektrische Ladungen. Elektrische Ladungen befinden sich in den Atomen eines jeden Stoffes. Die positiven Ladungen befinden sich im Atomkern, die Elektronen in der Atomhülle tragen negative Ladungen.

Metalle wie Eisen, Kupfer usw. sind gute elektrische Leiter. Wenn du dir den Aufbau dieser Stoffe anschaust, dann findest du auch heraus, warum das so ist. Metalle haben nämlich eine Besonderheit:
Jedes Metall-Atom gibt ein Elektron aus seiner Hülle frei. Die **freien Elektronen** tragen negative Ladung und bewegen sich ungeordnet im Metall. Die „Restatome" sind positiv geladen und fest im Kristallgitter angeordnet. Geladene Atome (oder Moleküle) heißen Ionen.

Wenn du einen Stromkreis aufbaust, dann sind z. B. in den Kupferkabeln viele frei bewegliche Elektronen vorhanden – dabei fließt aber noch kein Strom. Erst dann, wenn die Elektronen durch die Spannungsquelle in eine einzige Richtung (zum Pluspol) getrieben werden, wird eine Lampe im Stromkreis leuchten (▷ B 1).
Kunststoffe und viele andere Materialien leiten den elektrischen Strom nicht, denn sie besitzen keine frei beweglichen Elektronen.

▶ Damit elektrischer Strom fließt, müssen vorhanden sein:
– frei bewegliche Ladungsträger
– eine Spannungsquelle, die die Ladungsträger antreibt.

Elektrischer Strom in Flüssigkeiten

Auch Flüssigkeiten können elektrischen Strom leiten, wenn freie Ladungsträger vorhanden sind. In Flüssigkeiten erfolgt der Ladungstransport durch **frei bewegliche Ionen**.
Negativ geladene Ionen haben Elektronenüberschuss. Bei positiv geladenen Ionen fehlen Elektronen, es überwiegt die positive Kernladung.

Viele Stoffe bilden Ionen, wenn sie in Wasser gelöst werden. Das Prinzip wird am Beispiel von Kochsalz verständlich (▷ V 1): Im festen Zustand ist Kochsalz (Natriumchlorid) ein Isolator, d. h. alle Teilchen sitzen fest im Gitter (▷ B 4). Freie Ladungsträger gibt es keine.
Wird das Salz gelöst, dann wird die feste Verbindung zwischen den Teilchen aufgelöst. Die neutralen Moleküle spalten sich in positiv geladene Natrium-Ionen und negativ geladene Chlorid-Ionen. Diese Ionen sind nun frei beweglich.

Versuche

1 a) Baue einen Stromkreis so wie in Bild 2 auf. Gib etwas Speisesalz in eine Glasschale. Untersuche, ob Salz ein elektrischer Leiter ist.
b) Gib nun etwas Wasser zum Salz dazu. Was beobachtest du?
c) Wiederhole die Versuche 1a und 1b mit Zucker. Was stellst du fest?
d) Entferne das Lämpchen aus dem Stromkreis. Untersuche weitere Flüssigkeiten auf ihre Leitfähigkeit: Wasser, destilliertes Wasser, Zitronensaft, Öl, Spülmittel, Essig und Seifenlauge.

2 Fülle eine Kochsalzlösung in eine längliche schmale Schale. Gib ein Körnchen Kaliumpermanganat in die Mitte der Lösung. Lege eine Gleichspannung (6 V) an und beobachte die Färbung. Vertausche die Pole. Was passiert nun? Finde eine Erklärung.

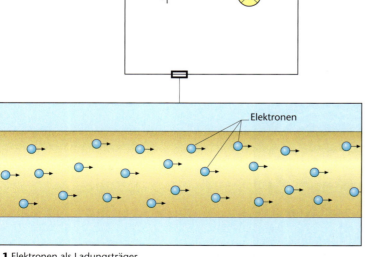

1 Elektronen als Ladungsträger

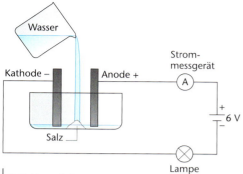

2 Zu Versuch 1

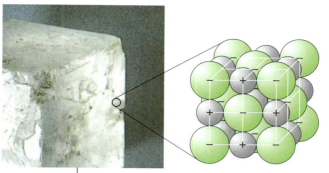

4 Natriumchlorid bildet ein Ionengitter

Wenn du eine Spannung an die Lösung legst, dann bewegen sich die freien Ionen in eine bestimmte Richtung (▷ B 2): Die positiv geladenen Natrium-Ionen wandern zur negativ geladenen Elektrode (auch Kathode genannt). Die negativ geladenen Chlorid-Ionen wandern zur positiv geladenen Elektrode (auch Anode genannt). Im Versuch 2 zeigt dir das Lämpchen, dass Strom fließt.

Nicht nur Salzlösungen, sondern auch Säuren und Laugen leiten auf diese Weise elektrischen Strom.

▷ In Flüssigkeiten erfolgt der Ladungstransport durch freie positiv und negativ geladene Ionen.

Stofftransport durch elektrischen Strom

Eine Kupferchlorid-Lösung enthält zweifach positiv geladene Kupfer-Ionen und einfach negative geladene Chlorid-Ionen.

Beim Anlegen einer Spannung wandern die Kupfer-Ionen zur Kathode (–). Wenn sie dort ankommen, nehmen sie zwei Elektronen auf und verwandeln sich wieder in neutrale Moleküle zurück. Auf der Elektrode bildet sich ein dünner rot-brauner Kupferbelag (▷ B 3).

Jedes Chlorid-Ion gibt dagegen an der positiv geladenen Anode ein überschüssiges Elektron ab. Dabei entsteht neutrales Chlorgas, das in kleinen Gasbläschen entweicht.

▷ In Flüssigkeiten ist der Ladungstransport immer auch mit einem Stofftransport verbunden.

Diesen Vorgang nennt man Elektrolyse. Die Elektrolyse spielt z. B. bei der Herstellung und Reinigung von Metallen eine wichtige Rolle.
Auf diese Weise werden aber auch Oberflächen veredelt (▷ B 5). Dies wird als **Galvanisieren** bezeichnet. Dabei wird ein Werkstück mit einer dünnen Schicht des jeweiligen Metalls überzogen. Das kann als Schutz dienen (z. B. gegen Rost), aber auch zur Verzierung (z. B. Vergolden von Schmuckstücken).

Aufgabe

1 Welche Stoffe entstehen an den Elektroden, wenn elektrischer Strom in einer Kochsalzlösung fließt? Wie kannst du das nachweisen?

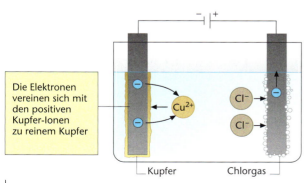

Die Elektronen vereinen sich mit den positiven Kupfer-Ionen zu reinem Kupfer

3 Ionen als Ladungsträger

5 Oberflächenveredelung durch Galvanisieren

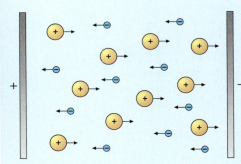

1 Die Kerzenflamme erzeugt freie Ladungsträger.

Gase – Leiter oder Nichtleiter?

Gase und Gasgemische (wie z. B. Luft) leiten unter normalen Bedingungen den elektrischen Strom nicht, sonst könnten beispielsweise Hochspannungsleitungen nicht frei durch die Luft geführt werden. Andererseits weißt du aber, dass bei einem Blitz sehr große Ströme durch die Luft fließen können. Unter welchen Bedingungen werden Gase leitfähig?

Gase bestehen aus elektrisch neutralen Molekülen. Sie haben großen Abstand voneinander und zwischen ihnen wirken nur noch sehr schwache Bindungskräfte. Gase leiten nur dann elektrischen Strom, wenn in ihnen frei bewegliche Ladungsträger erzeugt werden. Durch verschiedene äußere Einflüsse können die neutralen Gasteilchen in Elektronen und Ionen aufgespalten werden (Ionisation).

Ionisation durch Wärme

Luft ist ein guter Isolator. Sie enthält normalerweise keine freien Ladungsträger. Daher fließt zuerst auch kein Strom, wenn man, wie in Bild 1 gezeigt, zwischen zwei Metallplatten eine Hochspannung anlegt. Wird eine brennende Kerze zwischen die Platten gebracht, dann ändert sich die Situation: Es fließt ein Strom.
Das Gas der Kerzenflamme ist wegen der hohen Temperatur ionisiert. Es liegen frei bewegliche negativ geladene Elektronen und positiv geladene Ionen vor. Durch die Spannung werden die Ladungsträger beschleunigt: die Elektronen zur positiv geladenen Platte (Anode), die Ionen zur negativ geladenen Platte (Kathode). Zwischen den Platten fließen also gleichzeitig und entgegengesetzt ein Elektronen- und ein Ionenstrom (▷ B 1 rechts).

Ionisation durch Strahlung

Gase können auch durch die Energie radioaktiver Strahlung ionisiert werden. Das wird beispielsweise im Geiger-Müller-Zählrohr ausgenutzt (▷ B 2). Im eigentlichen Zählrohr befindet sich ein Gas, das durch auftreffende Strahlung ionisiert wird. Das Gas wird dadurch kurzzeitig leitend. Der entstehende Stromstoß wird elektronisch verstärkt und über einen Lautsprecher hörbar gemacht.

Ionisation durch Zusammenstöße

Durch die natürliche radioaktive Umgebungsstrahlung werden in der Luft ständig freie Ladungsträger (Ionen und Elektronen) erzeugt. Ihre Anzahl ist jedoch zu gering, um die Luft leitend zu machen.

Bei einem Gewitter entstehen sehr hohe Ladungsunterschiede (Spannung) zwischen Wolken und Erde (▷ B 3). Dadurch werden die wenigen freien Elektronen und Ionen so stark beschleunigt, dass sie bei Zusammenstößen mit den Teilchen der Luft diese ionisieren: Es entstehen zusätzliche positiv geladene Ionen und frei bewegliche Elektronen. Diese Ionen und Elektronen werden ebenfalls wieder beschleunigt und erzeugen dann beim Zusammenstoß mit Luftteilchen weitere Ladungsträger usw. Durch diese Stoßionisationen entstehen in sehr kurzer Zeit in einem lawinenartigen Prozess sehr viele freie Ladungsträger. Die Luft wird dadurch leitend und du siehst die Entladung als Blitz.

▶ Durch Wärme, energiereiche Strahlung oder Stoßionisation können Gase ionisiert werden. Dabei entstehen freie Elektronen und Ionen.

2 Geiger-Müller-Zählrohr

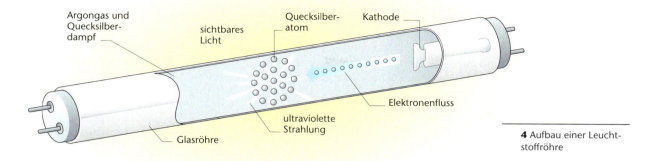

Argongas und Quecksilber-dampf · sichtbares Licht · Quecksilber-atom · Kathode · Elektronenfluss · ultraviolette Strahlung · Glasröhre

4 Aufbau einer Leuchtstoffröhre

Leuchtstoffröhre

Eine Leuchtstoffröhre besteht aus einem Glasrohr, an dessen Enden zwei Elektroden aus Metall eingeschmolzen sind. Im Innern befindet sich ein Gas bei niedrigem Druck. Oft ist das Gas eine Mischung aus Quecksilberdampf und Argon.
Bei einer Leuchtstoffröhre wird das Licht nicht durch hohe Temperaturen erzeugt (wie z. B. bei der Glühlampe), sondern durch den Stromfluss in Gasen.

Die Hochspannung an den Elektroden sorgt dafür, dass die Gasmoleküle ionisiert werden (▷ B 4). Die Gas-Ionen und die freien Elektronen werden stark beschleunigt. Durch die hohe Geschwindigkeit haben sie so viel Energie, dass sie beim Zusammenprall mit neutralen Gasteilchen diese nicht nur ionisieren, sondern auch zum Leuchten anregen können. So sendet beispielsweise Quecksilber durch die Stoßanregung ultraviolettes Licht aus, das allerdings für den Menschen nicht sichtbar ist. Durch einen Leuchtstoff, der an der Innenseite der Röhre angebracht ist, wird die UV-Strahlung in sichtbares Licht umgewandelt (▷ B 4).

▶ Der Stromfluss in Gasen ist oft mit Leuchterscheinungen verbunden.

Leuchtende Gase am Himmel

Ein leuchtender Vorhang am Himmel – so beschreiben Beobachter dieses Naturschauspiel (▷ B 5). Ursache ist die Sonne. Besonders bei starker Sonnenaktivität werden unzählige elektrisch geladene Teilchen Richtung Erde geschleudert. Wenn sie in die Erdatmosphäre eintreten, prallen sie auf Luftbestandteile wie Sauerstoff und Stickstoff und regen diese zum Leuchten an. Beim Zusammenprall mit Sauerstoff entsteht grünes Polarlicht. Treffen sie z. B. auf Stickstoff, sieht man rotes Licht. In den Polregionen kann man Polarlichter fast jede Nacht beobachten, in Deutschland eher selten.

Versuch

1 Knicke einen Folienstreifen in der Mitte und reibe die Hälften kräftig aneinander, bis sie sich abstoßen. Halte den Streifen nun vorsichtig über eine Kerzenflamme. Was geschieht dabei? Wie erklärst du deine Beobachtung?

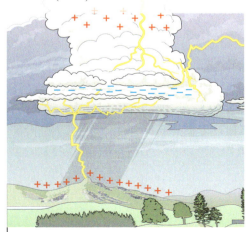

3 Ladungsunterschiede bei einem Gewitter

5 Polarlichter sind ein besonderes Naturschauspiel.

Was ist ein Vakuum?

Die Erde ist von einer Lufthülle umgeben. Diese besteht aus einem Gasgemisch und reicht bis in eine Höhe von vielen Kilometern. Aufgrund ihrer Gewichtskraft übt die Luft einen bestimmten Druck (Luftdruck) auf uns und auf alle Gegenstände aus. Nimm einmal einen Trinkhalm, verschließe ihn unten und sauge etwas Luft ab. Die Luft im Trinkhalm wird „dünner", d.h. die Anzahl der Gasmoleküle nimmt ab. Im Trinkhalm herrscht ein kleinerer Luftdruck als draußen.

Je mehr Luft bzw. Gas aus einem Behälter gepumpt wird, desto weniger Gasmoleküle sind im Gefäß und desto kleiner wird der Gasdruck. Ein Gas mit einem extrem kleinen Druck bezeichnet man als **Vakuum**. Ein Vakuum ist ein idealer Isolator, da es (fast) keine Gasteilchen und damit auch keine Ladungsträger enthält.

Um ein starkes Vakuum in z.B. einer verschlossenen Glasröhre zu erzeugen, wird die Luft bzw. das Gas mit speziellen Pumpen abgepumpt.

> Ein Vakuum ist ein Raum, in dem der Gasdruck deutlich niedriger als der normale Luftdruck ist, sodass fast keine Gasteilchen mehr vorhanden sind.

Leitungsvorgang im Vakuum

Bild 1 zeigt eine Glasröhre, aus der die Luft abgepumpt wurde. In ihrem Innern befindet sich ein Vakuum. Damit in diesem Vakuum ein elektrischer Strom fließen kann, müssen Ladungsträger eingebracht werden. Dafür gibt es zwei Möglichkeiten:

1. Wärme
In die Vakuumröhre wird ein Metalldraht (z.B. Wolframdraht) eingebaut und elektrisch zum Glühen gebracht. Dadurch erhalten einige Elektronen im Draht so viel kinetische Energie, dass sie aus dem Metall austreten können bzw. emittiert werden. Dieser Vorgang heißt **Glühemission** (▷B1). Legt man eine Spannung an die Röhre an, werden die frei beweglichen Elektronen zur Anode (+) beschleunigt – im Vakuum fließt Strom.

Weil es im Vakuum jedoch (fast) keine anderen Teilchen gibt, kommt es nur sehr selten zu Zusammenstößen. Die Elektronen erreichen äußerst hohe Geschwindigkeiten und damit sehr viel Energie. Durch Glühemission wird z.B. ein energiereicher Elektronenstrahl in der Fernsehbildröhre erzeugt.

2. Licht
Wird ein Metall mit Licht bestrahlt, können die Elektronen so viel Energie erhalten, dass sie aus dem Metall freigesetzt werden (▷B3). Man spricht von **Fotoemission**.
Fotozellen sind Sensoren, in denen auf diese Weise Lichtenergie in elektrische Energie umgewandelt wird. Die Fotozelle besteht aus einem Glasgefäß, in dem ein Vakuum herrscht. Im Innern des Gefäßes befindet sich die Kathode (–), die aus einem lichtempfindlichen Material besteht. Bei Lichteinfall werden Elektronen aus diesem Material freigesetzt und im Vakuum zur Anode (+) hin beschleunigt. Es fließt ein elektrischer Strom.

Mithilfe von Fotozellen können in vielen Bereichen völlig berührungslos Schaltvorgänge durch Licht ausgelöst werden. Beispiele dafür sind Alarmanlagen, Ampelanlagen und automatische Türöffner.

> In einem Vakuum werden freie Elektronen durch Glüh- oder Fotoemission erzeugt.

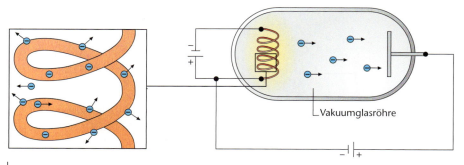

1 Freie Ladungsträger können durch Glühemission erzeugt werden.

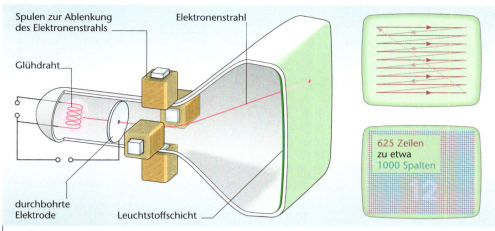

Spulen zur Ablenkung des Elektronenstrahls

Elektronenstrahl

Glühdraht

durchbohrte Elektrode

Leuchtstoffschicht

625 Zeilen zu etwa 1000 Spalten

2 Aufbau einer Bildröhre (im Farbfernsehgerät sind drei Elektronenstrahlen beteiligt).

Schnelle Elektronenstrahlen im Fernseher

Ein Fernsehbild setzt sich aus über einer Million einzelner Bildpunkte zusammen. Bei vielen Fernsehgeräten werden die **Bildpunkte** durch Elektronenstrahlen in der **Bildröhre** erzeugt (▷ B 2).

Im Innern der Bildröhre herrscht Vakuum. Durch Glühemission erzeugte Elektronen werden zu einem dünnen Strahl gebündelt und durch das elektrische Feld zwischen Kathode (–) und Anode (+) beschleunigt. Die Steuerung dieses Elektronenstrahls erfolgt durch elektrische Signale.

Spezielle Spulensysteme lenken den Elektronenstrahl auf eine bestimmte Stelle des Leuchtschirms. Der Schirm ist mit verschiedenen Leuchtstoffen beschichtet. Wenn der Elektronenstrahl dort auftrifft, leuchtet diese Stelle in einer bestimmten Farbe auf.

Beim Farbfernsehgerät werden drei Elektronenstrahlen benötigt. Sie lassen auf dem Bildschirm jeweils grüne, blaue und rote Farbpunkte aufleuchten. Aus diesen Farbpunkten entstehen dann farbige Bilder.

Plasmabildschirme

Ein Plasmabildschirm (▷ B 4) arbeitet nach einem anderen Prinzip, ähnlich dem einer Leuchtstoffröhre. Im Innern des Geräts befindet sich eine große Anzahl winziger Kammern. Jede von ihnen enthält ein Edelgasgemisch bei geringem Druck. Wenn Spannung anliegt, wird das Edelgasgemisch ionisiert (ein ionisiertes Gas nennt man Plasma).

Das Plasma sendet UV-Licht aus, welches durch spezielle Leuchtschichten in sichtbares Licht umgewandelt wird. Je nach Leuchtstoff sendet die Kammer rotes, grünes oder blaues Licht aus.
Immer drei benachbarte Kammern (je eine für Rot, Grün und Blau) ergeben einen farbigen Bildpunkt.

4 Plasmabildschirme

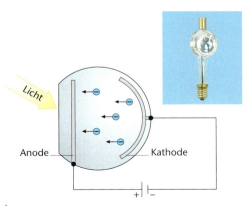

Licht

Anode

Kathode

3 Fotoemission

Aufgaben

1 Vergleiche den Leitungsvorgang in Metallen, Flüssigkeiten, Gasen und Vakuum.

2 Das Gas in Leuchtstoffröhren hat einen geringen Druck. Was wird dadurch erreicht?

3 Was meinst du: Tritt beim Stromfluss in einem Vakuum eine Leuchterscheinung auf? Begründe deine Antwort.

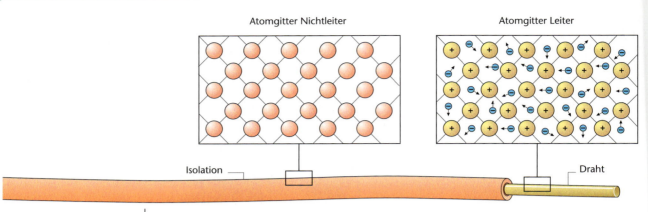

Atomgitter Nichtleiter

Atomgitter Leiter

Isolation

Draht

1 Nichtleiter und Leiter im Vergleich

Leiter und Nichtleiter

Metalle wie Eisen, Kupfer usw. sind bei Zimmertemperatur gute elektrische Leiter, weil sie viele frei bewegliche Elektronen besitzen.
Bei Kunststoffen, Glas und vielen anderen Materialien ist das nicht der Fall. Freie Ladungsträger sind hier kaum vorhanden (▷ B 1).

Manchmal Nichtleiter und manchmal Leiter

Manche Leuchtdioden, Solarzellen und andere elektronische Bauteile bestehen aus Silicium.

Silicium ist ein elektrischer **Halbleiter**. Bei Zimmertemperatur leiten Halbleiter-Stoffe den elektrischen Strom viel schlechter als Metalle. Die elektrische Leitfähig-keit von Halbleitern lässt sich jedoch durch Energiezufuhr (Wärme oder Licht) verbessern (▷ B 2).

So leitet beispielsweise ein Heißleiter bei sehr tiefen Temperaturen fast gar nicht. Mit steigender Temperatur wird der Heiß-leiter jedoch zunehmend leitfähig.
Beim Fotowiderstand (LDR) bewirkt Licht Ähnliches. Bei starker Beleuchtung leitet der LDR sehr gut, er hat einen kleinen Widerstand. Bei Dunkelheit ist der Wider-stand groß.

▶ Bei Halbleitern nimmt die elektrische Leitfähigkeit zu, wenn sie erwärmt oder stärker beleuchtet werden.

Was bewirkt Energie im Halbleiter?

Den Halbleiter Silicium findest du in der 4. Hauptgruppe des Periodensystems. Wie man sich den Aufbau eines Siliciumkris-talls vorstellt, zeigt Bild 2 oben: Ein Silici-umatom hat vier Außenelektronen. Jedes bildet mit einem Außenelektron des Nach-baratoms eine Elektronenpaarbindung.

Bei sehr tiefen Temperaturen oder bei Dunkelheit sind die Elektronen im Silici-umkristall fest gebunden. Der Kristall ist ein Nichtleiter.

▶ Halbleiter leiten bei tiefen Temperatu-ren oder Dunkelheit sehr schlecht, weil fast alle Elektronen fest gebunden sind.

Bei Erwärmung bzw. Beleuchtung ändert sich die Situation: Durch die Energiezu-fuhr werden einzelne Elektronen aus der Bindung „geschüttelt" und sind frei be-weglich (▷ B 2, unten). Damit stehen sie für den Leitungsvorgang zur Verfügung.

○ freies Elektron
○ Loch

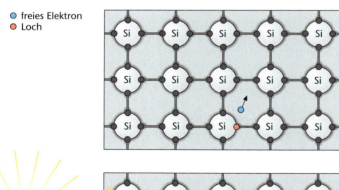

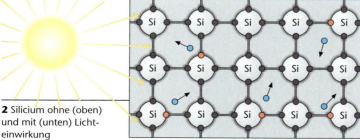

2 Silicium ohne (oben) und mit (unten) Licht-einwirkung

Bei Zimmertemperatur reicht die Energie aus, um einem von etwa einer Billion Atomen ein Elektron zu entreißen. Je mehr Energie zugeführt wird, desto mehr freie Elektronen entstehen und desto besser leitet der Halbleiter.

Jedes freigesetzte Elektron hinterlässt eine Elektronen-Fehlstelle im Atom. Eine solche Fehlstelle wird auch als **Loch** bezeichnet. Da die negative Ladung des freigesetzten Elektrons an dieser Stelle fehlt, kann man das Loch als positiv geladen betrachten.

▷ Bei Energiezufuhr werden Elektronen freigesetzt. Jedes freigesetzte Elektron hinterlässt ein (positiv geladenes) Loch.

Versuch

1 ▷ Vergleiche die Leitfähigkeit eines Fotowiderstands bei unterschiedlicher Beleuchtung mit der Leitfähigkeit eines Heißleiters bei unterschiedlichen Temperaturen.
Plane das Experiment und erstelle ein Versuchsprotokoll.

Schnittpunkt

Technik: Silicium – so häufig wie Sand am Meer

Wusstest du, dass Silicium nach Sauerstoff der häufigste Bestandteil der Erdkruste ist?
Berge, Felsen, Steine, sogar manche Halbedelsteine enthalten Silicium. Allerdings kommt Silicium in der Natur nicht rein vor, sondern immer in Verbindung mit anderen Elementen. Am häufigsten ist die Verbindung mit Sauerstoff (Siliciumdioxid) – dies kennst du als Quarz oder in lockerer Form als Sand.

Silicium ist der wichtigste Grundstoff in der Halbleitertechnik. Die elektrischen Eigenschaften des Siliciums ermöglichen es, winzige Mikrochips zu bauen. So passen auf einen heutigen Mikroprozessor etwa 40 Millionen Transistoren.

2 Siliciumdioxid in Form von Quarzkristallen und Sand.

Silicium (nach dem lateinischen Wort „silex" für Kiesel):
– Halbleiter (Nichtmetall)
– dunkelgrau, glänzend
– hart, spröde
– entdeckt 1823 von dem schwedischen Chemiker J. J. BERZELIUS

Für die Herstellung solcher Chips muss das Silicium allerdings in höchster Reinheit gewonnen werden, z. B. aus Sand. Dabei darf sich unter 100 Milliarden Atomen höchstens ein einziges „falsches" befinden.
Es gibt kein anderes Element auf der Welt, das in solcher Reinheit benötigt wird.

Aber auch in anderen Bereichen wird Silicium sehr vielseitig verwendet:
So ist beispielsweise Glas nichts anderes als geschmolzenes und wieder erstarrtes Siliciumdioxid.
Auch Silikon ist ein Siliciumprodukt. Es wird zum Abdichten von Fugen verwendet, aber auch in der Schönheitschirurgie eingesetzt.
Jeder Mensch benötigt eine ausreichende Siliciumversorgung. Silicium stärkt das Immunsystem und ist gut für Haare, Haut und Fingernägel.

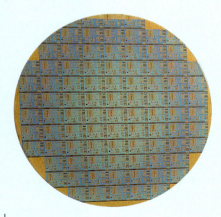

1 Silicium-Wafer mit Mikrochips

3 Auch Silikon enthält Silicium

Elektrischer Strom in Halbleitern

Auch Fotowiderstände und Heißleiter bestehen aus Halbleitern. Wenn du beispielsweise einen Fotowiderstand aus Silicium beleuchtest, dann lösen sich im Siliciumkristall mehr und mehr Außenelektronen aus der Bindung. Dadurch entstehen Löcher.

Die Elektronen können sich zunächst frei im Siliciumkristall bewegen (▷ B 1). Sobald jedoch eine Spannung angelegt wird, laufen im Halbleiter gleichzeitig zwei Vorgänge ab (▷ B 2):

1. Die negativ geladenen Elektronen bewegen sich zum Pluspol. Dieser Vorgang wird als **Elektronenstrom** bezeichnet.

2. Die positiv geladenen Löcher können Elektronen aus einer Nachbarbindung „einfangen". Nun ist an der neuen Stelle ein Loch entstanden. Dieses Loch geht wieder auf „Elektronenfang" usw…

3 Auch ein freier Platz kann wandern.

Dadurch scheint es, als ob die Löcher zum Minuspol wanderten. Dieser Strom wird als **Löcherstrom** bezeichnet.

Du kannst dir das wie beim Platzwechsel vorstellen, wenn irgendwo in der Mitte ein Platz frei geblieben ist.
Im Bild 3 ist dies anschaulich gemacht. Wenn jeder immer einen Platz weiter nach rechts springt, dann wandert der freie Platz (entspricht einem Loch) nach links.

▶ Wird eine Spannung an einen Halbleiter angelegt, dann fließt
– ein Elektronenstrom in Richtung Pluspol und
– gleichzeitig ein Löcherstrom in Richtung Minuspol.

Nützliche Fremdatome

Die Leitfähigkeit von Silicium wird nicht nur von Temperatur oder Licht beeinflusst. Ob Silicium gut oder schlecht leitet, hängt auch von seiner Reinheit ab. Erstaunlicherweise leitet Silicium sogar noch besser, wenn es verunreinigt ist. Diese Tatsache macht man sich zunutze und „schmuggelt" in das Silicium ganz gezielt Fremdatome ein. Diesen Vorgang nennt man **Dotieren** (lat. dotare: dazugeben).
Dabei wird etwa jedes Millionste Siliciumatom durch ein fremdes Atom (z. B. Arsen) ersetzt.

▶ Durch den Einbau von Fremdatomen (Dotieren) kann ein Halbleiter gezielt leitfähiger gemacht werden.

Die eingebauten Fremdatome haben entweder ein Außenelektron mehr oder ein Außenelektron weniger als ein Siliciumatom.
Auf diese Weise kann gesteuert werden, ob im Siliciumkristall hauptsächlich die freien Elektronen oder die Löcher den Strom bewirken sollen.

○ freies Elektron
○ Loch

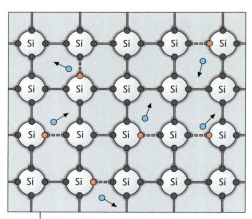

1 Siliciumkristall ohne Spannung

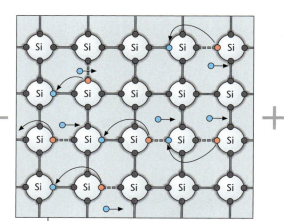

2 Siliciumkristall mit angelegter Spannung

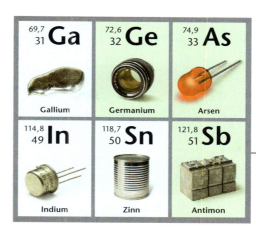

4 Ausschnitt aus dem Periodensystem

Mehr freie Elektronen für den Elektronenstrom

Arsen findest du in der 5. Hauptgruppe des Periodensystems ($\triangleright$ B 4), es hat fünf Außenelektronen und damit eines mehr als Silicium.

Wird ein Arsenatom in einen Siliciumkristall eingebaut, werden vier Außenelektronen des Arsens fest gebunden ($\triangleright$ B 6). Das fünfte bleibt übrig und steht für den Elektronenstrom zur Verfügung.

Den so entstandenen Kristall bezeichnet man als **n-dotiert**, weil in diesem Fall die freien Elektronen (mit negativer Ladung) in der Überzahl sind und den Strom bewirken.

▶ Ein n-dotierter Halbleiter besitzt aufgrund eines Überschusses an freien Elektronen eine bessere Leitfähigkeit.

Mehr Löcher für den Löcherstrom

Dotiert man dagegen Silicium mit Fremdatomen eines Elements aus der dritten Hauptgruppe (z. B. Indium), dann überwiegen danach die Löcher im Kristall.

Indiumatome haben nur drei Außenelektronen. Wird nun ein Indiumatom in einen Siliciumkristall eingebaut, dann geschieht Folgendes:
Drei Außenelektronen des Indiumatoms bilden mit drei Außenelektronen des Siliciumatoms eine feste Bindung ($\triangleright$ B 5). Das vierte Außenelektron des Siliciums hat keinen Bindungspartner. Damit entsteht ein zusätzliches Loch. Dies ermöglicht einen erhöhten Löcherstrom.

Bei einem in dieser Weise dotierten Halbleiter sind die Löcher in der Überzahl. Er wird deshalb als **p-dotiert** bezeichnet.

▶ Ein p-dotierter Halbleiter besitzt aufgrund eines Überschusses an Löchern eine bessere Leitfähigkeit.

Dotierung mit Indium

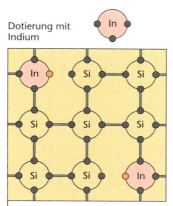

5 p-dotierter Halbleiter

Dotierung mit Arsen

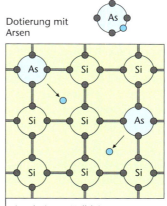

6 n-dotierter Halbleiter

Aufgaben

1 Vergleiche den Leitungsvorgang in Halbleitern mit dem in Metallen.

2 Man kann Silicium auch mit Bor oder Phosphor dotieren. Erläutere jeweils anhand einer Skizze, welche Dotierung sich ergibt.

1 LED in einer Computermaus

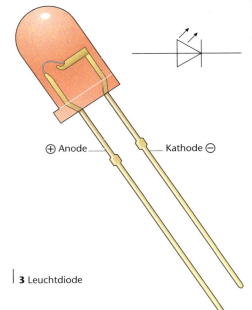

Anode ⊕ —— —— Kathode ⊖

3 Leuchtdiode

Signale durch Leuchtdioden

Ob weiße Leuchtdioden in Lampen oder farbige Leuchtdioden in Displays (Anzeigefeldern) – in vielen Bereichen sind Leuchtdioden (LED: light emitting diode) nicht mehr wegzudenken.
An ihren Lichtsignalen kannst du erkennen, ob ein Gerät (z. B. ein Computer) in Betrieb ist oder gerade bestimmte Vorgänge darin ablaufen.

Auch in der Fernbedienung oder in optischen Computer-Mäusen sind LEDs enthalten (▷ B 1). Manche senden nicht sichtbares (infrarotes) Licht aus und übertragen damit Steuerbefehle zum Gerät.

Was sind Leuchtdioden?

Leuchtdioden sind Halbleiterbauteile mit einer Besonderheit: Wenn elektrischer Strom durch eine LED fließt, dann sendet sie Licht aus. Die Farbe des Lichts hängt nur vom verwendeten Halbleitermaterial und der Dotierung ab. Die Kunststoffhülle dient lediglich zum Schutz des Kristalls und zur Unterscheidung.

Wenn du die LED gegen das Licht hältst, erkennst du eine kleine und eine große Metallhalterung für den Halbleiterkristall. Die Seite mit der größeren Halterung erkennst du auch daran, dass sich dort der kürzere der beiden Anschlussdrähte (▷ B 3) befindet und der Kragen am Kunststoffgehäuse der Leuchtdiode etwas abgeflacht ist.

▶ Wenn elektrischer Strom durch eine Leuchtdiode fließt, dann sendet sie Licht aus.

Im unteren Teil von Bild 2 siehst du das Schaltzeichen einer Leuchtdiode. Der

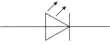

2 Dioden mit Schaltzeichen (oben: Universaldiode; unten: Leuchtdiode)

senkrechte Balken im Bild entspricht der LED-Seite mit dem kurzen Anschlussdraht.

Einbahnstraßen für Elektronen

Eine LED sendet nur dann Licht aus, wenn sie richtig angeschlossen ist (▷ V 1). Dazu muss der kurze Draht mit dem Minuspol und der lange Draht mit dem Pluspol der Spannungsquelle verbunden sein.

Versuche

1 a) Schließe eine rote LED in Reihe mit einer Lampe (3,8 V / 0,07 A) an eine Batterie (4,5 V) an. Was beobachtest du?
b) Vertausche die Anschlüsse der Batterie. Welcher Batteriepol muss mit dem kurzen Bein verbunden sein, damit die LED leuchtet?
c) Baue zusätzlich ein Amperemeter in den Stromkreis ein. Miss die Stromstärke, wenn die LED erst so wie in Teil a) und dann wie in Teil b) angeschlossen wird.
d) Schließe die LED an eine Wechselspannungsquelle (2 V) an. Bewege die LED vorsichtig hin und her. Was beobachtest du?
e) Fasse die Ergebnisse der Teile a) bis d) zusammen.

2 Wiederhole die Versuche 1a) bis c). Benutze anstelle der roten LED eine Universaldiode.

In diesem Fall fließen Elektronen durch den Halbleiter – die LED ist in Durchlassrichtung geschaltet (▷ B 4, links).
Wenn du die Anschlüsse vertauschst, dann ist der Weg für die Elektronen gesperrt. Es fließt kein Strom – die LED ist in Sperrrichtung geschaltet (▷ B 4, rechts).

Nicht alle Dioden leuchten

Es gibt auch Dioden, die kein Licht aussenden (▷ B 2, oben). Diese sind auf einer Seite mit einem Ring markiert. Der Ring entspricht dem Balken im Schaltzeichen. Auch nicht leuchtende Dioden lassen den Strom nur in eine Richtung fließen: Wenn der Minuspol der Spannungsquelle mit der „Ringseite" der Diode verbunden ist, dann ist die Diode in Durchlassrichtung geschaltet (▷ V 2). Bei umgekehrter Polung sperrt die Diode.

▶ Dioden sind Halbleiterbauteile, die den Strom nur in einer Richtung fließen lassen.

Durch falsche Polung können Halbleiterbauteile in elektronischen Geräten beschädigt werden. Deshalb sind oft Dioden eingebaut. Hier nutzt man ihre besondere Eigenschaft, bei falscher Polung den Stromfluss zu sperren.

Dioden brauchen Schutz

Bei kleinen Spannungen leitet eine Diode fast gar nicht. Hat die Spannung aber einen bestimmten Wert (bei Silicium-Dioden etwa 0,7 V) überschritten, dann steigt die Stromstärke plötzlich sehr stark an.

Bei zu hoher Stromstärke kann jedoch der Halbleiterkristall zerstört werden. Deshalb sind für alle Dioden Höchstspannungen angegeben.
Wie groß diese Höchstspannungen sind, hängt vom Diodentyp ab (▷ B 5). Willst du mit höheren Spannungen arbeiten, dann muss die Diode durch einen geeigneten Vorwiderstand geschützt werden.

Klein, aber oho!

Leuchtdioden sind klein, unempfindlich gegenüber Erschütterungen und benötigen nur eine geringe Betriebsspannung. Das sind jedoch nicht die einzigen Vorteile.
So ist beispielsweise ihr Wirkungsgrad schon heute größer als der von Glühlampen. Außerdem ist die Lebensdauer von LEDs mindestens 100-mal höher als die von Glühlampen. Damit übertreffen sie sogar Energiesparlampen.

Rot	Grün
1,6 V	2,2 V

5 Zulässige Spannungen von roten und grünen LEDs

Aufgaben

1 Erläutere Gemeinsamkeiten und Unterschiede von LEDs und nicht leuchtenden Dioden.

2 Erkläre die Beobachtung, die du in Versuch 1 d) gemacht hast.

3 In Versuch 1 dient das Lämpchen als Anzeige, aber auch als Schutz der Leuchtdiode. Erläutere diese Aussage.

4 In vielen Bereichen sollen Glühlampen nach und nach durch Leuchtdioden ersetzt werden. Welche Vorteile bringt das?

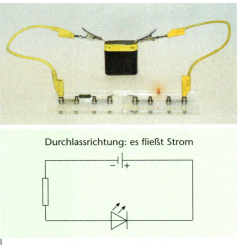

Durchlassrichtung: es fließt Strom

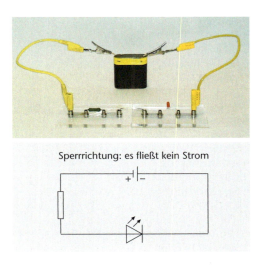

Sperrrichtung: es fließt kein Strom

4 Bei der Diode kommt es auf die Polung an.

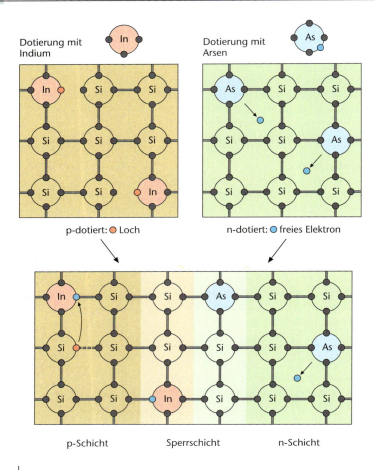

Dotierung mit Indium

Dotierung mit Arsen

p-dotiert: ● Loch

n-dotiert: ● freies Elektron

p-Schicht   Sperrschicht   n-Schicht

1 Aufbau einer Halbleiterdiode

Der Aufbau einer Diode

Jede Diode besteht aus einem Halbleiterkristall mit zwei unterschiedlich dotierten Bereichen (▷ B 1). Dabei hat ein Bereich mehr freie Elektronen (n-dotiert), der andere hat mehr Löcher (p-dotiert).
Im Schaltzeichen der Diode sind die dotierten Bereiche verdeutlicht: Der p-dotierte Kristall entspricht dem Pfeil, der n-dotierte Kristall entspricht dem Balken.

Dort, wo n- und p-Schicht zusammentreffen, werden einige freie Elektronen von den Löchern „eingefangen". Dadurch entsteht ein schmaler Bereich, in dem es weder freie Elektronen noch unbesetzte Löcher gibt. Diese Schicht leitet nicht, deshalb wird sie auch als **Sperrschicht** bezeichnet (▷ B 1).

▶ Eine Diode besteht aus einem n-dotierten und einem p-dotierten Halbleiterkristall.

Was geschieht in Durchlassrichtung?

Eine Diode ist in Durchlassrichtung geschaltet, wenn der Pluspol der Spannungsquelle mit dem p-dotierten Bereich der Diode verbunden ist und der Minuspol am n-dotierten Bereich der Diode liegt.

In Bild 2, links, sind die Vorgänge in der Diode dargestellt. Unter dem Einfluss der Spannungsquelle werden die freien Elektronen aus der n-Schicht durch die Sperrschicht zum Pluspol getrieben. Gleichzeitig „wandern" dadurch die positiv geladenen Löcher aus der p-Schicht zum Minuspol.

Was geschieht in Sperrrichtung?

Bei umgekehrter Polung ist die Diode in Sperrrichtung geschaltet. Der Pluspol der Spannungsquelle liegt am n-dotierten Bereich der Diode. In Bild 2, rechts, erkennst du, was dabei in der Diode abläuft.

Die Elektronen in der n-Schicht wandern zum Pluspol der Spannungsquelle – also weg von der Sperrschicht.
Mit den Löchern verhält es sich ähnlich: Die Elektronen, die vom Minuspol der Spannungsquelle kommen, besetzen die Löcher in der p-Schicht. Dadurch verlagern sich die Löcher zum Minuspol.
Also wird die Sperrschicht, in der keine freien Elektronen oder Löcher vorhanden sind, breiter. Die Diode sperrt.

▶ In einer Diode fließt Strom, wenn der Pluspol der Spannungsquelle am p-dotierten Bereich und der Minuspol am n-dotierten Bereich der Diode liegt.

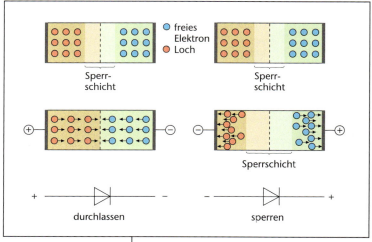

freies Elektron
Loch

Sperr-schicht

Sperr-schicht

Sperrschicht

durchlassen

sperren

2 Durchlass- und Sperrrichtung einer Diode

Aus Wechselstrom wird Gleichstrom

1 Die Netzspannung ist Wechselspannung

Wechselspannung nicht erwünscht

An der Steckdose liegt Wechselspannung an. Schließt du ein Gerät an, dann fließt ein Wechselstrom, der in jeder Sekunde 100-mal die Richtung wechselt.

Tragbare CD-Player, Handys und auch andere Geräte funktionieren aber oftmals nur mit Gleichstrom.

Mithilfe von Dioden lässt sich Wechselstrom in Gleichstrom umwandeln. Die Dioden sind in ein Netzgerät eingebaut, das außerdem die Spannung verkleinert.

Die Diode – ein Gleichrichter für Wechselstrom

Wenn du einen Gleichstrommotor an Wechselspannung anschließt, dann läuft der Motor nicht wie gewünscht. Die Motorachse zittert nur hin und her, denn sie ändert ständig die Drehrichtung (▷V 1a, b).

Damit sich der Motor gleichmäßig in eine Richtung dreht, benötigt er Gleichstrom. Dies erreichst du, wenn du zusätzlich eine Diode in den Stromkreis einbaust. Die Diode lässt nur den Anteil des Wechselstroms in Durchlassrichtung durch, die andere Richtung sperrt sie. Dadurch hat der Strom durch den Motor immer die gleiche Richtung – es fließt ein pulsierender Gleichstrom (▷B 2 unten, V 1c).

▶ Dioden können Wechselstrom in Gleichstrom umwandeln.

3 Auch eine Form von Wechsel- und Gleichstrom

Im Oszilloskopbild kannst du die beiden Stromarten vergleichen.

Wenn Wechselstrom durch den Motor fließt, dann ändert sich ständig die Stromrichtung. Das Oszilloskop in Bild 2 (oben) zeigt die typische Wellenlinie des Wechselstroms an.

In Bild 2 (unten) ist zusätzlich eine Diode in den Stromkreis eingebaut, also fließt Gleichstrom durch den Motor. Das ist mit dem Oszilloskop nachweisbar:
Du siehst nur noch die obere Halbwelle. Diese zeigt den Strom in Durchlassrichtung. Die untere Halbwelle der Wechselstromkurve ist abgeschnitten.

Versuch

▶ **1** a) Schließe einen Gleichstrommotor kurzzeitig an eine geeignete Batterie an. Vertausche danach die Polung. Beobachte dabei die Motorachse. Was stellst du fest?

b) Schließe den Motor an eine geeignete Wechselspannung an. Wie bewegt sich der Motor nun? Begründe.

c) Schalte nun zusätzlich eine Diode in Reihe mit dem Motor und wiederhole Versuch b). Beobachte und beschreibe die Unterschiede zu den vorher durchgeführten Versuchen.

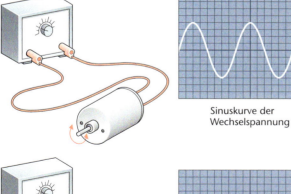

Sinuskurve der Wechselspannung

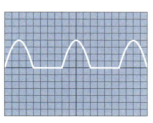

Diode

Die Diode lässt Strom nur in eine Richtung fließen.

2 Eine Diode sorgt für Gleichstrom.

Aufgabe

1 Was kannst du am Motor beobachten, wenn du die Diode in Bild 2 umpolst?

Die Solarzelle – ein Minikraftwerk

Energielieferant Sonne

Die Sonne spendet Licht und Wärme. In jeder Sekunde wird von der Sonne unvorstellbar viel Energie in den Weltraum abgestrahlt. Ein Teil davon erreicht die Erde innerhalb von etwa 8 Minuten. In Deutschland empfängt 1 m² Erdboden je nach Lage ungefähr 1000 kWh pro Jahr. Damit könnte man theoretisch ein Bügeleisen etwa 1000 Stunden lang betreiben.

Das Sonnenlicht ist Voraussetzung für die Fotosynthese. Damit können Pflanzen Sonnenenergie in chemische Energie umwandeln und speichern. Ein Teil dieser Energie wurde im Laufe von Jahrtausenden in fossilen Brennstoffen (z. B. Holz, Kohle usw.) konserviert. Der Mensch gewinnt daraus durch Energieumwandlung z. B. elektrische Energie.
Unsere Reserven an fossilen Brennstoffen sind jedoch begrenzt – die Energievorräte der Sonne sind dagegen fast unerschöpflich.

Versuche

1 a) Schließe einen Elektromotor an eine Solarzelle an. Halte die Solarzelle in die Sonne oder das Licht einer Lampe. Beobachte die Motorachse. Was geschieht, wenn du die Anschlüsse vertauschst?

b) Beleuchte eine Solarzelle mit einer hellen Lampe. Miss die Spannung und die Stromstärke, wenn die Solarzelle zu drei Viertel, zur Hälfte, zu einem Viertel bzw. nicht bedeckt ist. Notiere die Messwerte in einer Tabelle.
Welchen Einfluss hat die Größe der beleuchteten Zellenfläche auf die Spannung und die Stromstärke?

2 a) Schalte schrittweise mehrere Solarzellen in Reihe. Miss an den Endanschlüssen jeweils Spannung und Stromstärke. Trage die Messwerte in eine Tabelle ein.

b) Schalte nun nach und nach mehrere Solarzellen parallel zueinander. Bestimme wiederum die Spannung und die Stromstärke.
Was erreicht man mit der Reihenschaltung und was mit der Parallelschaltung von Solarzellen?

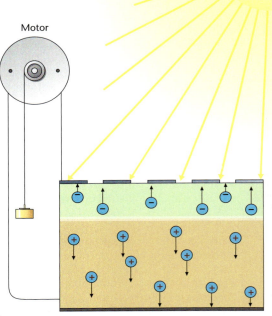

Motor

Energie aus Sonneneinstrahlung

n-dotiertes Silicium (negativer Pol)

Grenzschicht

p-dotiertes Silicium (positiver Pol)

1 Prinzip einer Solarzelle

Solarzellen

Die Solarzelle ($\triangleright$ B 2) ist ein Halbleiterbauteil, das Sonnenenergie nutzt. Solarzellen wandeln das Sonnenlicht direkt in elektrische Energie um.
Somit sind Solarzellen Stromerzeuger, die im Gegensatz zu Kraftwerken ohne bewegliche Teile auskommen.

Energieumwandlung in der Solarzelle

Du hast Leuchtdioden bereits genauer untersucht. Wenn elektrischer Strom durch eine LED fließt, dann sendet sie Licht aus.

In Solarzellen geschieht genau das Gegenteil: Hier wird Lichtenergie in elektrische Energie umgewandelt ($\triangleright$ B 1). Sobald Licht auf die Solarzelle fällt, entsteht zwischen einer positiv und einer negativ geladenen Kontaktfläche eine Spannung. Wird der Stromkreis z. B. über einen Motor geschlossen ($\triangleright$ V 1), dann fließt Gleichstrom.
Die Energie des Energieträgers Strom kann entweder direkt genutzt oder in einem Akku gespeichert werden.

2 Solarzelle

▶ Solarzellen sind Halbleiterbauteile, die Lichtenergie in elektrische Energie umwandeln.

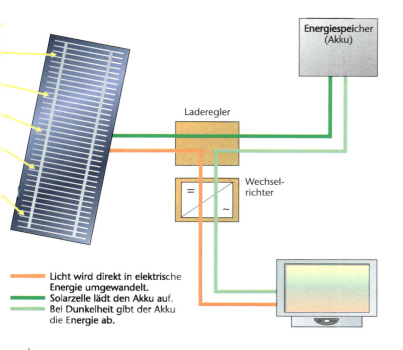

Energiespeicher (Akku)

Laderegler

Wechsel-richter

━━ Licht wird direkt in elektrische Energie umgewandelt.
━━ Solarzelle lädt den Akku auf.
━━ Bei Dunkelheit gibt der Akku die Energie ab.

3 Prinzip der Versorgung eines Haushalts mit Solarenergie

Von der Zelle zum Solarmodul

Die Größe der Spannung, die eine einzelne Solarzelle liefert, ist begrenzt. Die üblicherweise eingesetzten Solarzellen liefern etwa 0,5 V.

Bei stärkerer Beleuchtung steigt die Stromstärke, die Spannung ändert sich jedoch kaum. Auch die Größe der beleuchteten Fläche der Zelle hat fast keinen Einfluss auf die Spannung. Die Stromstärke steigt dagegen, je größer die beleuchtete Zellenfläche ist (▷ V1b).

Um höhere Spannungen bzw. Stromstärken bereitstellen zu können, werden mehrere Solarzellen zu größeren Einheiten (Modulen) miteinander verschaltet. Eine Reihenschaltung der Zellen bewirkt eine höhere Spannung (▷ V2a). Schaltet man die einzelnen Zellen parallel zueinander, dann steigt die Stromstärke (▷ V2b).

Solarmodule für den Hausgebrauch

Bei den meisten Solarmodulen sind Solarzellen in Reihe geschaltet und in einem Gehäuse montiert. Solch ein Modul liefert eine Gleichspannung von etwa 14 V bis 20 V. Damit können Akkus aufgeladen werden, die z. B. bei Dunkelheit die elektrische Energie wieder abgeben. Auch ein Parkscheinautomat kann mit einem Modul betrieben werden.

Für die Stromversorgung im Haushalt wird jedoch meist Wechselspannung benötigt. Mithilfe eines Wechselrichters wird der Solar-Gleichstrom in Wechselstrom umgewandelt (▷ B 3).

Woraus bestehen Solarzellen?

Solarzellen bestehen aus einer 0,3 mm dünnen Siliciumscheibe, die von beiden Seiten unterschiedlich dotiert ist (▷ B 1).

Die vom Licht abgewandte Seite ist p-dotiert (Löcherüberschuss) und auf einer Kunststoffplatte befestigt. Die „Sonnenseite" ist n-dotiert (Elektronenüberschuss). Sie ist nur etwa 0,002 mm dick, damit das Licht möglichst ungehindert bis zur Grenzschicht durchdringen kann.
Das blaue Schimmern wird von einem speziellen Überzug aus Titanoxid verursacht. Er dient zum Schutz der Solarzelle und zur Verminderung von Reflexionsverlusten.
Auf der Vorder- und der Rückseite der Solarzelle befinden sich Metallkontakte, an denen die Spannung abgegriffen wird.

Wie wird aus Licht elektrische Energie?

Wenn Licht auf die p-n-Grenzschicht in der Solarzelle trifft, dann werden Elektronen aus den Bindungen herausgelöst. Es entstehen freie Elektronen und positiv geladene Löcher (▷ B 1).
Die Elektronen sammeln sich im n-Leiter, die Löcher im p-Leiter. Solange Licht einfällt, bleiben die positiven und negativen Ladungen voneinander getrennt, an den Anschlüssen der Solarzelle entsteht also eine Spannung. Wird der Stromkreis geschlossen, dann fließt Gleichstrom.

Aufgaben

1 Beschreibe die Energieumwandlungen im Versuch 1.

2 Weshalb kann man eine Solarzelle als Minikraftwerk bezeichnen?

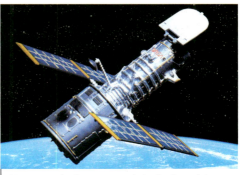

4 Nutzung der Sonnenenergie in der Raumfahrt

Der Aufbau des Transistors

Transistoren bestehen aus drei Schichten (▷ B 2) von n- und p-leitenden Halbleitermaterialien (z. B. Silicium).

Beim npn-Transistor bestehen die Emitter- und die Kollektorschicht aus einem n-dotierten Halbleiter und die Basis aus einem p-dotierten Halbleiter. Beim pnp-Transistor ist es genau umgekehrt.

Die Basisschicht ist sehr dünn. Im Prinzip könnte man sich den Aufbau wie bei einem Stromkreis vorstellen, bei dem hintereinander eine Diode in Durchlass- und eine in Sperrrichtung geschaltet sind. Allerdings lässt sich das Verhalten eines Transistors nicht mit zwei Dioden verwirklichen. Dazu ist eine gemeinsame Halbleiterschicht notwendig.

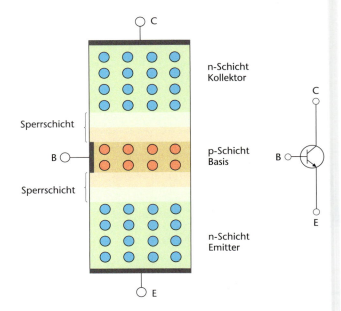

2 Ein npn-Transistor.

Versuche

1 Bei welcher Basisspannung schaltet der Transistor?

Baue einen Schaltkreis wie in Bild 1 auf. Achte auf den korrekten Anschluss des Transistors.

Drehe das Potentiometer in die Nullstellung. Miss in 0,1-V-Schritten die Basis-Spannung U_{BE} zwischen Basis und Emitter des Transistors sowie den Basis-Strom I_B.

Ab welcher Basis-Spannung leuchtet die LED?

2 Baue den Stromkreis wie in Bild 3 auf. Drehe das Potentiometer in die Nullstellung. Miss in 10-µA-Schritten den Basis-Strom I_B und den Kollektor-Strom I_C.

Stelle das Ergebnis in einem I_B-I_C-Diagramm grafisch dar.

Berechne das Verhältnis (Verstärkungsfaktor) von I_C zu I_B.

Der Transistor sperrt

Legst du eine Spannung zwischen Emitter und Kollektor an, so leuchtet die Lampe nicht (▷ B 4). Was geschieht im Transistor?

Der np-Übergang zwischen Emitter und Basis leitet, der Transistor verhält sich hier wie eine Diode in Durchlassrichtung. Beim pn-Übergang zwischen Basis und Kollektor verhält sich der Transistor wie eine Diode in Sperrrichtung.

Die freien Elektronen der Kollektorschicht haben die Löcher in der Nähe der Grenzfläche gefüllt. Dadurch, dass an der Grenzschicht keine freien Elektronen und keine Löcher vorliegen, leitet das Silicium dort nicht. Es kann deshalb kein Strom durch den Transistor fließen.

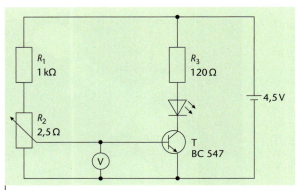

1 Zu Versuch 1

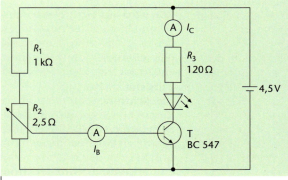

3 Zu Versuch 2

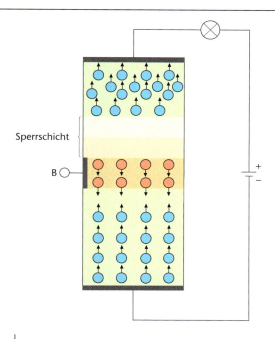

4 Der Transistor sperrt.

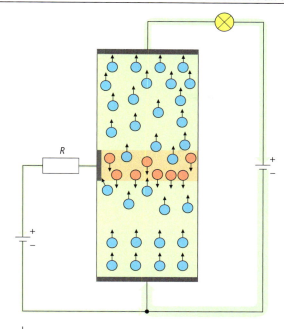

5 Der Transistor verstärkt.

Der Transistor schaltet

Zwischen Basis und Emitter wird nun eine Spannung U_{BE} angelegt. Überschreitet sie einen Wert von 0,6 V (▷V 1), dann fließt auch ein Strom im Arbeitsstromkreis (▷B 5, dicker Pfeil). Der Transistor wirkt wie ein Schalter, der den Arbeitsstrom ein- und ausschaltet. Die zum Schalten benötigte minimale Basis-Spannung nennt man auch **Schwellenspannung**.

Über den Emitter gelangen Elektronen in den Transistor. Ein kleiner Teil fließt über die Basis wieder ab. Dies führt zu einem Strom im Steuerstromkreis (▷B 5, dünner Pfeil). Weil die Basisschicht sehr schmal ist, gelangen die meisten Elektronen in die Kollektorschicht hinein (▷B 5). Die Kollektorschicht besteht beim npn-Transistor aus n-dotiertem Halbleitermaterial, sodass die freien Elektronen weiter zum Pluspol fließen können. Der Transistor schaltet.

▶ Unterhalb der Schwellenspannung kann durch einen Transistor kein Strom fließen. Der Transistor sperrt. Nach Überschreiten der Schwellenspannung zwischen Emitter und Basis fließt ein geringer Steuerstrom und ein großer Arbeitsstrom. Der Transistor schaltet.

Der Transistor verstärkt

Nach Überschreiten der Schwellenspannung fließt im Arbeitsstromkreis ein im Verhältnis zum Steuerstromkreis großer Strom (▷ V2).
Eine Vergrößerung der Steuerstromstärke hat auch eine Vergrößerung der Arbeitsstromstärke zur Folge, Steuerstromstärke und Arbeitsstromstärke sind proportional zueinander. Der Transistor verstärkt, indem er durch den kleinen Strom über die Basis einen um ein Vielfaches größeren Strom über den Kollektor regelt.

Das Verhältnis zwischen Kollektorstromstärke I_C und Basisstromstärke I_B bezeichnet man als Verstärkungsfaktor **V**.

$$V = \frac{I_C}{I_B}$$

Je nach verwendetem Transistortyp kann ein Basisstrom von wenigen Milliampere einen Kollektorstrom von mehreren Ampere regeln.

▶ Ein kleiner Steuerstrom regelt einen großen Arbeitsstrom. Arbeitsstromstärke und Steuerstromstärke sind proportional zueinander.

Eigene Versuche mit Transistoren durchführen

1 Materialien für die Versuche

Material für alle Versuche
- 2 Transistoren
  (z. B. BC 547, BC 550)
- 1 Widerstand 1,8 kΩ; 1 Widerstand 6,8 kΩ
- Batterie 4,5 V
- 2 Krokodilklemmen
- isolierte, verschiedenfarbige
  Kabel (Schaltdraht)
- Glühlampe, z. B. 3,8 V/70 mA
- Lampenfassung für die
  Glühlampe (Brückenfassung)
- Lüsterklemmen
- Holzplatte ca. 10 cm x 10 cm
- Schrauben, Schraubendreher,
  Abisolierzange, Zange

Vorbereitung
Befestige die Lüsterklemmen mittels der Schrauben auf der Holzplatte. Transistoren, Widerstände, Lampen, Kabel usw. können dann an den Lüsterklemmen angeschraubt werden.

Als Spannungsquelle eignet sich eine 4,5-V-Batterie. Diese erhältst du preiswert im Baumarkt. Alternativ kannst du auch ein Netzgerät verwenden.

Die Lüsterklemmleisten auf dem Aufbaubrett dienen zum Anschluss der elektrischen Bauteile. So kannst du auf einfache Weise die verschiedenen Schaltungen aufbauen und ausprobieren.

Achte beim Transistor auf den korrekten Anschluss von Emitter (E), Basis (B) und Kollektor (C). Ein falsches Anschließen des Transistors kann ihn beschädigen!
Wenn du auf den Transistor schaust und die abgeflachte Seite nach links zeigt, ist das untere Anschlussbeinchen der Emitter, das mittlere die Basis und das obere der Kollektor (▷ B 1). In dieser Lage muss der Transistor auch auf dem Aufbaubrett befestigt werden.

Die Glühlampenfassung kannst du auf das Aufbaubrett nageln. Du solltest jedoch vorher zwei Drahtstückchen an der Fassung anschließen.

1 Der Transistor schaltet
Versuchsanleitung
Baue zunächst den Versuch so wie in Bild 2 auf. Verwende einen Widerstand von 1,8 kΩ. Entferne mit der Abisolierzange die Isolierung an beiden Drahtenden. Halte die beiden Drahtenden mehrfach aneinander.
Sobald sich die beiden Drähte berühren, schaltet der Transistor, die Lampe leuchtet auf.

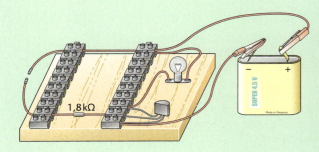

2 Zu Versuch 1

2 Eine Nicht-Schaltung – die Alarmanlage

Sehr häufig benötigt man in der Technik Schaltungen, die ein Signal ausgeben, wenn ein Stromkreis unterbrochen wird. In Bild 3 siehst du eine solche Schaltung.

Versuchsanleitung

Baue die Schaltung so wie in Bild 3 auf. Isoliere die losen Drahtstückchen an den Enden ab und lege sie aufeinander, sodass sie Kontakt haben.

Erklärung

Berühren sich die Drähte, so fließt ein Strom über den Widerstand vom Minuspol zum Pluspol der Batterie. Der Strom über die Basis des Transistors ist minimal. Der Transistor sperrt. Dies ändert sich, wenn sich die Drähte nicht mehr berühren. Jetzt fließt ein Strom über die Basis, der Transistor schaltet, die Lampe leuchtet. Der Widerstand dient als Vorwiderstand zur Strombegrenzung und schützt so den Transistor vor Beschädigung.

Wenn du ein sehr dünnes Kabel einsetzt und z. B. an einer Tür befestigst, kannst du diese Schaltung auch als einfache Alarmanlage verwenden. Wird der Draht zerrissen, leuchtet die Lampe auf.

3 Die Darlington-Schaltung

Bei einer Transistorschaltung reicht manchmal der Stromfluss über die Basis nicht aus, einen genügend großen Arbeitsstrom über den Kollektor zu schalten.
In diesem Fall kann aber der Stromfluss mithilfe zweier Transistoren verstärkt werden ($\triangleright$ B 4). Diese mehrfache Verstärkung reicht z. B. aus, um einen Berührungssensor zu bauen.

Eine Mehrfachschaltung von Transistoren heißt Darlington-Schaltung.

Versuchsanleitung

Baue die Schaltung so wie in Bild 4 dargestellt auf. Achte auf den korrekten Anschluss der Transistoren. Berühre mit einem Finger die losen Drahtenden.

Erklärung

Der Arbeitsstromkreis des ersten Transistors T_1 befindet sich im Steuerstromkreis eines zweiten Transistors T_2.

Der Stromfluss über den Schutzwiderstand R_1 und deinen Finger steuert den Stromfluss durch den Transistor T_1. Der Stromstärke reicht aber nicht aus, ein Lämpchen zu schalten.
Deshalb wird der Emitter von T_1 mit der Basis von T_2 verbunden. Der Arbeitsstromkreis des Transistors T_1 befindet sich jetzt im Steuerstromkreis des Transistors T_2. Der verstärkte Steuerstrom bewirkt an T_2 einen großen Kollektorstrom, das Lämpchen leuchtet.

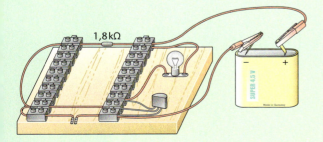

3 Zu Versuch 2

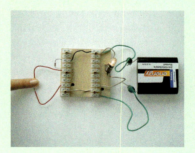

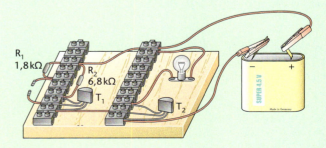

4 Zu Versuch 3

Elektrische Leitungsvorgänge

 Voraussetzungen für den Leitungsvorgang

Damit ein Strom fließen kann sind bewegliche Ladungsträger und eine Spannung notwendig.

Positiv geladene Teilchen wandern in Richtung Minuspol, negativ geladene Teilchen in Richtung Pluspol der Spannungsquelle.

Ladungsträger können Ionen oder Elektronen sein.

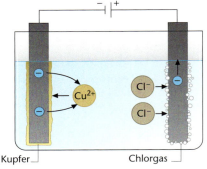

Die Elektronen vereinen sich mit den positiven Kupfer-Ionen zu reinem Kupfer

Kupfer   Chlorgas

1 Ionen als Ladungsträger

Freie Ladungsträger in Metallen, Flüssigkeiten und Gasen

Der elektrische Strom in Metallen ist ein Elektronenstrom.

In Flüssigkeiten erfolgt der Ladungstransport durch Ionen. Viele Stoffe bilden positiv und negativ geladene Ionen, wenn sie in Wasser gelöst werden (▷B 1).

In Gasen können sowohl Elektronen als auch Ionen als Ladungsträger vorkommen. Die Ladungsträger entstehen durch Ionisierung der neutralen Gasatome.

Freie Ladungsträger im Vakuum

Im Vakuum werden Ladungsträger durch Glüh- und Fotoemission aus Metallen bereitgestellt (▷B 2).

Dabei werden Metalle stark erwärmt bzw. mit Licht bestrahlt. Durch die zugeführte Energie können Elektronen aus der Metalloberfläche austreten und in das Vakuum gelangen.

Leitungsvorgang in Halbleitern

Halbleiter bestehen aus Stoffen wie z. B. Silicium und Germanium.

Halbleiter sind bei sehr tiefen Temperaturen oder Dunkelheit schlechte elektrische Leiter, weil die Elektronen fest an die Atome gebunden sind.

Bei Energiezufuhr (Wärme, Licht) lösen sich einige Elektronen aus der Bindung. Jedes freigesetzte Elektron hinterlässt eine Elektronenfehlstelle (Loch), die sich scheinbar wie ein positiv geladenes Teilchen verhält. Beim Anlegen einer Spannung fließt im Halbleiter ein Elektronenstrom zum Pluspol und gleichzeitig ein Löcherstrom zum Minuspol (▷B 3).

Dotieren

Durch Einbau von Fremdatomen (Dotieren) kann ein Halbleiter gezielt leitfähiger gemacht werden.

Werden Atome mit mehr Außenelektronen eingebaut, dann verstärkt man in Halbleitern die Elektronenleitung. Der Halbleiter ist n(egativ)-dotiert.

Durch Hinzufügen von Atomen mit weniger Außenelektronen verstärkt man die Löcherleitung. Der Halbleiter ist p(ositiv)-dotiert.

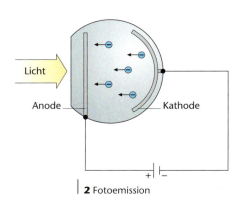

Licht

Anode   Kathode

2 Fotoemission

3 Siliciumkristall bei angelegter Spannung

Halbleiterbauteile

Die Diode ist ein Bauteil, das Strom nur in eine Richtung hindurchlässt. Jede Diode besteht aus einer n- und einer p-dotierten Halbleiterschicht. Je nach Polung kann eine Diode in Durchlass- oder in Sperrrichtung geschaltet sein (▷ B 4).

Leuchtdioden senden Licht aus, wenn Strom durch sie fließt.

Solarzellen bestehen aus einer dünnen Siliciumscheibe, die auf der einen Seite p-dotiert und auf der anderen Seite n-dotiert ist. Solange Licht auftrifft, entsteht an den Anschlüssen der Solarzelle eine Gleichspannung.

Transistoren werden als elektronische Schalter und Verstärker verwendet. Transistoren bestehen aus drei Schichten von n- und p-leitenden Halbleitermaterialien.

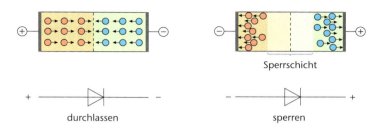

4 Durchlass- und Sperrrichtung einer Diode

Aufgaben

1 Vergleiche die Leitungsvorgänge in Metallen, Flüssigkeiten, Gasen, Vakuum und in Halbleitern. Welche Gemeinsamkeiten bzw. Unterschiede gibt es? Gib jeweils ein Anwendungsbeispiel an.

2 Welche Energieumwandlungen können bei einem elektrischen Leitungsvorgang ablaufen? Erläutere an Beispielen.

3 Erkläre, warum in reinem Wasser kein Stromfluss möglich ist. Wodurch kann der Leitungsvorgang ermöglicht werden? Beschreibe auch die dabei ablaufenden chemischen Prozesse.

4 Weshalb kann in einem Gas, in dem der Druck viel kleiner ist als der Luftdruck, ein Strom fließen?

5 Beschreibe Aufbau und Funktionsweise einer Leuchtstoffröhre.

6 Der NTC-Widerstand ist ein Halbleiter. Erkläre, weshalb der Widerstand mit steigender Temperatur abnimmt.

7 Plane ein Experiment, mit dem du unterscheiden kannst, ob ein Stoff ein metallischer Leiter oder ein Halbleiter ist.

8 a) Erläutere den Aufbau und die Funktionsweise einer Leuchtdiode. Wodurch wird die Farbe einer LED bestimmt?
b) Die Höchstspannung für gelbe LEDs beträgt 2,2 V. Dabei fließt durch die LED ein Strom von 20 mA. Welchen Vorwiderstand musst du bei einer Spannung von 4,5 V (6 V, 9 V) vorschalten?

9 a) In Bild 5 sind eine grüne und eine rote LED entgegengesetzt in den Stromkreis geschaltet. Welche leuchtet?

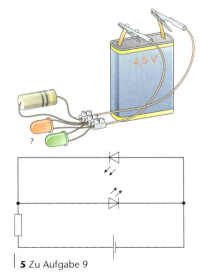

5 Zu Aufgabe 9

b) Was würdest du beobachten, wenn die Batterie durch eine Wechselspannungsquelle ersetzt würde? Begründe deine Aussagen.

10 Hast du schon einmal die Lichtblitze in einer Plasmalampe bestaunt? In der Lampe befindet sich ein Gas unter sehr geringem Druck. Zwischen der inneren und der äußeren Glaskugel besteht sehr hohe Spannung. Wie kommt es zu den Leuchterscheinungen?

11 Selbst bei maximaler Beleuchtung kann man mit einer einzelnen Solarzelle kein elektrisches Gerät betreiben. Die erzeugte Spannung reicht nicht aus. Du hast mehrere Solarzellen zur Verfügung. Wie könntest du damit eine Spannung von z. B. 9 V bereitstellen? Skizziere.

12 a) Weshalb kann man eine Solarzelle mit einer großflächigen Diode vergleichen?
b) Juliana meint: „Ohne Lichtzufuhr müsste sie dann auch wie jede andere Diode funktionieren." Plane ein Experiment, mit dem du überprüfen kannst, ob Juliana Recht hat.

System

Das Wort System kommt aus dem griechischen und heißt das Gebilde, das Zusammengestellte, das Verbundene. In einem System stehen mehrere Einzelteile miteinander in Wechselwirkung. Jedes Teil hat seine Aufgabe. Alle zusammen stellen eine Einheit dar. Viele Systeme kennst du schon: das Immunsystem, das Schulsystem, das PSE, das Betriebssystem deines PCs, … auch deine Familie bildet ein System.

Die Zisterne

Die Zisterne
Eine Zisterne ist ein Wassersammelbehälter. In südlichen Ländern werden Zisternen zum Sammeln von Regenwasser oft unterirdisch angelegt. Dieses kann dann für die Bewässerung des Gartens, aber auch für die Toilettenspülung verwendet werden. Eine Zisterne ist ein Einspeicher-System. Die Bilder zeigen dir einmal eine historische Zisterne und eine noch heute genutzte Zisterne in der Toskana.

Das Thermosgefäß
Es dient zum Warm- oder Kalthalten von Speisen und Getränken. Die verschiedenen Isolierschichten sollen verhindern, dass Wärmeenergie weder von innen nach außen noch in umgekehrter Richtung übertragen wird.
Bei der Herstellung von Thermosgefäßen werden Materialien wie Glas, Kunststoff, Kork, Gummi oder Styropor® verwendet. Sie sind allesamt schlechte Wärmeleiter.

Das Thermosgefäß

Die Zentralheizung
Heizkessel und Brenner einer Heizungsanlage befinden sich oft im Keller eines Hauses. Mit Wasser gefüllte Rohre führen vom Kessel zu den Heizkörpern in allen Räumen. Im Heizkessel wird meist Öl oder Gas verbrannt.
So wird das Wasser erwärmt und mithilfe einer Pumpe durch das gesamte Heizungssystem transportiert. Der erwärmte Heizkörper gibt dann die Wärme an die Raumluft ab. Das Wasser kühlt sich ab, sinkt in den Heizkörpern nach unten und fließt zum Kessel zurück.
Im Kessel wird das Wasser entsprechend der Außentemperatur, die über einen Messfühler festgestellt wird, erwärmt.

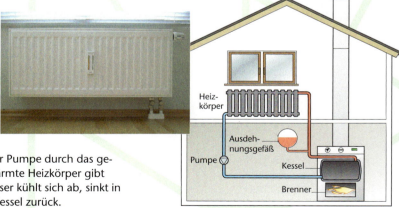

Heizkörper

Ausdehnungsgefäß

Pumpe

Kessel

Brenner

Die Zentralheizung

Der Transformator

Der Transformator
Zwei Spulen mit einem gemeinsamen Eisenkern bilden einen Transformator. Mit Trafos können Spannungen und Stromstärken verändert werden. Die Windungszahlen der Spulen sind dabei entscheidend.

Beim elektrischen Schweißen braucht man sehr hohe Stromstärken, um die Metalle an der Schweißstelle zum Glühen zu bringen. Röntgengeräte wiederum arbeiten mit sehr hohen Spannungen von mehreren 1000 V.

Das Betriebssystem
Ein Betriebssystem ist eine Software, die die Verwendung (den Betrieb) eines Computers ermöglicht. Es verwaltet Speicher, Ein- und Ausgabegeräte und steuert die Ausführung von Programmen. Im englischen wird es operating system genannt.
Zum System gehören z. B. Boot-Loader, Gerätetreiber, Systemdienste, Programmbibliotheken und Systemanwendungen.

Das Betriebssystem

Aufgaben

1 Finde weitere Systeme aus deiner Umgebung.

2 Die Thermoskanne ist ein isolierendes System. Erkläre! Erläutere die einzelnen isolieren Teile.

3 Zisternen werden gut abgedichtet und abgedeckt angelegt. Begründe.

4 Nenne alle Wärmeübertragungen, die bei einer Zentralheizung stattfinden.

5 Beschreibe und erkläre das System Kühlschrank!

6 Nenne Beispiele für den Einsatz von Transformatoren. Erläutere ein Beispiel ausführlich.

7 In Bielefeld startet ein IC, der mit einer Geschwindigkeit von 110 km/h ohne Halt nach Hannover fährt. Auf dieser Strecke liegt 45 km von Bielefeld entfernt Minden. Zur gleichen Zeit fährt dort ein durchgehender Güterzug nach Hannover ab. Seine Geschwindigkeit beträgt 50 km/h. Wann und in welcher Entfernung von Bielefeld holt der IC den Güterzug ein?

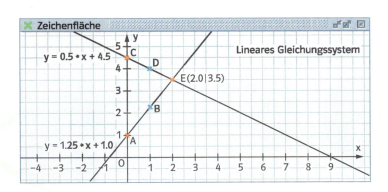

Lineare Gleichungssysteme

Lineare Gleichungssysteme
Zu einem solchen System gehören mehrere lineare Gleichungen mit mehreren Variablen. Du hast schon Systeme mit zwei Gleichungen und zwei Variablen kennen gelernt. Die Lösungen, die du beim Berechnen ermittelst, erfüllen sowohl die erste als auch die zweite Gleichung.
In der Physik können Bewegungsprobleme zweier Körper mit Gleichungssystemen beschrieben werden.

Wechsel-wirkung

Ein Auto kommt zum Stehen. Der Physiker erforscht die Ursachen, erklärt und nutzt sie.
In der Physik werden solche Wechselwirkungen oft beobachtet und erklärt. Häufig siehst du zuerst eine Wirkung, z. B. kommt der Wagen plötzlich zum Stehen.
Es ist wichtig zu wissen, wie Ursache und Wirkung zusammenhängen. So wird es erst möglich, Vorhersagen über die Entwicklung von Abläufen zu treffen und diese zu steuern.

Bewegte Körper

Bewegte Körper

Wenn sich ein Körper gleichförmig bewegt, muss eine Kraft auf ihn einwirken, damit er schneller oder langsamer wird.

Um das Auto abzubremsen, ist die Bremskraft erforderlich. Sie wird durch die Muskelkraft im Bein des Fahrers über das Bremspedal auf die Räder des Fahrzeugs übertragen und bewirkt eine Verzögerung des Fahrzeuges.

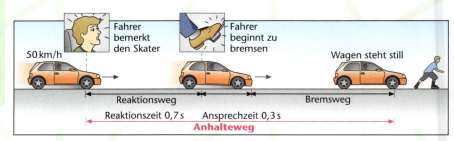

50 km/h — Fahrer bemerkt den Skater — Fahrer beginnt zu bremsen — Wagen steht still

Reaktionsweg | Bremsweg
Reaktionszeit 0,7 s | Ansprechzeit 0,3 s
Anhalteweg

Ursachen und Wirkungen

Ursachen und Wirkungen

Ein kleiner Marienkäfer aus Plastik steht auf einer Tischplatte.
Plötzlich bewegt er sich vorwärts, dann im Kreis.

Ursache dafür ist ein Magnet, den jemand unter der Tischplatte hin und her bewegt. Natürlich ist der Marienkäfer nicht nur aus Plastik, sondern er enthält einen kleinen Magneten oder ein Stück eines ferromagnetischen Stoffes im Inneren.

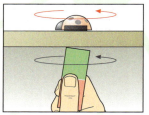

Ursache: Licht

Wenn man im Sommer zu unterschiedlichen Tageszeiten an einem Sonnenblumenfeld vorbeikommt, stellt man fest, dass sich die Blütenköpfe aller Sonnenblumen immer der Sonne zu wenden. Lichtsensoren in der Pflanze sorgen dafür, dass eine maximale Sonneneinstrahlung vorhanden ist für die Fotosynthese.

Die Lichtverhältnisse beeinflussen auch uns und unseren Alltag: unsere Pupillen reagieren auf unterschiedliche Lichtverhältnisse. Die Einschaltzeit der Straßenbeleuchtung kann durch lichtabhängige Widerstände geregelt werden

Ursache: Licht

Dynamo

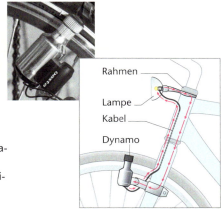

Rahmen
Lampe
Kabel
Dynamo

Dynamo: Schnell – hell, langsam – dunkel

Ein Fahrraddynamo ist ein Kleingenerator. Im Dynamo rotiert ein Magnet in einer Spule und erzeugt durch Induktion Wechselspannung.

Je schneller der Magnet rotiert, desto heller leuchtet das angeschlossenen Fahrradlämpchen.

Ernährung

Wie viel Nahrung brauchen wir?
Der Energiebedarf eines Menschen hängt z. B. von seinem Alter, seiner Größe, seinem Gewicht oder von seiner Tätigkeit ab. Wird dem Körper zu viel Energie zugeführt, wird der Überschuss in Fettdepots angelegt. Erhält ein Körper zu wenig Energie, werden vorhandene Fettdepots abgebaut. In beiden Fällen kann es zu krankhaften Zuständen kommen.

Ernährung

Unerwünschte Wirkungen

Bei einer kontrollierten Spaltung von 1 kg Uran-235 wird etwa soviel Energie freigesetzt wie bei der Verbrennung von 2600 t Steinkohle oder 2 200 000 l Heizöl. Damit könnte man 1000 Einfamilienhäuser ein Jahr lang beheizen. Bei einer unkontrollierten Kettenreaktion wird jedoch die riesige Energiemenge sehr schnell freigesetzt und richtet großen Schaden an.

Unerwünschte Wirkungen

Aufgaben

1 Erkläre, wie eine kontrollierte Kettenreaktion abläuft.

2 Bild 2 zeigt, wie sich der Anhalteweg zusammensetzt. Erläutere kurz, auf welchen Teil des Anhalteweges sich folgende Faktoren auswirken, und wie.
   – Stark abgefahrene Reifen
   – Abgenutzte Bremsbacken
   – Gespräch des Fahrers mit dem Handy
   – Voll beladenes Auto (4 Personen und Urlaubsgepäck für drei Wochen)
   – Drogeneinnahme des Fahrers
   – Starker Regen mit Hagel

3 Solange sich ein Magnetfeld im Inneren einer Spule ändert, wird in der Spule eine Spannung induziert. Die entstehende Induktionsspannung hängt von unterschiedlichen Faktoren ab. Wie muss ein Versuchsaufbau aussehen, um eine möglichst große Induktionsspannung zu erzeugen?

4 Bildet Vierergruppen und erstellt ein Plakat, auf dem der tägliche Energiebedarf eines Jugendlichen dargestellt wird.
   a) Paul, 14 Jahre alt, 1,70 m groß und er wiegt 65 kg. Sein Hobby ist Fußball. Er trainiert viermal pro Woche je 2 Stunden und joggt täglich 30 Minuten.
   b) Kaan, 14 Jahre alt, 1,72 m groß, 72 kg schwer. Seine Hobbys sind PC-Spiele und Fernsehen. Beide Hobbys nehmen täglich etwa 5 Stunden seiner Freizeit ein.

5 Fertige eine Tabelle an und gib mindestens zehn Beispiele aus unterschiedlichen Be-

Ursache	Wirkung
Reibung	Wärme
vereiste Fahrbahn	längerer Bremsweg

Energie

Viele technische Geräte erleichtern uns den Alltag, machen uns mobil oder gestalten das Leben bequemer. Seien es Geräte im Haushalt, Autos oder einfach nur der elektrische Motor, der das CD-Fach eines CD-Players ein- und ausfährt.
Letztendlich benötigen all diese Geräte Energie. Elektrische Energie in Form von Strom, chemische Energie gespeichert in Treibstoffen, Kohle usw.
Aber auch alle Lebewesen, so auch wir Menschen, benötigen zum Leben Energie, die wir über die Nahrung bekommen.

Energieerzeugung

Viele Geräte funktionieren mithilfe von elektrischem Strom. Elektrische Energie, also elektrischer Strom, wird in Kraftwerken erzeugt. Je nach genutztem Energieträger gibt es z. B. Kohlekraftwerke, Wasserkraftwerke oder Kernkraftwerke. Durch die Verbrennung des Energieträgers oder durch sich bewegende Wassermassen werden Turbinen angetrieben, die ihre Drehbewegung auf den Generator übertragen. So wird nach einigen Energieumwandlungen im Generator der elektrische Strom erzeugt.

Energie-erzeugung

Wie sehr wir inzwischen auf die Nutzung der elektrischen Energie angewiesen sind zeigt sich oft erst, wenn der Strom mal ausfällt.

Fossile Brennstoffe

Fossile Brennstoffe

Der Bedarf an Energie auf der Erde wächst rasant. Lange Zeit wurden zur Erzeugung der Energie fast ausschließlich fossile Brennstoffe genutzt. Das sind hauptsächlich Kohle, Erdöl und Erdgas. Im Laufe von Millionen von Jahren entstanden die fossilen Brennstoffe durch Ablagerungen von Pflanzen und Kleintieren.
Jetzt werden diese Energieträger allmählich knapp und somit teuer. Sie erschöpfen sich. Daher kommt auch der Name erschöpfliche Energieträger. Ein weiteres Problem entsteht bei der Nutzung der fossilen Brennstoffe. Bei deren Verbrennung entstehen Schadstoffe, wie z. B. Kohlenstoffdioxid die zur Luftverschmutzung führen und Einfluss auf das Klima haben.

Kernenergie

Bei der Spaltung von Atomen kann viel Energie freigesetzt werden. In Kernkraftwerken wird die Kernenergie zur Erzeugung von elektrischer Energie genutzt. Auch in der Medizin und in der Technik nutzt man diese Energieform. Bei einer Kernspaltung entsteht radioaktive Strahlung. Damit können Krebszellen bekämpft oder Schweißnähte überprüft werden. Pflanzen können durch radioaktive Strahlen bei der Züchtung beeinflusst werden.
Da radioaktive Strahlung aber nicht nur nützliche, sondern auch schädliche Wirkungen haben kann, müssen bei jeder Anwendung höchste Sicherheitsvorschriften eingehalten werden.

Kernenergie

Regenerative Energien

Regenerative Energien

Energieträger, die sich unter dem Einfluss von Sonne ständig erneuern können, nennt man regenerative Energien. Dazu gehören z. B. die Energieträger Wasser, Wind und die Sonne selbst. Windräder und Solarzellen prä-

gen schon heute unsere Umwelt und sind aus der Energieversorgung der Zukunft nicht mehr wegzudenken. Der Vorteil daran ist die unbegrenzte Nutzbarkeit, nachteilig dagegen ist, dass sie nicht immer verfügbar sind und ein verändertes Landschaftsbild entsteht.

Aufgaben

1 Welche Energieträger nutzt man zum Antrieb von Fortbewegungsmitteln?

2 Früher mussten die Menschen ohne elektrischen Strom auskommen. Finde Beispiele für Arbeiten, die heute durch die Nutzung des elektrischen Stromes einfacher sind. Beschreibe diese Arbeiten und nenne die notwendigen Geräte dafür. Präsentiere deine Ergebnisse und vielleicht sogar einige Geräte vor der Klasse.

3 Erkundige dich, wo es Häuser oder Betriebe gibt, die Solartechnik nutzen. Erstelle davon eine Foto-Dokumentation.

4 Informiere dich in verschiedenen Medien zum Einsatz von Brennstoffzellen.

5 Suche Abbildungen von Wasserrädern und beschreibe ihre Wirkungsweise. Gestalte damit eine Seite in deinem Hefter.

6 Es gibt verschiedene Arten von Windmühlen. Ihre Unterschiede bestehen im Aufbau und in der Wirkungsweise. Finde einige Arten und beschreibe sie.

Energieumwandlungen

Von jeher geht von schnellen Autos eine Faszination aus. Kommt ein Rennwagen von der Strecke ab, kann die Bewegungsenergie zu einer tödlichen Bedrohung für den Fahrer werden. Die Energie muss von Teilen der Karosserie aufgenommen werden. Bei Personenwagen erfolgt die Energieumwandlung in den Knautschzonen. Bei vielen anderen Prozessen ist diese Energieumwandlung nicht so spektakulär. In einer Kaffeemaschine z. B. wird die elektrische Energie in Wärme umgewandelt. Was bei der Kaffeemaschine erwünscht ist, ist bei der Glühlampe eher unerwünscht. Hier wird die elektrische Energie nur zu ca. 5 % in Licht umgewandelt, der Rest in ungewünschte Wärme.

Bei allen Energieumwandlungsprozessen kann nur ein Teil der eingesetzten Energie für den gewünschten Zweck genutzt werden. Deshalb ist es bei Maschinen und Geräten wichtig, dass ein möglichst großer Teil der eingesetzten Energie auch genutzt werden kann.

Energieumwandlungen

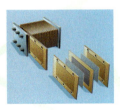

Wir forschen weiter

Wir forschen weiter!

Auto fahren mit Wasser – warum nicht? Die ersten Brennstoffzellen sind bereits im Einsatz.
Wir Menschen sind bestrebt, immer neue Energiequellen aufzuspüren und für uns nutzbar zu machen.
So gibt es inzwischen z. B. Gezeitenkraftwerke. Durch die Energie der

Strömung von Ebbe und Flut werden Turbinen angetrieben. Ein Wellenkraftwerk nutzt sehr hohe Wellen zum Antreiben der Turbinen. Forscher denken auch schon darüber nach, die frei werdende Energie bei einem Vulkanausbruch zu nutzen.

Materie

Alle Gegenstände im Alltag und in der Natur bestehen aus Materie. Der Begriff Materie kommt aus der lateinischen Sprache und bedeutet Stoff.

Gegenstände können aus unterschiedlichen Stoffen bestehen. Die Eigenschaften eines Stoffes bestimmen, wie er eingesetzt werden kann. Die Naturwissenschaftler untersuchen die Eigenschaften, die Zusammensetzung und die Veränderung von Materie.

Teilchenmodell

Viele Eigenschaften und Veränderungen von Stoffen lassen sich erklären, wenn man weiß, wie die Stoffe aufgebaut sind. Dazu gibt es viele Vorstellungen.

Nach dem Teilchenmodell besteht jeder Stoff aus kleinsten Teilchen, die sich ständig bewegen.
Als Atom wird das kleinste Teilchen eines Stoffes bezeichnet, das noch die charakteristischen chemischen Eigenschaften des Stoffes hat. Wenn du z. B. ein Stück Eisen immer weiter zerkleinern würdest, erhältst du irgendwann ein kleinstes Eisenteilchen – ein Eisen-Atom. Dieses enthält zwar noch kleinere Teilchen, die aber einzeln nicht mehr die Eigenschaften von Eisen repräsentieren.

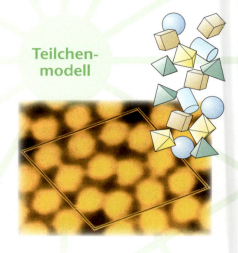

Teilchenmodell

Atombau

Alle Atome bestehen aus einem Atomkern und einer Atomhülle. Der Kern besteht aus positiv geladenen Protonen und Neutronen und enthält fast die gesamte Masse des Atoms.
Die Atomhülle wird aus negativ geladenen Elektronen gebildet, die sich um den Atomkern bewegen.

Nach außen hin erscheint jedes Atom elektrisch neutral, weil jedes Atom gleich viele Elektronen und Protonen besitzt. Ist diese Gleichgewicht nicht mehr vorhanden, spricht man von einem Ion. Ionen sind nicht elektrisch neutral.

Atombau

Isotope sind Atom-Varianten des gleichen Elements. Sie haben die gleiche Anzahl von Protonen, aber unterschiedlich viele Neutronen im Atomkern.

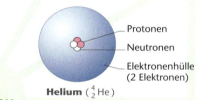

Protonen
Neutronen
Elektronenhülle (2 Elektronen)

Helium ($^4_2$He)

Helium-Isotop ($^3_2$He)

Helium-Isotop ($^6_2$He)

Radioaktivität

Die Atomkerne von vielen Elementen in der Natur sind instabil. Sie zerfallen und senden dabei α-, β-, oder γ-Strahlung aus.
– α-Strahlung besteht aus „Paketen" von 2 Protonen und 2 Neutronen, die einem Heliumkern entsprechen.
– Auch β-Strahlung ist eine Teilchenstrahlung. Sie besteht aus negativ geladenen Elektronen.

– γ-Strahlung ist keine Teilchenstrahlung. Bei der Umwandlung radioaktiver Elemente wird Energie frei, die in Form elektromagnetischer Strahlung abgegeben wird.

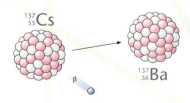

$^{137}_{55}$Cs → $^{137}_{56}$Ba + β

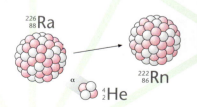

$^{226}_{88}$Ra → $^{222}_{86}$Rn + $^4_2$He (α)

Radioaktivität

Aggregat-zustände

Energiezufuhr

Eis | Wasser | Wasserdampf

Aggregatzustände

Die Erscheinungsformen der Materie sind vielseitig. Der gleiche Stoff kann in festem, flüssigem oder gasförmigen Zustand vorliegen.

Eis, Wasser und Wasserdampf bestehen jeweils aus den selben Teilchen, allerdings sind ihre Anordnung und ihr Zusammenhalt je nach Aggregatzustand anders.

Wenn Materie von einem Aggregatzustand in den anderen übergeht, dann verändert sich die innere Ordnung der Materie.

Elektrische Ströme

Wenn sich frei bewegliche Ladungsträger in eine gemeinsame Richtung bewegen, fließt ein elektrischer Strom. Ladungsträger können z. B. negativ geladene Elektronen sowie positiv oder negativ geladene Ionen sein.

– In Metallen sind immer frei bewegliche Elektronen vorhanden.
– In Flüssigkeiten erfolgt der Ladungstransport durch Ionen. Viele Stoffe bilden Ionen, wenn sie in Wasser gelöst werden.
– In Gasen entstehen freie Elektronen und Ionen erst durch Ionisierung der neutralen Gasatome.

– In Halbleitern gibt es bei sehr tiefen Temperaturen (0 K) keine freien Ladungsträger. Erst durch Energiezufuhr bilden sich freie Elektronen und positiv geladene „Löcher".
– In einem Vakuum gibt es keine Ladungsträger. Deshalb werden Elektronen in das Vakuum hineingebracht.

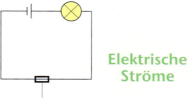

Elektrische Ströme

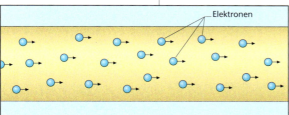

Elektronen

Aufgaben

1 Wähle einen Stoff, erstelle einen Stoffsteckbrief und beschreibe seine Eigenschaften. Überlege, für welche Einsatzbereiche der Stoff gut bzw. schlecht geeignet ist. Begründe deine Aussagen.

2 Woran erkennst du von „außen" den unterschiedlichen Teilchenaufbau von Wasser in den drei Aggregatzuständen? Gib für jeden Agregatzustand ein Beispiel an.

3 Zwei Stoffe werden gemischt, z. B. Wasser und Farbstoff.
a) Was beobachtest du dabei? Überlege dir eine Möglichkeit, wie du das Mischen beschleunigen könntest.
b) Wie stellst du dir den Vorgang im Teilchenmodell vor? Verdeutliche deine Überlegungen mithilfe von Murmeln oder Tischtennisbällen und erkläre sie deinen Mitschülern.

4 Warum ist ein Magnet ein Magnet? Wie stellst du dir den inneren Aufbau eines Magneten vor? Skizziere deine Überlegungen.

Stoffumwandlung

In Kraftwerken wird Energie von einer Energieform in eine andere umgewandelt.

In Kohlekraftwerken wird z. B. Kohle verbrannt, dabei wird die chemische Energie der Kohle in Wärme umgewandelt. Gleichzeitig findet auch eine Stoffumwandlung statt: Der Kohlenstoff (in der Kohle) reagiert mit dem Sauerstoff (der Luft) zu Kohlenstoffdioxid.

Die Wärme wird genutzt, um Wasser zu verdampfen. Mithilfe von Generatoren wird die Wärme in elektrische Energie umgewandelt.

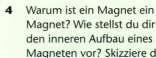

Stoffumwandlung

Gas- oder ölbetriebene Kraftwerke funktionieren ähnlich. Hier entstehen bei der Verbrennung neben Kohlenstoffdioxid auch große Mengen an Wasserdampf.

In Kernkraftwerken wird die Spaltung von Atomkernen genutzt, um die in den Atomen vorhandene innere Energie in Wärme umzuwandeln.

Die Basiskonzepte auf einen Blick

Am Beispiel des Windes kannst du das Wirken der vier Basiskonzepte Energie, Wechselwirkung, System und Materie erkennen.

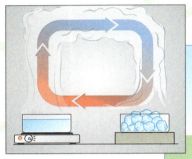

Energie

Die Sonne ist der Motor des Wetters. Die Energie, die von der Sonne die Erde erreicht, ist der Antrieb für die „Wettermaschine".

Auch der Wind, ein wichtiger Bestandteil des Wetters, hat seinen Antrieb von der Sonnenenergie. Dadurch, dass die Erde unterschiedlich stark erwärmt wird, haben wir unterschiedliche Luftdruckverhältnisse auf der Erde.

Kleinräumig kann man das schön beobachten am Beispiel von Land- und Seewind an der Küste. Aufgrund von unterschiedlicher Wärmekapazität von Boden und Wasser erwärmt sich der Boden schneller und stärker. Die darüber befindliche Luft erwärmt sich ebenfalls und steigt auf. In den am Boden entstehenden tieferen Luftdruck strömt vom höheren Luftdruck über dem Wasser Luft nach. Das nennt man Wind.

Das was kleinräumig an einer Küste passiert, geschieht großräumig auf der gesamten Erde zwischen den sehr warmen Tropen und den sehr kalten Polargebieten. Bei jedem Wind – ob es sich um ein laues Lüftchen oder einen Tornado oder einen tropischen Wirbelsturm handelt – ist der Antrieb die Energie von der Sonne.

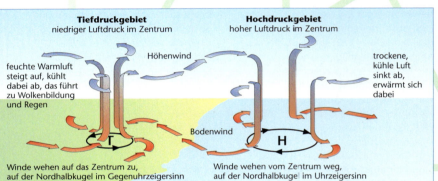

Tiefdruckgebiet
niedriger Luftdruck im Zentrum

Hochdruckgebiet
hoher Luftdruck im Zentrum

Höhenwind

feuchte Warmluft steigt auf, kühlt dabei ab, das führt zu Wolkenbildung und Regen

trockene, kühle Luft sinkt ab, erwärmt sich dabei

Bodenwind

Winde wehen auf das Zentrum zu, auf der Nordhalbkugel im Gegenuhrzeigersinn

Winde wehen vom Zentrum weg, auf der Nordhalbkugel im Uhrzeigersinn

Wechselwirkung

Eine leichte Brise kann uns erfrischen, ein Orkan kann unser Leben und unser Hab und Gut bedrohen. Die unterschiedlichen Wirkungen von Wind müssen unterschiedliche Ursachen haben. Wenn die Luftdruckunterschiede aufgrund sehr großer Temperaturunterschiede groß sind, findet ein starker Druckausgleich statt. Der macht sich dann als starker Sturm oder Orkan bemerkbar.

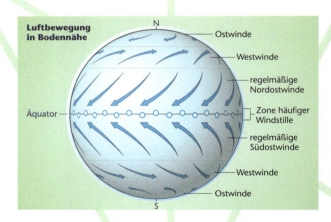

Luftbewegung in Bodennähe

N

Ostwinde

Westwinde

regelmäßige Nordostwinde

Äquator

Zone häufiger Windstille

regelmäßige Südostwinde

Westwinde

Ostwinde

S

Tropische Wirbelstürme bilden sich über den warmen Wassermassen der Tropen. Je länger sich ein aufbauender Wirbelsturm über dem energiereichen warmen Wasser bewegt, desto stärker wird er. Je stärker er wird, desto mehr Luftfeuchtigkeit kann er aufnehmen. Die Folgen: größere Windgeschwindigkeiten und stärkere Niederschläge, wenn er „an Land geht".

Eine andere Wirkung auf den Wind übt die Rotation der Erde aus. Sie hat zur Folge, dass auf der Nordhalbkugel alle Winde nach rechts und auf der Südhalbkugel nach links abgelenkt werden.

System

Es gibt verschiedene Windsysteme auf der Erde. Eines davon ist der Passatkreislauf in den Tropen (zwischen dem Äquator und den Wendekreisen).
Diese Windsystem funktioniert folgendermaßen: Am Äquator, wo die Sonneneinstrahlung am stärksten ist, steigt die Luft auf, strömt in der Höhe nach Norden und Süden, sinkt an den Wendekreisen wieder ab und strömt von

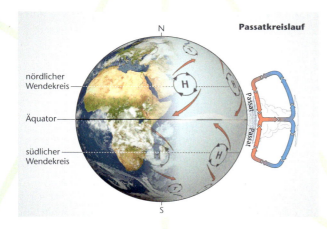

Passatkreislauf

nördlicher Wendekreis

Äquator

südlicher Wendekreis

dort als Nordost- bzw. Südostpassat zum Äquator wieder zurück.
Hierbei handelt es sich um ein in sich geschlossenes System. Dieses System funktioniert so, weil erwärmte Luft aufsteigt, sich in der Höhe abkühlt und dadurch wieder absinkt.

Ein weiteres sehr bedeutendes Windsystem ist der Monsun, ein jahreszeitlich wechselnder Wind in Südostasien. Der Sommermonsun bringt dort für die Landwirtschaft die notwendigen Niederschläge, meistens aber verbunden mit gewaltigen Überschwemmungen.

Stoffzustand	Teilchenabstand

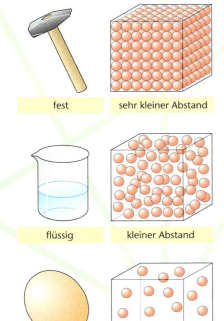

fest	sehr kleiner Abstand
flüssig	kleiner Abstand
gasförmig	großer Abstand

Materie

Wind ist sich horizontal bewegende Luft. Luft ist ein Gemisch aus verschiedenen Gasen. Hauptbestandteile sind Sauerstoff und Stickstoff. Dass Luft ein so „beweglicher" Körper ist, hängt mit den Eigenschaften gasförmiger Körper zusammen.

In festen Körpern schwingen die Teilchen (Atome bzw. Moleküle), ohne ihre Plätze zu verlassen. In Flüssigkeiten sind die Bindungskräfte so schwach, dass die Teilchen ihre Plätze verlassen können.

In gasförmigen Körpern – wie z. B. in Luft – wirken die Bindungskräfte praktisch nicht mehr. Wenn man sich durch Luft bewegt, spürt man fast keinen Widerstand im Vergleich zur Bewegung in Wasser.

Aufgaben

1 Beschreibe in eigenen Worten am Beispiel des Windes die 4 Basiskonzepte der Physik.

2 Erkläre die 4 Basiskonzepte am Beispiel Auto.

Eigenschaften verschiedener Stoffe

Feste Stoffe	Dichte bei 20 °C in g/cm³	spezifische Wärmekapazität in kJ/(kg·K)	Ausdehnung eines 1-m-Stabes bei Erwärmung um 10 K in mm	Schmelztemperatur in °C	Siedetemperatur in °C
Aluminium	2,70	0,896	0,238	660	2400
Beton	2,2–2,5	0,879	0,11		
Blei	11,35	0,129	0,294	327	1750
Kobalt	8,80	0,419	0,126	1493	2880
Eis (−4 °C)	0,92	2,090	0,37	0	100
Eisen	7,86	0,452	0,116	1535	2800
Glas	2,23	0,799	0,032	815	
Gold	19,30	0,129	0,142	1063	2660
Graphit	2,25	0,711	0,19	3800	4400
Kochsalz	2,16	0,854	0,48	808	1461
Kupfer	8,93	0,385	0,168	1083	2582
Platin	21,45	0,134	0,091	1769	4300
Plexiglas®	1,16	1,300	0,75	~110	
Porzellan	2,30	0,846	0,04	1670	
Silber	10,50	0,237	0,193	961	2180
Zinn	7,30	0,226	0,27	232	2680

Flüssigkeiten			Ausdehnung von 10 l bei 20 °C und Erwärmung um 1 K in ml		
Alkohol (Ethanol)	0,789	2,40	11,0	−114	78
Glycerin	1,260	2,39	5,0	18	291
Petroleum	0,847	2,14	9,6		150–280
Quecksilber	13,546	0,138	1,8	−39	357
Wasser	0,998	4,18	2,1	0	100

Gase	g/l				
Helium	0,179	5,23		−273	−269
Kohlenstoffdioxid	1,977	0,837		−78	−57
Kohlenstoffmonooxid	1,25	1,05		−204	−191
Luft	1,293	1,005		−213	−193

Größen und Einheiten

Größe	Zeichen	Einheit	Zeichen	Größe	Zeichen	Einheit	Zeichen
Länge	s, l	Meter	1 m	Arbeit	W	Joule, Wattsekunde	1 J, 1 Ws
Fläche	A	Quadratmeter	1 m²	Energie	E	Joule, Wattsekunde	1 J, 1 Ws
Volumen	V	Kubikmeter	1 m³	Leistung	P	Watt	1 W
Masse	m	Kilogramm	1 kg	Temperatur	ϑ	Grad Celsius	1 °C
Dichte	ρ		$1\,\frac{kg}{m^3};\ 1\,\frac{g}{cm^3}$		T	Kelvin	1 K
Zeit	t	Sekunde	1 s	Ladung	Q	Coulomb	1 C
Geschwindigkeit	v		$1\,\frac{m}{s};\ 1\,\frac{km}{h}$	Stromstärke	I	Ampere	1 A
Frequenz	f	Hertz	1 Hz	Spannung	U	Volt	1 V
Kraft	F	Newton	1 N	Widerstand	R	Ohm	1 Ω

Vorsilben für Vielfache und Teile von Einheiten

Vorsilbe	Bedeutung	Beispiel	
Atto a	10^{-18} = 0,000 000 000 000 000 001	$1\,aWs = 10^{-18}\,Ws$	Grenze der Lichtempfindlichkeit des Auges
Femto f	10^{-15} = 0,000 000 000 000 001	$1\,fm = 10^{-15}\,m$	Größe von Protonen und Neutronen
Pico p	10^{-12} = 0,000 000 000 001	$1\,pPa = 10^{-12}\,Pa$	Luftdruck im technisch besten Vakuum
Nano n	10^{-9} = 0,000 000 001	$1\,nm = 10^{-9}\,m$	Größe von Molekülen
Mikro μ	10^{-6} = 0,000 001	$1\,\mu g = 10^{-6}\,g$	Masse eines größeren Staubkorns
Milli m	10^{-3} = 0,001	$1\,mV = 10^{-3}\,V$	Spannung in den Nerven zur Reizleitung
Zenti c	10^{-2} = 0,01	$1\,cl = 10^{-2}\,l$	Volumen von einem Kaffeelöffel Flüssigkeit
Dezi d	10^{-1} = 0,1	$1\,dm = 10^{-1}\,m$	Handbreite
	10^{0} = 1	1 A	Stromstärke beim Fahrraddynamo
Deka da	10^{1} = 10	$1\,dam = 10\,m$	Breite einer Straße
Hekto h	10^{2} = 100	$1\,hl = 10^{2}\,l$	Volumen eines größeren Koffers
Kilo k	10^{3} = 1000	$1\,kA = 10^{3}\,A$	Stromstärke bei einer Elektrolokomotive
Mega M	10^{6} = 1000 000	$1\,MHz = 10^{6}\,Hz$	Frequenz elektrischer Schwingungen im Radio
Giga G	10^{9} = 1000 000 000	$1\,GW = 10^{9}\,W$	Leistung eines Kernkraftwerkes
Tera T	10^{12} = 1000 000 000 000	$1\,TW = 10^{12}\,W$	Leistung eines Gewitterblitzes
Peta P	10^{15} = 1000 000 000 000 000	$1\,Pm = 10^{15}\,m$	Weg, den das Licht in einem Monat zurücklegt
Exa E	10^{18} = 1000 000 000 000 000 000	$1\,EHz = 10^{18}\,Hz$	Frequenz von Röntgenstrahlen

Umrechnung von Krafteinheiten

	in N	in cN	in kN	in MN
1 N =	1	100	0,001	0,000 001
1 cN =	0,01	1	0,000 01	0,000 000 01
1 kN =	1000	100 000	1	0,001
1 MN =	1000 000	100 000 000	1000	1

Umrechnung von Einheiten für Arbeit, Wärme, Energie

	in J, Nm, Ws	in kJ	in kWh
1 J = 1 Nm = 1 Ws	1	0,001	0,000 000 278
1 kJ =	1 000	1	0,000 278
1 kWh =	3 600 000	3 600	1

Umrechnung von Geschwindigkeitseinheiten

	in $\frac{m}{s}$	in $\frac{km}{h}$
$1\,\frac{m}{s} =$	1	3,6
$1\,\frac{km}{h} =$	0,28	1

Umrechnung von Zeiteinheiten

	in s	in h	in d	in a	
1 s =	1	0,0003	–	–	
1 h =	3 600	1	0,042	–	lat. hora, Stunde
1 d =	86 400	24	1	0,003	lat. dies, Tag
1 a =	31,5 Mio.	8760	365	1	lat. annus, Jahr

Einheiten für Spezialgebiete

1 Lichtjahr	Astronomie	= 9 460 000 000 000 km
1 Seemeile (sm)	Seefahrt	= 1852 m
1 Knoten (kn)	Luft- und Seefahrt	= 1,852 km/h
1 Registertonne (RT)	Seefahrt	= 2,83 m³
1 Karat	Schmuck	= 0,2 g
1 Steinkohleneinheit (SKE)	Energiewirtschaft	= 8147 kWh
1 mm Quecksilbersäule (mm Hg)	Medizin	= 133 Pa
1 Ar (a)	Grundstücke	= 100 m²
1 Hektar (ha) = 100 a		= 10 000 m²

Englische (amerikanische) Einheiten

1 Zoll	inch	= 2,54 cm
1 Fuß = 12 inches	foot, Mz. feet	= 30,48 cm
1 Yard = 3 feet	yard	= 91,44 cm
1 Meile = 10760 yards	mile	= 1609 m
1 engl. Gallone	gallon	= 4,546 l
1 amerik. Gallone	gallon	= 3,785 l
1 engl. Fass = 35 gallons	barrel	= 159,11 l
1 amerik. Fass = 42 gallons	barrel	= 158,97 l
1 Unze	ounce	= 28,35 g
1 Pfund = 16 ounces	pound	= 453,6 g

Musterlösungen

Bewegte Körper und ihre Energie

2 a) Gegeben:
Vormittag: $t = 4,5\,h$, $s = 332\,km$
Nachmittag: $t = 5\,h$, $s = 390\,km$
Gesucht: v
Lösung: $v = \frac{s}{t}$

Vormittag: $v = \frac{332\,km}{4,5\,h}$

$v = 73,78\,\frac{km}{h}$

Nachmittag: $v = \frac{390\,km}{5\,h}$

$v = 78\,\frac{km}{h}$

Antwort: Der LKW hatte am Nachmittag eine größere Durchschnittsgeschwindigkeit.

b) Die Durchschnittsgeschwindigkeit ist der Quotient aus dem Gesamtweg und der Gesamtfahrzeit:

$v = \frac{s}{t}$

$v = \frac{(332\,km + 390\,km)}{(4,5\,h + 5\,h)}$

$v = 76\,\frac{km}{h}$

5 Gegeben: $m = 4\,kg$

$v = 16,5\,\frac{km}{h} = 4,58\,\frac{m}{s}$

Gesucht: E_{Kin}

Lösung: $E_{kin} = \frac{1}{2} \cdot m \cdot v^2$

$E_{kin} = \frac{1}{2} \cdot 4\,kg \cdot (4,58\,\frac{m}{s})^2$

$E_{kin} = 41,95\,J$

Antwort: Die Bowlingkugel hat eine kinetische Energie von etwa 42 J.

Elektromagnetismus

3 a) Modell der Elementarmagnete:
Im unmagnetisierten Eisen liegen die Elementarmagnete völlig ungeordnet vor. Das Magnetfeld im Innern der stromdurchflossenen Spule durchsetzt auch den Eisenkern. Dadurch richten sich die Elementarmagnete im Eisen entsprechend dem Magnetfeld der Spule aus. Der Eisenkern wird selbst zum Magneten und verstärkt damit das Magnetfeld der Spule.

b) Entsprechend hohe Windungszahlen der Spule, Verwendung eines Drahtmaterials mit geringem Widerstandswert, Eisenkern, hohe Stromstärken durch die Spule

12 Bei einem **Innenpol**generator dreht sich ein Magnet (Dauermagnet oder Elektromagnet) im **Inneren** einer feststehenden Spule. Innenpolgeneratoren erzeugen Wechselstrom.
Bei einem **Außenpol**generator wird das Magnetfeld durch einen **äußeren**, feststehenden Magneten erzeugt. Der Induktionsstrom entsteht in der drehbaren Spule. Außenpolgeneratoren erzeugen ebenfalls Wechselstrom. Baut man einen Kommutator ein, entsteht ein Gleichstrom.

Elektrische Energieübertragung

5 Gegeben: $P = 6\,W$,
$t = 1$ Jahr,
Preis $= 0,12\,€/kWh$
Gesucht:
Energieeinsatz in einem Jahr E_{Jahr},
Kosten der eingesetzten Energie

Lösung:
Da die Energie im vorliegenden Beispiel in Kilowattstunden angegeben wird, benötigt man zuerst die Anzahl der Stunden, die ein Jahr hat.
$t = 1$ Jahr $= 365 \cdot 24\,h$
$t = 8760\,h$

Im zweiten Schritt wird die eingesetzte Energie berechnet.
$E_{Jahr} = W \cdot t$
$E_{Jahr} = 6\,W \cdot 8760\,h$
$E_{Jahr} = 52560\,Wh = 52,560\,kWh$

Dieser Energieeinsatz verursacht Kosten in Höhe von
$52,560\,kWh \cdot 0,12\,€/kWh = 6,3072\,€$.

10 Gegeben: $n_1 = 540$,
$n_2 = 36$,
$I_1 = 8\,A$

Gesucht: I_2

Lösung: $\frac{n_1}{n_2} = \frac{I_2}{I_1}$

$I_2 = \frac{n_1}{n_2} \cdot I_1$

$I_2 = \frac{540}{36} \cdot 8\,A$

$I_2 = 120\,A$

Die Stromstärke auf der Sekundärseite beträgt 120 A.

11 Wenn man ein elektrisches Gerät an die Sekundärspule anschließt, gibt die Sekundärspule mehr elektrische Energie ab. Bei einem idealen Transformator ist die abgegebene elektrische Energie genau so groß wie die aufgenommene elektrische Energie. Deswegen muss die Primärspule auch mehr elektrische Energie aufnehmen. Da sich die angeschlossene Spannung an der Primärspule nicht ändern kann, steigt die Stromstärke an ($E = U \cdot I \cdot t$).

Wärme und Energieumwandlungen

5 Gegeben: $m = 3\,kg$
$$Q = 200\,kJ$$
$$c_{Blei} = 0{,}129\,\frac{kJ}{kg \cdot K}$$

Gesucht: ΔT
Lösung:

$$\Delta T = \frac{Q}{c \cdot m}$$

$$\Delta T = \frac{200\,kJ}{0{,}129\,kJ/(kg \cdot K) \cdot 3\,kg}$$

$$\Delta T = 517\,K$$

Die Temperatur des Bleis hat sich um 517 K erhöht.

Radioaktivität und Kernenergie

10 α-Strahlung ist eine Teilchenstrahlung: Ein Kern gibt dabei einen Heliumkern ab (2 Protonen und 2 Neutronen), sodass 4 Nukleonen den Kern verlassen.
Dabei kommt es zu einer Elementumwandlung, denn die ursprüngliche Protonenzahl des Kerns vermindert sich um 2.

20 a) Schimmelpilze, Bakterien, Ungeziefer, Salmonellen u. a. in Lebensmitteln werden zerstört. Die Reifedauer von Obst und Gemüse kann verzögert werden. Die Haltbarkeit wird verlängert.

b) Es gibt noch keine Langzeituntersuchungen, die eventuelle gesundheitliche Nebenwirkungen ausschließen können.

23 a) Trifft ein langsames Neutron einen U-235-Atomkern, so wird dieser gespalten und es entstehen 2 – 3 neue Neutronen. Spalten 2 – 3 der Neutronen wieder Urankerne usw., dann wächst die Zahl der Spaltungen schnell an. In Bruchteilen von Sekunden wird so eine große Energiemenge frei.

b) Neutronen, die bei einer Uranspaltung entstehen, können einen Uranblock durch die Oberfläche verlassen, bevor sie eine neue Spaltung verursacht haben. Ist diese Anzahl zu groß, kommt keine Kettenreaktion zustande.
Ab einer bestimmten Masse des Uranblocks, der so genannten kritischen Masse, kommt es dagegen immer zu einer Kettenreaktion. Denn wegen der vergrößerten Anzahl an Kernen, trifft ein freies Neutron jetzt eher auf einen Kern, bevor es den Uranblock durch die Oberfläche verlassen kann.

c) Im Natururan ist eine große Anzahl U-238-Atome enthalten. Auf einen U-235-Kern kommen ca. 142 U-238-Kerne. Die U-238-Kerne absorbieren daher freie Neutronen, bevor sie U-235-Kerne spalten können.

26 Durch die Spaltung der U-235-Kerne verringert sich deren Konzentration ständig. Stattdessen entstehen zahlreiche Spaltprodukte in den Brennstäben, die nicht mehr für eine Kettenreaktion zu gebrauchen sind. Wird die Konzentration des spaltbaren Materials mit der Zeit zu gering, müssen die Stäbe ausgetauscht werden.

Elektrische Leitungsvorgänge

5 Eine Leuchtstoffröhre besteht aus einem Glasrohr, das mit einer Metalldampf-Gas-Mischung bei verringertem Druck gefüllt ist. Durch einen Hochspannungsstoß wird die Gasfüllung ionisiert und damit leitfähig. Die Gas-Ionen und Elektronen werden beschleunigt und regen beim Zusammenstoß mit neutralen Gasteilchen diese zum Leuchten an.
Oft wird als Gasfüllung eine Gasmischung benutzt, die Quecksilberdampf enthält. Dabei wird hauptsächlich unsichtbares ultraviolettes Licht erzeugt.
Dieses UV-Licht regt eine auf der Innenwand der Glasröhre angebrachte Leuchtstoffschicht zum Leuchten an. Dabei entsteht sichtbares weißes Licht. Je nach der Zusammensetzung des Leuchtstoffs können damit auch andere Farben erzeugt werden.

9 a) Es leuchtet nur die untere grüne LED, da sie in Durchlassrichtung geschaltet ist. Die rote LED liegt in Sperrrichtung.

b) Beim Betrieb mit Wechselspannung würden die LEDs abwechselnd leuchten, da bei einer Stromrichtung die grüne LED, bei umgekehrter Stromrichtung die rote LED in Durchlassrichtung liegt. Aufgrund des schnellen Wechsels der Stromrichtung (Frequenz des Wechselstroms 50 Hz) nimmt man das abwechselnde Leuchten der LEDs als Flimmern wahr.

Bildnachweis

U1.1 Getty Images, München;; U1.2 plainpicture GmbH & Co. KG, Andreas Pieper, Hamburg; U4.1 Avenue Images GmbH, Hamburg; U4.2 Getty Images, München; U4.3 Corbis GmbH, Düsseldorf; U4.4 Getty Images; München

3.1 Picture-Alliance (dpa/afp Joel), Frankfurt; 3.4 Informationszentrum Weißblech e.V., Düsseldorf; 3.5 MEV Verlag GmbH, Augsburg; 4.2 mediacolor's P & F Müller (Peters), Zürich; 4.3 Action Press GmbH, Hamburg; 4.4 EnBW AG (Schäfer), Karlsruhe; 5.1 Corbis (Tom Ives), Düsseldorf; 5.2 Mauritius Images (Lehn), Mittenwald; 6.1 Getty Images (Faint), München; 6.2 Daimler AG Medienarchiv, Stuttgart; 6.3 Corbis (Olivier Prevosoto), Düsseldorf; 6.4 Picture-Alliance (dpa/afp Joel), Frankfurt; 6.5 MEV Verlag GmbH, Augsburg; 6.6 Daimler AG Medienarchiv, Stuttgart; 6.7 Daimler AG Medienarchiv, Stuttgart; 6.8 Daimler AG Medien-archiv, Stuttgart; 6.9 Daimler AG Medienarchiv, Stuttgart; 7.1 ddp Deutscher Depeschendienst GmbH (Kai-Uwe Knoth), Berlin; 7.2 MPI-Fotoservice (Jooss), Stuttgart; 7.3 Picture-Alliance (Jasper Juinen-Anp), Frankfurt; 7.4 Picture-Alliance (dpa/wolkswagen), Frankfurt; 7.5 Imago Stock & People (David Heerde), Berlin; 8.3 Das Fotoarchiv (Jochen Tack), Essen; 8.4 Picture-Alliance (AFP/Rolf Haid), Frankfurt; 8.6 blickwinkel (M. Delpho), Witten; 9.3 Mauritius Images (E. Gebhardt), Mittenwald; 10.1 photo affairs, Deisslingen; 10.2 photo affairs, Deisslingen; 10.3 Corbis (Alan Schein Photo-graphy), Düsseldorf; 10.4 Argus (Thomas Raupach), Hamburg; 11.1 Klett-Archiv, Stuttgart; 11.3 Picture-Alliance (dpa/Jochen Eckel), Frankfurt; 11.4 Marzell; 11.5 Klett-Archiv, Stuttgart; 12.3 Picture-Alliance (ASA/Thomas Urner), Frankfurt; 14.1 Nehren; 15.1 Mauritius Images (nonstock), Mittenwald; 15.3 Nehren; 16.2 Picture-Alliance (akg-images), Frankfurt; 16.3 Picture-Alliance (akg-images), Frankfurt; 16.4 Astrofoto (NASA), Sörth; 17.1 SCALA GROUP S.p.A., Antella (Firenze); 17.2 Balonier; 17.3 Balonier; 18.1 photo affairs (Jürgen Bögelspacher), Deisslingen; 19.2 Argum (Wolfgang Nuerbauer), München; 22.1 photo affairs, Deisslingen; 22.2 photo affairs, Deisslingen; 22.3 MEV Verlag GmbH, Augsburg; 22.5 Ulrich Niehoff Fotoproduktionen und Bildarchiv, Bienenbüttel; 22.6 Volkswagen Coaching GmbH, Wolfsburg; 22.7 AKEMI GmbH, Nürnberg; 22.8 Okapia (Horst-Jürgen Schunk), Frankfurt; 23.1 Sortimo, Zusmarshausen; 23.2 Deutscher Verkehrssicherheits-rat e.V. (DVR), Bonn; 23.3 DEKRA GmbH, Stuttgart; 23.4 DEKRA GmbH, Stuttgart; 25.3 Daimler AG Medienarchiv, Stuttgart; 26.2 MPI-Fotoservice, Stuttgart; 26.3; 26.4 Nehren; 28.1 Mauritius Images (Pokorski), Mittenwald; 28.3 f1 online digitale Bildagentur (Trigalou), Frankfurt; 29.1 Getty Images (Faint), München; 29.3 imago sportfotodienst, Berlin; 29.4 Klett-Archiv, Stuttgart; 31.1 photo affairs, Deisslingen; 32.2 Klett-Archiv, Stuttgart; 33.1 Informationszentrum Weißblech e.V., Düsseldorf; 33.2 Ullstein Bild GmbH, Berlin; 33.3 SUPERBILD, Taufkirchen/München; 33.4 Klett-Archiv, Stuttgart; 34.1 Daimler AG Medienarchiv, Stuttgart; 34.2 Balonier; 34.4 Klett-Archiv, Stuttgart; 35.3 Klett-Archiv, Stuttgart; 35.4 Daimler AG Medienarchiv, Stuttgart; 36.1 PIXTAL, New York NY; 36.2 Klett-Archiv (Johann Leupold), Stuttgart; 37.1 Klett-Archiv (Johann Leupold), Stuttgart; 38.1 Klett-Archiv, Stuttgart; 38.4 Klett-Archiv, Stuttgart; 38.9 Klett-Archiv, Stuttgart; 40.3 Mauritius Images (Phototake), Mittenwald; 41.2 Phywe Systeme GmbH & Co. KG, Göttingen; 42.2 Klett-Archiv (Matthias Müller), Stuttgart; 43.1 Michael Maiworm, Sprockhövel; 43.2 Maiworm, Sprockhövel; 43.4 Maiworm, Sprockhövel; 43.5 Maiworm, Sprockhövel; 43.6 Maiworm, Sprockhövel; 46.1 Maiworm, Michael, Sprockhövel; 46.3 Klett-Archiv, Stuttgart; 46.5 Klett-Archiv, Stuttgart; 46.6 Maiworm, Sprockhövel; 47.2 Maiworm, Sprockhövel; 47.5 Maiworm, Michael, Sprockhövel; 48.1 Endress Elektrogeräte GmbH, Bempflingen; 48.2 Maiworm, Sprockhövel; 48.4 Corbis (Jean Heguy), Düsseldorf; 49.1 Maiworm, Sprockhövel; 49.2 Siemens AG Energy Sector, Erlangen; 50.1 Mai-worm, Michael, Sprockhövel; 50.2 Klett-Archiv, Stuttgart; 50.3 Klett-Archiv (Gert Elsner), Stuttgart; 52.1 Klett-Archiv, Stuttgart; 52.2 Klett Archiv, Stuttgart;

54.4 Mauritius Images (age), Mittenwald; 55.1 Picture-Alliance (dpaweb/Kay Nietfeld), Frankfurt; 55.2 Conrad Electronic SE, Hirschau; 55.3 MEV Verlag GmbH, Augsburg; 55.5 Picture-Alliance (KPA/Hörstel, Jürgen), Frankfurt; 55.6 Picture-Alliance (Wolfgang Thieme), Frankfurt; 56.1 (Kloepfer); 56.2 Siemens-Pressebild, München; 56.3 MAN Dezentrale Energiesysteme GmbH, Augsburg; 57.1 Mary Evans Picture Library, London; 57.2 Süd-deutsche Zeitung Photo (Blanc Kunstverlag), München; 57.3 BPK, Berlin; 57.4 Deutsches Museum, München; 58.1 Ciprina, Heinz-Joachim, Dortmund; 58.2 Klett-Archiv (Heinz-Joachim Ciprina), Stuttgart; 59.3 Klett-Archiv (Zuckerfabrik digital), Stuttgart; 59.4 Osram GmbH ZVA-WI, München; 59.5 Osram GmbH ZVA-WI, München; 59.6 Osram GmbH ZVA-WI, München; 59.7 Osram GmbH ZVA-WI, München; 61.1 Gust, Dietmar, Berlin; 62.1 iStockphoto (RF/Rafal Zdeb), Calgary, Alberta; 62.2 MEV Verlag GmbH, Augsburg; 62.3 iStockphoto (Luca di Filippo), Calgary, Alberta; 62.4 Siemens-Pressebild, München; 62.5 MEV Verlag GmbH, Augsburg; 62.6 Siem-ens-Pressebild, München; 62.7 Picture-Alliance (dpa/Bernd Weissbrod), Frankfurt; 64.1 Schwelle, Dagmar, Berlin; 64.2 Klett-Archiv (Silberzahn), Stuttgart; 64.4 Georg Trendel, Unna; 65.3 Picture-Alliance (dpa/ZB), Frankfurt; 66.3; 66.4; 67.3; 67.4; 69.1 Klett-Archiv, Stuttgart; 69.2 Avenue Images GmbH (JupiterImages), Hamburg; 70.1 Klett-Archiv, Stuttgart; 72.1 ABB Process Industries GmbH, Frankfurt/Praunheim; 73.1 Miele, Gütersloh; 73.3 BSH Bosch u. Siemens Hausgeräte GmbH, München; 74.2; 74.3 Klett-Archiv, Stuttgart; 75.1 creativ collection Verlag GmbH, Freiburg; 75.2 RWE AG, Essen; 75.3 RWE AG, Essen; 75.5 Imago Stock & People (5TL), Berlin; 76.1 Ullstein Bild GmbH (JOKER/Lohmeyer), Berlin; 76.4 Conrad Electronic SE, Hirschau; 77.3 Peter Wirtz, Fotografie, Dormagen; 79 Klett-Archiv, Stuttgart; 80.1 Joker (Ralf Gerard), Bonn; 80.2 Siemens AG Energy Sector, Erlangen; 80.3 Helga Lade (Ott), Frankfurt; 80.4 Helga Lade (Ott), Frankfurt; 80.5 media-color's P & F Müller (Peters), Zürich; 80.6 Joker (Ralf Gerard), Bonn; 80.7 Avenue Images GmbH (Ingram Publishing), Hamburg; 80.10 iStockphoto (Dieter Hawlan), Calgary, Alberta; 80.11 mediacolor's P & F Müller (Peters), Zürich; 80.12 iStockphoto (Dieter Hawlan), Calgary, Alberta; 80.13 MEV Verlag GmbH, Augsburg; 80.15 Caro Fotoagentur (Oberhaeuser), Berlin; 81.1 Siemens AG Energy Sector, Erlangen; 81.4 MEV Verlag GmbH, Augsburg; 85.1 Klett-Archiv (Markus Hanselmann), Stuttgart; 86.1 Imago Stock & People (Thorsten Baering), Berlin; 87.1 Oberammergau Tourismus, Oberammergau; 87.2 mediacolor's P & F Müller (Kaeslin), Zürich; 88.1 Roemer; 88.2 Nehren; 89.2 Corbis (Sally A. Morgan), Düsseldorf; 90.1 Imago Stock & People (Engelhardt), Berlin; 92.2 Caro Fotoagentur (Oberhaeuser), Berlin; 92.3 Klett-Archiv, Stuttgart; 92.6 Mauritius Images (Auli), Mittenwald; 92.7 Ingram Publishing, Tattenhall Chester; 92.8 MEV Verlag GmbH, Augsburg; 92.9 Avenue Images GmbH (image 100), Hamburg; 93.1 Klett-Archiv, Stuttgart; 93.2 Ingram Publishing, Tattenhall Chester; 93.3 Mauritius Images (Auli), Mittenwald; 93.4 Avenue Images GmbH (image 100), Hamburg; 93.5 MEV Verlag GmbH, Augsburg; 94.1 laif (Bialobrzeski), Köln; 94.2 Avenue Images GmbH (Corbis RF), Hamburg; 94.3 JupiterImages photos.com (RF/photos.com), Tucson, AZ; 94.4 laif (Bialobrzeski), Köln; 94.5 Avenue Images GmbH (Corbis RF), Hamburg; 94.6 iStockphoto, Calgary, Alberta; 94.7 MCC Smart GmbH, Renningen; 94.8 Das Luftbild-Archiv, Wenningsen; 94.9 Harzwasserwerke GmbH, Hildesheim; 94.10 MCC Smart GmbH, Renningen; 95.1 Harzwasserwerke GmbH, Hildesheim; 96.1 media-color's P & F Müller (Peters), Zürich; 96.4 Joker (Ralf Gerard), Bonn; 96.5 Picture-Alliance (Picture-Alliance GmbH, Frankfurt a. Main dpa), Frankfurt; 96.6 Klett-Archiv (Hans-Werner Thunig), Stuttgart; 96.7 Picture-Alliance (Picture-Alliance GmbH, Frankfurt a. Main dpa), Frankfurt; 97.1 imago sportfotodienst (Peter Widmann), Berlin; 97.2 Picture-Alliance (dpa/epa AFP), Frankfurt; 98.1 Picture-Alliance (Wolfgang Kluge), Frankfurt; 100.1 Das Luftbild-Archiv,

Wenningsen; **101.1** www.bilderbox.com (Wodicka), Thening; **101.3** h-tec Wasserstoff-Energie-Syst. GmbH, Lübeck; **102.1** Mauritius Images (AGE), Mittenwald; **102.5** Peter Wirtz, Fotografie, Dormagen; **103.4** Peter Wirtz, Fotografie, Dormagen; **105.2** Klett-Archiv (Simianer & Blühdorn), Stuttgart; **105.3** Siemens-Pressebild, München; **105.4** MEV Verlag GmbH, Augsburg; **106.2** Deutsches Museum, München; **106.3** Deutsches Museum, München; **106.4** Deutsches Museum, München; **106.5** Interfoto (Archiv Friedrich), München; **106.6** AKG, Berlin; **106.7** Deutsches Museum, München; **107.1** EnBW AG (Schäfer), Karlsruhe; **107.2** MEV Verlag GmbH, Augsburg; **107.3** SUPERBILD (RESO (g.e.i.e)), Taufkirchen/München; **107.4** Okapia (V.Steger/P.Arnold), Frankfurt; **107.5** Action Press GmbH, Hamburg; **107.6** Süddeutsche Zeitung Photo, München; **108.1** Deutsches Museum, München; **108.2** Deutsches Museum, München; **108.4** AKG, Berlin; **109.1** Normaldesign; **109.4** Normal-design; **110.3** Bildagentur-online, Tschanz-Hoffmann, Burgkunstadt; **110.5** FOCUS (Geoff Tompkinson), Hamburg; **111.2** Deutsches Museum, München; **112.1** AKG, Berlin; **112.2** Deutsches Museum, München; **112.3** Deutsches Museum, München; **112.5** Jünger Verlag, Offenbach; **113.1** Deutsches Museum, München; **113.2** Picture-Alliance (dpa/CAF), Frankfurt; **113.3** Picture-Alliance (dpa/CAF), Frankfurt; **114.1** Klett-Archiv (Matthias Müller), Stuttgart; **114.2** Bundesamt für Strahlenschutz, Salzgitter; **114.3** Klett-Archiv (Zuckerfabrik digital), Stuttgart; **114.5** Klett-Archiv (Matthias Müller), Stuttgart; **115.1** Deutsches Museum, München; **115.2** Picture-Alliance (dpa Fotoreport), Frankfurt; **115.3** Interfoto (Karger-Decker), München; **115.4** Mall; **115.5** Conrad Electronic SE, Hirschau; **115.6** FOCUS (Pascal Goetgheluck/SPL), Hamburg; **116.1** Klett-Archiv, Stuttgart; **117.2** Marion Barmeier, Essen; **118.4** Klett-Archiv, Stuttgart; **119.3** Normaldesign; **119.4** Normal-design; **121.1** Picture-Alliance (epa Ansa), Frankfurt; **123.2** Picture-Alliance dpa/epa, Dolzhenko, Frankfurt; **124.1** Okapia (E.Hildebrandt), Frankfurt; **124.3** Okapia (V.Steger/P.Arnold), Frankfurt; **125.1** Klett-Archiv (Prof. Dr. Dieter Blind), Stuttgart; **125.2** D-Secour GmbH, Bremen; **125.3** Arbeitsgemeinschaft d. Bayer. Forschungsverbünde, München; **127** Kramer; **128.1** Corbis (KOSTIN IGOR/CORBIS SYGMA), Düsseldorf; **128.2** Picture-Alliance (dpa/Johann Haas), Frankfurt; **128.3** Picture-Alliance (dpa), Frankfurt; **129.1** Getty Images RF (PhotoDisc), München; **129.3** MEV Verlag GmbH, Augsburg; **129.4** Corel Corporation Deutschland, Unterschleissheim; **129.5** FOCUS (Mark Richards), Hamburg; **130.1** Deutsches Museum, München; **130.2** Mall; **130.3** Deutsches Museum, München; **131.1** Corbis (Roger Ressmeyer), Düsseldorf; **131.2** Süddeutsche Zeitung Photo, München; **131.3** Deutsches Museum, München; **132** Technische Universität, Garching; **136.1** blickwinkel (N. Lipka), Witten; **137.1** Informationskreis Kernenergie (Rainer Kiedrowski), Bonn; **139.1** Greenpeace (Clive Shirley/Signum), Hamburg; **139.2** Picture-Alliance (dpa), Frankfurt; **140.1** Photothek.net Gbr (Thomas Imo), Radevormwald; **140.2** Picture-Alliance (dpa), Frankfurt; **141.1** Picture-Alliance (dpa/Horst Ossinger), Frankfurt; **141.2** Picture-Alliance (dpa/Hub), Frankfurt; **142.4** Marzell; **143.2** Caro Fotoagentur (Blume), Berlin; **143.3** Bundesamt für Strahlenschutz, Salzgitter; **143.4** Mall; **144.1** AKG, Berlin; **144.3** Deutsches Museum, München; **144.4** Deutsches Museum, München; **144.5** Deutsches Museum, München; **144.6** Deutsches Museum, München; **144.7** Corbis, Düsseldorf; **145.1** Picture-Alliance (dpa), Frankfurt; **145.2** The Associated Press GmbH, Frankfurt am Main; **146.1** Corbis (Tom Ives), Düsseldorf; **146.2** Klett-Archiv, Stuttgart; **146.3** Mauritius Images (Lehn), Mittenwald; **146.4** Klett-Archiv, Stuttgart; **147.1** iStockphoto (Matjaz Boncina), Calgary, Alberta; **147.2** Getty Images RF (Eyewire), München; **147.3** FOCUS (SPL), Hamburg; **147.4** Mauritius Images (Hackenberg), Mittenwald; **149.3** Klett-Archiv, Stuttgart; **149.4** Klett-Archiv, Stuttgart; **150.2** Méndez, Anke, Königsbronn; **150.5** Klett-Archiv (Zuckerfabrik digital), Stuttgart; **151.3** Mauritius Images (age), Mittenwald;

152.1 PICTOR International, München; **153.2** Picture-Alliance (dpa/Marcus Führer), Frankfurt; **153.3** LD Didactic GmbH, Hürth; **155.1** Wacker Siltronic AG, Burghausen; **155.2** Eisenbeiss, Hermann, Bad Kohlgrub; **155.3** kpa photo archive, Köln; **155.4** Loctite European Group, München; **155.5** IBM Deutschland GmbH, Stuttgart-Kornwestheim; **155.6** Deutscher Infografikdienst, Berlin-MItte; **157.1** Normaldesign; **158.1** Mauritius Images (age), Mittenwald; **158.4** Klett-Archiv (Silberzahn), Stuttgart; **158.6** Klett-Archiv (Johann Leupold), Stuttgart; **159.1** Schlüter, Heinz, Flensburg; **159.2**; **159.3** Méndez, Anke, Königsbronn; **161.3** Höllerer Büro für Kommunikation und Gestaltung, Stuttgart; **162.2** FOCUS (SPL), Hamburg; **163** Corbis (Denis Scott), Düsseldorf; **166.2**; **167.1**; **167.2** Ciprina, Heinz-Joachim, Dortmund; **169.3** Mauritius Images (Lehn), Mittenwald; **170.1** AKG (Erich Lessing), Berlin; **170.2** Ullstein Bild GmbH (Imagebroker.net), Berlin; **170.4** MEV Verlag GmbH, Augsburg; **170.7** Markus Hanselmann, Stuttgart; **171.1** Avenue Images GmbH (Photodisc), Hamburg; **171.2** Corbis (Lester Lefkowitz), Düsseldorf; **171.3** shutterstock, Elnur, New York; **171.4.**; **172.1** photo affairs (Jürgen Bögelspacher), Deisslingen; **172.2** photo affairs (Jürgen Bögelspacher), Deisslingen; **172.4** Ingram Publishing, Tattenhall Chester; **172.5** Avenue Images GmbH (Medio Images), Hamburg; **172.7** creativ collection Verlag GmbH, Freiburg; **172.9** Fotosearch Stock Photography (PhotoDisc), Waukesha, WI; **172.11** Eisele Photos (Reinhard Eisele), Augsburg; **172.12** creativ collection Verlag GmbH, Freiburg; **172.13** Panther Media GmbH (Monika Buch), München; **172.14** MEV Verlag GmbH, Augsburg; **172.15** MEV Verlag GmbH, Augsburg; **172.16** Klett-Archiv (Zuckerfabrik digital), Stuttgart; **172.17** PantherMedia GmbH (Monika Buch), München; **172.18** Image Source (Imagesource), Köln; **172.19** Getty Images (Stone+/Nick Daly), München; **173.2** Picture-Alliance (dpa), Frankfurt; **173.4** MEV Verlag GmbH, Augsburg; **173.5** Bildagentur Begsteiger (Michaela Begsteiger), Gleisdorf; **173.6** Getty Images RF (Stockbyte), München; **173.7** Picture-Alliance (Signal Iduna/dpa/gms), Frankfurt; **173.9** Picture-Alliance, Frankfurt; **174.1** Inmagine (Brand X Pictures), Houston TX; **174.2** Gesamtverband des deutschen Steinkohlen-bergbaus, Essen; **174.4** Siemens AG Energy Sector, Erlangen; **174.5** LMBV, Senftenberg; **174.8** vario images GmbH & Co.KG, Bonn; **174.9** media-color's P & F Müller (Peters), Zürich; **174.10** Corbis (Richard Gross), Düsseldorf; **174.12** Argus (Fred Dott), Hamburg; **174.13** www.bilderbox.com (Wodicka), Thening; **174.14** Avenue Images GmbH (PhotoDisc), Hamburg; **174.15** Klett-Archiv, Stuttgart; **174.16** Avenue Images GmbH (PhotoDisc), Hamburg; **174.17** Fotosearch Stock Photography (PhotoDisc), Waukesha, WI; **175.2** Mauritius Images (Photo Researchers), Mittenwald; **175.3** blickwinkel (P. Cairns), Witten; **175.4** Severin Elektrogeräte GmbH, Sundern; **175.5** Picture-Alliance (dpa/volkswagen), Frankfurt; **175.6** Daimler AG Medienarchiv, Stuttgart; **175.7** Corel Corporation Deutschland, Unterschleissheim; **175.8** ShutterStock.com RF; **176.3** FOCUS, Hamburg; **176.4** Helga Lade (Ott), Frankfurt; **176.13** Klett-Archiv (Hartmut Fahrenhorst), Stuttgart; **176.14** Klett-Archiv (Gert Elsner), Stuttgart; **176.15** iStockphoto (RF/Alexander Mikula), Calgary, Alberta; **176.16** IVB-Report, Kappelrodeck; **177.2** Klett-Archiv (Zuckerfabrik digital), Stuttgart; **177.3** Klett-Archiv (Zuckerfabrik digital), Stuttgart; **177.4** Zuckerfabrik digital, Stuttgart; **177.6** Landesmedienzentrum Baden-Württemberg (Landesmedienzentrum Baden-Württemberg, Stuttgart), Stuttgart; **178.4** Corbis (Sygma), Düsseldorf; **179.1** Picture-Alliance (Dennis Sabangan), Frankfurt; **179.3** Okapia (D. Bringard, Frankfurt

Nicht in allen Fällen war es uns möglich, den Rechteinhaber der Abbildungen ausfindig zu machen. Berechtigte Ansprüche werden selbstverständlich im Rahmen der üblichen Vereinbarungen abgegolten.